戦時秩序に巣喰う「声」
日中戦争・国共内戦・朝鮮戦争と中国社会

笹川 裕史 編

《目次》

序　章　中国戦時秩序の生成をめぐる視角と射程
　　　　―本書のねらいと内容―
　　　　　　　　　　　　　　　　　　　　　　　笹川　裕史 ……… 3

第1章　日本陸軍の中国観
　　　　―大本営陸軍部・北支那方面軍作製の戦訓マニュアルを
　　　　　めぐって―
　　　　　　　　　　　　　　　　　　　　　　　一ノ瀬　俊也 ……… 21

第2章　兵役負担と都市社会
　　　　―戦後内戦期の上海、徴兵制導入の衝撃―
　　　　　　　　　　　　　　　　　　　　　　　笹川　裕史 ……… 53

第3章　華北農村社会と基層幹部
　　　　―戦後内戦期の土地改革運動―
　　　　　　　　　　　　　　　　　　　　　　　三品　英憲 ……… 85

第4章　中国知識人の「社会像」
　　　　―1930～40年代の王造時・章乃器・費孝通を素材として―
　　　　　　　　　　　　　　　　　　　　　　　水羽　信男 ……… 121

第5章　戦時下日本における農村人口論争
　　　　―日中戦争～アジア・太平洋戦争期―
　　　　　　　　　　　　　　　　　　　　　　　高岡　裕之 ……… 151

第6章　台湾における中国国民党の社会調査
　　　　―外来の独裁政権は現地社会をどう解釈したのか？―
　　　　　　　　　　　　　　　　　　　　　　　松田　康博 ……… 177

第7章　組織される徴税
　　　　―1950年代初期、上海の共産党と商工業者―
　　　　　　　　　　　　　　　　　　　　　　　金子　肇 ……… 209

第8章　戦争、謡言、社会
　　　　―建国初期中国におけるプロパガンダ・ネットワークの拡大―
　　　　　　　　　　　　　　　　　　　　　　　金野　純 ……… 241

第9章　民間信仰と「革命の伝説」
　　　　―祈雨、変天、神水・神薬を巡る建国初期中国の民衆と権力―
　　　　　　　　　　　　　　　　　　　　　　　丸田　孝志 ……… 269

第10章　キリスト教の革新運動と教会の政治化
　　　　―1950年代初頭の福建省の事例から―
　　　　　　　　　　　　　　　　　　　　　　　山本　真 ……… 307

あとがき
　　　　　　　　　　　　　　　　　　　　　　　笹川　裕史 ……… 343

序　章
中国戦時秩序の生成をめぐる視角と射程
―本書のねらいと内容―

笹川　裕史

I

　1930年代後半から1950年代初頭にかけて、中国社会は時代を画する大きな転換期を迎えていた。その転換を促した最大の要因は、8年間にわたる日中戦争（1937〜45年）であり、その後の国共内戦（1946〜49年）であり、さらには朝鮮戦争（1950〜53年）とそれが産み落とした東アジアの厳しい国際緊張であった。こうした相次ぐ大規模な戦争（および大規模な戦争を近い将来に想定した国家建設）を支えるためには、国家による管理・統制を社会の隅々にまで浸透させ、戦争に必要な物的人的資源を社会から余すところなく引き出すことが至上命令となった。このような総力戦の論理に長期にわたってさらされたことが、矛盾や曲折をともないながらも、中国社会を大きく変質させ、戦時にふさわしい新たな社会秩序、ここでいう戦時秩序の生成に向かわせたのである。

　もちろん、上記の3つの戦争の間には、中国共産党による1949年革命、すなわち中華人民共和国の成立という体制変革が挟まっている。しかし、戦時秩序の生成という視点を設定して、各時期をばらばらに切り離さず一連の流れとしてとらえ直してみると、イデオロギーや体制の相違を超えて、中国社会の一貫した動向をより鮮明に観察することができる。革命後の諸政策やそれによる社会変容については、かつては社会主義化の所産として一面的に理

解されてきたが、すでに近年の多くの実証研究が指摘しているように、社会主義を目指していたわけではない戦時国民政府（日中戦争・国共内戦期）の統治下においても、内実がともなっていたか否かは別にして、類似した動向を確認することができる。しかも、戦時国民政府の努力では如何ともしえなかった政策課題が、後の中国共産党の手によって、より徹底的に、より容赦なく実現されたものも少なくない（＊）。したがって、中国共産党が標榜する社会主義の理念は、それを実現するための階級闘争や大衆動員といった政治手法も含めて、当時の現実においては、戦時秩序の生成をより強力に促し、その生成過程と分かちがたく結びついていたのである。

　このように考えていくと、同じ東アジアにあって、中国よりも一足早く、時間をかけて強固な戦時秩序を築き上げてきた近代日本の経験との比較研究の可能性が拓かれていく。上述した中国社会の転換期とその特質は、私たち自身が歩んできた歴史にとっても、全く馴染みのない遠い世界の出来事ではなかったわけである。私たちは、社会主義という異質なイデオロギーや体制に目を奪われて、的外れな期待と過剰な先入観を抱いてきたが、実はその背後には、どこか見覚えのある風景が潜んでいた。主に革命後を扱った本書所収論文のいくつかを注意深く読めば、戦前戦中の日本との差異ばかりではなく、類似した論理が基底において働いていることにも改めて気づかせてくれるだろう。近代日本の歴史的な歩みは、ここでいう中国社会の転換期がはらむ歴史的意味をより鮮明に照らし出す光源にほかならない。

　そして、さらに強調すべき点がある。たとえば、なおも揺らぐ気配を見せない一党独裁とその弊害、政権批判を封殺する言論・情報統制の厳しさ、暴走する人権侵害、対話の余地を閉ざした強硬なナショナリズムの噴出など、今日の私たちを困惑させ、同時に中国の人々をも苦しめている現代中国のあれこれの深刻な諸問題を想起してみよう。そうすると、その多くが、歴史的に見れば、伝統中国の特質に由来するというよりも、上述した中国社会の転換期に根ざしているという事実が浮かび上がってくる。もちろん、ここで列挙した問題群にはそれぞれに複合的な諸要因がからんでいるとはいえ、戦時

秩序の生成がもたらした負の遺産という性格を色濃くもっていることを否定することはできない。そこには、戦時秩序の影をそのまま執拗に引きずっているものや、戦時秩序の隠れていた綻びが今日にいたって顕在化したものも少なくないのである。

その意味でいえば、改革開放政策が始まって40年近くが経過しつつある現代中国においても、戦時秩序からの脱却はなお未完のままであるということにほかならない。したがって、私たちが、このような現代中国に対して感情的に反発するばかりではなく、冷静に向き合おうとするなら、戦時秩序の生成期についての歴史的な省察は欠かせないであろう。いやむしろ、近年ますます顕著になっている国際社会での中国の強硬姿勢や、出口の見えない日中間の緊張関係などを想起すれば、以前にも増して、このような歴史的な省察の必要性が高まっているといえよう。

以上を踏まえて、本書は、歴史学の立場から、このような戦時秩序の生成過程をとりあげる。ただし、たんにその外形や表層だけを平板に追跡するものではない。そうした作業は、今後も量産されるであろう優れた概説や通史の類に委ねたい。むしろ、本書では、戦時秩序とその生成過程の内側には、思いもよらない多種多様な「声」が封印されたまま巣喰っていることに注目している。それらを拾い集めて耳をすますことこそが、一筋縄ではとらえきれない戦時秩序の意味を、批判的かつ多面的に考察することにつながると考えるからである。

たとえば、そこには、戦時秩序を上から強引に社会に押しつける「声」や、戦時秩序に何らかの理想や可能性を見出し、積極的に参与しようとする「声」ばかりが渦巻いていたのではない。無自覚なまま戦時秩序の枠からはみ出してしまい、時代の流れや権力に押しつぶされた「声」、疑念と不安を抱きつつも、戦時秩序に巧みに取り込まれていく「声」、あるいは、行き場のない閉塞感の中で漏らした呻きや叫びのような「声」の断片に過ぎないものさえ含まれている。近年における中国（大陸）、台湾、香港などでの史料公開の大幅な進展は、なお厳しい制約があるとはいえ、こうした同時代人の生の「声」の収

集を可能とし、当該期の歴史研究を新たな水準へと押し上げたのである。本書は、こうした「声」の束が複雑に交錯する多元的な姿を丹念に描くことによって、全体としては、戦時秩序が生成する転換期の息づかいと奥行きを、そして、場合によっては、今日的な課題にもつながるアクチュアルな諸問題の歴史的背景を、生々しく浮かび上がらせることを意図している。

　本書の所収論文が取り上げている具体的な素材の一端を例示すると、たとえば、戦時秩序生成の現場で翻弄される末端行政職員、商工業者、一般兵士、宗教指導者たちの苦悩や葛藤、軍隊内で紡ぎ出されるデフォルメされた敵のイメージ、民間団体の自律性を切り崩しつつ社会を覆っていく国家の管理機能、理念と現実とのずれを糊塗したまま強引に貫徹される現実離れした虚構の論理とその帰結、社会調査で拾い上げられていく物言わぬ庶民の日常的な社会意識、戦時下という特異な環境で独自な視点を獲得していく知識人の社会観察とそれにもとづく論争、戦時秩序を揺るがしかねない民間のデマ・うわさ・迷信のとめどない広がり、これらを抑え込む権力側のプロパガンダ・ネットワークの功罪、権力に誘導・利用された荒唐無稽な革命神話の氾濫、権力への迎合と擬装的抵抗とが複雑に絡まり合った政治的摘発運動、等々である。

　もちろん、以下に示すように、それぞれの所収論文のプロットや切り口は一様ではない。しかし、そうであるが故に、抽象的で平板な図式だけで片付けられがちな戦時秩序とその生成過程には、それぞれの異なった場で危機や困難に向き合っていた大勢の人々の営みがあふれていたことを説得的に示すことになろう。

II

　では、各章ごとに編者のコメントを交えながら本書の概要を紹介していこう。

　本書における最初の舞台は、日中戦争下で中国戦線に派遣された日本軍か

ら始まる。第1章の一ノ瀬俊也論文は、緒戦の激戦から戦局が膠着した後、中国軍の持久消耗戦・ゲリラ戦に直面した日本陸軍が、各戦場での経験を体系化・教訓化して解説し、各部隊へ周知するために作製した3種類の「戦訓マニュアル」をとりあげている。そこから浮かび上がるのは、「確かに負けてはいないのだが勝てる見込みもない」という日本軍の「焦り」であり、こうすれば必ず勝てるはずだから、このままなんとか苦況を耐え忍ぼうとする「自己説得」である。そして、そのメダルの裏面には、このような日本軍からみた「敵の顔」、すなわち、虚実を取り混ぜてデフォルメされた中国軍(国共両軍を含む)と中国民衆の姿が映し出されている。

とりわけ興味深いのは、「防御に強い」、「火力に対抗して陣地構築に熱心」、「夜間攻撃の常用」といった、ここでの中国軍のイメージは、その後の太平洋戦争で米軍が日本軍に下した評価と重なるという一ノ瀬の指摘である。かつての通説的な抗日戦争史像のように、中国軍のなかに日本軍とは異なる際だった固有の性格を取り出そうとするのではなく、近代戦において圧倒的に装備に劣る軍隊が採用する戦法としての共通性・同質性に目が向けられている。

また、日本軍の中国民衆観についていえば、中国民衆はときに日本軍の力を利用して同胞間の個人的な私怨を晴らそうとしたり、日本軍の作戦を巧みに混乱させて翻弄したりするしたたかな存在として警戒されている。その一方で、彼らに正しく接すれば必ずこちらになびいてくれるはずだという「信念」ないしは「ある種の思い入れ」も入り交じっていたという。マニュアルには一見、中国民衆を評価するかのごとき言説も並ぶが、それは客観的な他者理解から引き出されたというよりも、見通しのない討伐行動を続ける軍隊としての立場を支える心情的な拠り所であったと、一ノ瀬は読み解いている。評価するにせよ、批判するにせよ、自己の立場や行動にとって都合よく紡ぎ出される単純化された他者像。翻って、現代日本に流布している各種の中国イメージが、こうした陥穽からどこまで脱却しているのか、という疑念をもつのは編者だけではなかろう。

一ノ瀬論文の主な問題関心は、実態はどうであったかということよりも、戦場で戦っている当事者たちが抱いていたイメージの解読にある。その結果、戦争という営みのリアリティーが、むしろより臨場感をもって私たちに伝わってくる。戦時下の実態分析にとどまらず、そこに立ち現れる言説（「声」）に耳を傾けようとする本書全体のねらいと間違いなく通底している。

　第2章の笹川裕史論文では、舞台は転じて中国軍の側に移る。ただし、日本の敗戦によって中国から日本軍が撤退した直後の時期が対象であり、軍隊だけではなく、徴兵制を初めて経験する都市社会の衝撃を中心に描いている。戦時秩序の形成と切り離すことができない徴兵制の導入は、中国社会にいかなる影響と混乱をもたらしたのか。この問題はこれまで農村地域に即して論じられることはあったが、ここでは、上海市という中国最大の経済都市を対象として検討されている。

　近代日本の事例をみると、徴兵制は、兵役負担の公平性を理念として掲げながらも、農村と都市とでは異なった様相を呈していた。中国の場合も、都市社会固有の特性を考慮して、農村とは異なったその様相を検証してみる必要があろう。上海市に即していえば、同市は日中戦争の緒戦において日本占領区に組み入れられたために、日中戦争を通じて徴兵制を経験することはなかった。上海市で初めて徴兵制が導入されたのは、日中戦争終結後に国民政府が上海を接収した後、すなわち国共内戦期であった。

　笹川論文で主な検討の素材として使用するのは、徴兵制の導入を現場で担った末端行政職員たち（区長・保長など）の生々しい経験や「声」が集録されている徴兵検討会議の記録である。そこから浮かび上がるのは、国家による住民の把握や管理を易々とすり抜けてしまう都市社会の流動性の高さであり、戦時工業生産のための労働力保護を理由に兵役負担を合法的に忌避する工場組織の壁であり、ときには暴力行使をも辞さず、末端職員の説得を執拗にはねつける住民たちの根強い非協力などであった。

　このため、志願兵の徴集によって急場をしのぐ選択がなされたが、金目当ての従軍や悪質なブローカーの暗躍が蔓延し、新兵を受け入れた軍隊の士気

や紀律を著しく低下させていた。ここでは、このような新兵を管理・訓練するはめになった部隊の苦況を伝える軍隊側の書簡も、史料として使われている。国家は、仕事にありつけない過剰人口の膨張や、農村に比べて相対的に高い住民の学歴・知識水準などが、志願兵の徴集にとって有利に作用すると考えていたが、実際にはその期待通りの効果をあげることはなかったのである。

　ここには、管理・統制が隅々まで浸透した強靭な戦時秩序には、なおほど遠い当時の都市社会の現実が示されている。戦時秩序の形成は、一朝一夕に実現するものではなく、その困難な課題は、その後の中国共産党による上海統治に持ち越されることになった。

　それでは、国共内戦のもう一方の当事者である中国共産党の統治区では何が起こっていたのだろうか。第3章の三品英憲論文は、第2章と同じ国共内戦期において中国共産党が華北農村社会で実施した土地改革運動をとりあげている。

　ここでの議論の前提は、自作農中心で、華中・華南のような地主制が発達していない華北農村社会の客観的現実と、土地改革を推進する共産党の現実認識との乖離である。地主の土地を没収して小作人に分け与える土地改革を実施すれば農民大衆の支持を獲得でき、その成否が内戦の帰趨にも直結するという共産党の想定は、華北農村社会の現実からは大きくかけ離れたものであった。それにもかかわらず、共産党が農村の支持者を獲得できたのは、三品によれば、日中戦争中に日本軍の支配下で各種の徴発を被った際、その負担を他人に転嫁したり、私腹を肥やしたり、横暴に振る舞ったりした人々への「鬱積した憎悪」（「社会に巣喰う声」）が広がっていたからであるという。

　上記の現実と認識との乖離は、内戦の戦局が共産党にとって不利に展開したときにその矛盾を顕在化させる。共産党の中央指導者は上述の現実離れした認識を改めることはなく、戦況悪化の原因を土地改革の不徹底に求め、地方幹部（辺区・県・区）は中央に追随して問責を回避し、現場で汗を流してきた村幹部に一切の責任を負わせた。つまり、村幹部こそが土地改革を阻害し

ている元凶であるとし、中央・地方レベルの幹部がこぞって、一般農民（貧民）に対して村幹部を容赦なく批判・排除するように呼びかけ、その粛正の動きが急速に拡大した。三品論文が使用している史料は主に共産党の機関誌であるが、華北農村の社会・経済構造をきちんと論理に組み入れ、制約の多い史料を丹念に読み込むことによって、このようなリアリティーに満ちたおぞましい構図を探り当てたわけである。

　しかも、さらに興味深いことに、このような展開が共産党の支配体制を揺るがせたのかといえば、そうではない。むしろ反対に「共産党の社会に対する統治・操作能力は、客観的現実とズレのある政策を強引に実行したからこそ向上した」という逆説的な展望が示されている。つまり、上からの圧力によって内実の欠いた「革命」に動員されて「隣人」を攻撃し、しかも「革命」に内実がないだけにいつ自分が攻撃対象になるか分からない、そして周囲の怨嗟の「声」から守ってくれるのはやはり共産党の権力でしかない。基層社会に生きる人々はこうしたジレンマに陥っていたのである。このような観点は、その後の大躍進や文化大革命を引き起こした中国の権力と社会との関係を理解するうえでも示唆深いものであろう。

　以上の各章では軍隊、都市、農村のそれぞれの現場を素材としてとりあげてきたが、ここで当時の知識人による思想的営みに目を転じよう。日中戦争とその後の国共内戦が中国社会に未曾有の危機と困難をもたらす中で、知識人たちが抱く社会像にも大きな変化が現れた。第4章の水羽信男論文は、まず、1930年代の中国社会史論戦とその影響を受けた第三勢力の左派系知識人である王造時・章乃器の議論をとりあげて、その枠組みや限界を再検証し、それとの対比のもとで、日中戦争終結前後に論壇に登場した費孝通の中国社会像が到達した水準を論じている。

　水羽論文で特に重視されている論点は、農村社会像の深化である。1930年代の論壇で脚光を浴びていた議論では、中国社会史論戦の論者たちにしても、王造時・章乃器にしても、マルクス主義の観点や方法に依拠して、帝国主義とそれに従属する国内の「封建勢力」によって一方的に支配・収奪される中国

農村の貧困・疲弊が強調されていた。しかし、そこでの農村の悲劇は、「帝国主義による中国侵略の犠牲のいわばシンボル」として外在的に論じられており、農村の社会構造そのものの内在的な分析は具体的にはなされてはいなかったという。論壇で農村問題が声高に強調されていたわりには、その中身が貧弱であったという水羽の指摘は卓見であろう。

　これに対して、1940年代の費孝通の議論は、すでに日本の学界でもよく知られている「差序格局」論や「双軌政治」論に代表されるように、中国農村社会の内部構造にまで踏み込んで、そこで取り結ばれる独自な私的ネットワークのありようをモデル化し、その特質を鮮やかに浮き彫りにしている。それを踏まえて、費孝通は欧米社会とは異なった文化をもった社会にはそれぞれにふさわしい独自な近代化への道筋、多系的な発展の可能性を展望していたようである。

　このような農村社会像の深化を促した要因は、直接的には費孝通がイギリス留学で身につけた社会学の新たな学知であり、日中戦争中に内陸部農村を拠点にして彼が実施した社会調査であった。とくに戦時下の厳しい環境に置かれていた農村社会の生態を間近で観察した経験は小さくなかったと思われる。戦争がもたらした環境は、1930年代の論壇のように農村をたんなる悲劇の「シンボル」と見なして素通りすることを彼に許さなかったのではなかろうか。さらに付言すれば、中華人民共和国が成立すると、費孝通は自由な言論を封じられ方向転換をよぎなくされていく。つまり、戦時下で獲得された彼の卓抜な着想は、戦時秩序のさらなる強化によって、それを学問的に発展させる機会を奪われてしまうのである。

　それでは、同じく戦時下におかれていた日本では、前章で話題となった農村問題についてどのような議論が行われていたのだろうか。第5章の高岡裕之論文は、戦時下で変容を遂げていく日本農村への政策的対応をめぐって展開された農村人口論争をとりあげて、周辺的な論点も含めて精緻に検証し、その時代的文脈を読み解いている。

　高岡論文によれば、この論争の基本的な構図は、「農村人口減少論」と「農

村人口維持論」との対抗であった。前者の「農業人口減少論」には、戦時下の急速な重工業化や徴兵数の増大がもたらした農業労働人口の流出を日本農業の構造改革の契機ととらえ、経営規模の拡大、機械の導入、農業労働の協同化などの推進を通じて労働生産性を高めようとする「農業近代化論」（代表的論者は東畑精一）が対応していた。これを正面から批判する後者の「農村人口維持論」には、剛健で良質な兵士・労働力の永続的供給源としての農村の役割を強調し、国家の社会政策によって農村人口を保全して「民族」の存続と発展につなげていく「農本主義的小農保護論」（代表的論者は大槻正男）が対応していた。

このように対極に立つ双方の議論はいずれも、戦時国家の政策立案主体のなかに自らの足場を築き、後者の優位のもとでせめぎあいながらも並存していた。高岡の表現を借りれば、「日本の総力戦体制とは、相矛盾する潮流を内包するものだったのである」。

さらに高岡は、「資本主義」、「生活水準」、「社会政策」をキーワードとして、この論争の背後にある多様な論点のひろがりを検討し、それによって論争の基底には、個別の論点を超えた、より総合的なビジョンの相違が存在していたことを摘出していく。そして、双方の議論は、戦争を契機に提起されながらも、当時の日本資本主義が抱えていた構造的矛盾を反映しているとともに、戦後の日本へと持ち越されていく、「すぐれて『現代的』な課題」が含まれていたことを確認している。

以上のように、今日的な課題ともつながり、広い裾野をもったスリリングな論争が、マルクス主義者や自由主義者を排除した戦時下日本の言論空間において活発に展開されていたのである。翻って、これに比肩するような類似の論争が戦時中国でも行われていたのかどうか、編者は寡聞にして知らない。しかし、ここで切実な問題として議論されている都市・農村間の生活水準格差への対処法や社会政策のあり方などは、戦時中国においてもけっして無縁ではなかったはずである。今後、この論争を一つの光源として戦時中国の論壇や権力内部の論調を精査すべきであるが、もし類似の議論が中国の戦時秩

序に巣喰っていなかったとすれば、その不在の意味を深く考えてみる必要があろう。

さて、舞台は転じて、国共内戦で敗れた中国国民党が新たな支配者集団として乗り込んできた戦後台湾社会へと議論は移行する。第6章の松田康博論文は、そうした外来の国民党政権が現地台湾社会をどのようにとらえていたのかを、同党の基層組織が全国的かつ継続的に行なっていた社会調査を通じて浮かび上がらせている。

当時の国民党が直面した課題は、「大陸反攻」という戦争を近い将来に想定し、その戦争遂行に適合的な社会秩序、ここでいう戦時秩序を構築することにあった。そこには、大陸統治時代の国民党のように社会から遊離して大衆的基盤をもたなければ「大陸反攻」などとても望めないという危機感が横たわっていたという。その一方で、当時の台湾では1947年の2.28事件を経て「外省人」（日本敗戦後に中国大陸から渡ってきた住民）と「本省人」（台湾で日本統治時代を経験した住民）との対立が深刻な様相を呈していた。その中で外省人統治権力を現地社会に根づかせて、戦争遂行を下支えする政権と住民との一体性を創出することは、国民党にとって大陸統治時代以上に困難が予想された。

このような状況を受けて実施されたのが、党の基層組織による社会調査であり、そのねらいは社会が抱える様々な問題を発見し、それらを解決に導くことによって上記課題を実現することにあった。松田論文は、こうした社会調査で拾い上げられた諸問題とその解決のための提案を分析することを通じて、党の基層組織が台湾社会に向けていた厳しい眼差しを読み解いている。とりわけ顕著なのは、台湾住民の言語・娯楽・習慣・建造物など日常生活の隅々に深く浸透している「日本要素」を見つけ出し、それらを消し去る提案が執拗に繰り返されていたことである。そのほか、台湾固有の迷信・浪費・風俗などの「地方要素」も、目指すべき戦時秩序とは相容れないとして槍玉に挙がっている。

ここで興味深いのは、彼らが事細かに「日本要素」を排撃しながらも、兵役

に着く壮丁を家族・友人がお祝いをして送り出す本省人たちの日本由来の習慣を見て、「愛国的」と評価していたことである。日本統治下で「奴隷化教育」を受けたとして見下していた本省人社会のなかに、むしろ自分たちよりも良質な戦時秩序の一端を発見したのである。そのような観察眼をもつ彼らが、自らが所属する国民党政権の問題性を見過ごすはずはなかった。彼らは同時に、自らの党、政府、軍隊に蔓延する腐敗や公私混同、紀律の弛緩、傲慢さ、民衆への危害を容赦なく批判し続けた。

「白色テロ」が猛威を振るうなかで、限界はあるにせよ、松田が述べるように、この社会調査によって「社会の利害表出機能の一部を党が獲得しつつあった」のである。彼らが党の「改造」に明るい展望を抱いていたわけではないが、その戦時秩序構築への志向こそが、逆説的に粗暴な独裁政治に風穴をあける一定の機能を果たしていたのである。戦時秩序の多義性を考えるうえで興味深い事例であろう。

III

さて、これ以降に続く各章では、中華人民共和国初期に焦点をあてた論文が並ぶ。

まず、舞台を都市に戻して、戦時秩序の生成・強化の前提となる、国家による政策展開や制度構築の営みから議論を始めよう。第7章の金子肇論文がとりあげているのは、1950年代初期の上海を素材にして、中国共産党がどのような方式を用いて都市商工業者層を税源として把握していったのかという問題である。

清末以降、発展を遂げてきた上海の同業団体は国家の徴税過程に介在し、その徴税機能を補完してきたが、ここで描かれるのは、そのような伝統が最終的に廃棄されていくプロセスである。中国共産党が同業公会を見限ったのは、その組織力・統制力が散漫であり、多数を占める中小・零細業者などを漏れなく税源として捕捉できなかったためである。そして、社会の末端にま

で及ぶ公正な徴税を実現するために、同業公会の会員・非会員の区別なく、区域単位で新たな納税グループを作らせ、これを国家の管理下に置く方式が採られた。まさに「国家による中間団体の排除、それによる社会末端に至る国家管理の浸透」という事態が進んでいたのである。

　しかも、区域単位で設置された納税グループの内実をみてみると、そこでは、経営も暮らしもままならない貧しい零細業者さえ見逃すことなく組織し、メンバーの納税意識の向上が呼びかけられ、滞納の防止・追徴活動が「近隣の情宜」を通じた集団納税、脱税の相互監視、さらには政治運動をともなって推進されていたという。こうしたなかで、共産党の期待通りに運動の高揚感のなかで積極的に納税する人々の姿も伝えられているが、滞納者たちの多くはもはや逃げ場を失い、衆目にさらされて追いつめられていく。さらに五反運動終了後になると、税額の査定に経営者側ばかりではなく、店員・労働者が重要な役割を果たすように求められていく。

　ここで注目すべき点は、以上のような方式が朝鮮戦争の勃発とほぼ並行する形で導入されていたことである。同方式の導入にあたっては、ソ連の財政専門家の助言があったことにも言及されているが、結果として、国家が都市社会を隙間なく掌握・管理し、余すところなく社会資源を調達できる戦時統制の要請に応えうる徴税システムとなった。そうであれば、時期的にやや遅れて農村で導入された食糧の計画買い付け（国家が個々の農家の余剰食糧を査定し、それを余すところなく強制的に買い付ける制度）と同根の論理が事態を牽引していたと考えられる。さらに、同方式をもってしてもなお「厳重な脱税や申告漏れ」が問題視されており、より徹底した方式を求めるとするなら、国営化によって企業を直接把握するしかないという展望が示されている。この点も、国営化か集団化かという相違はあるものの、農村の計画買い付けがその後にたどった歩みと類似しており、大変興味深い。

　その朝鮮戦争であるが、周知のように1950年6月に勃発し、10月には中国が本格的に参戦した。日中戦争や国共内戦による疲弊から国力が回復していない段階で、しかも革命直後の不安定で流動的な政局を抱えつつ、当時世

界最強の米軍と戦うわけであるから、人々を不安や恐怖に陥れたことは想像に難くない。第8章の金野純論文は、そうした不安や恐怖を背景に社会の混乱を増幅しかねない様々なうわさやデマが中国社会に飛び交っていた事実を確認し、それを抑え込むためにプロパガンダ・ネットワークが形成されていく過程、およびその中国的特質を明解に論じている。

　金野論文がデマ・うわさの分析に使用しているのは、当時の高級幹部だけが閲覧していた『内部参考』という史料である。そこには、公式のメディアが報道しない、権力側が神経質にならざるをえないような諸情報も数多く掲載され、中国共産党の期待とはかけ離れた疑心暗鬼と危険に満ちた世相が示されている。幹部たちがこれを読めば、自分たちの政権が必ずしも一般大衆に信頼されていないことをはっきりと自覚したはずである。こうして、危険なうわさやデマを抑え込み、政権にとって望ましい世論形成を促すために、日常的に機能するプロパガンダを社会に浸透させるシステムが整備されていく。

　しかし、当時の中国においては、国民の識字率が高くて新聞・ラジオなどのメディアも普及していた戦時日本と同じ手法を用いることはできなかった。そこで重視されたのが、フェイス・ツー・フェイスの口頭での伝達であり、その効率性の低さを補うために青年を中心とした人的資源の大量動員が行われた。また、人々に過去の国民党時代の辛い記憶を語らせ、それを政権にとって都合のよい集合的記憶として改変・定着させる試みも常套手段として用いられた。編者からみれば、本書でいう戦時秩序が人々の内面にまで踏み込み、自らを新たな段階へと押し上げていく過程にほかならない。

　さらに注目すべきは、「プロパガンダと大衆動員の混淆が、結果として権力者と民衆との間にある種の『共犯関係』をもたらした」という金野の指摘である。つまり、権力側のプロパガンダに数多くの民衆が積極的に加担させられていくと、その民衆が権力を批判する側に回った際には複雑で深刻なジレンマを抱えることになる。そうなれば、たとえ客観情勢が転換して戦時秩序を維持する根拠が失われたとしても、それを解体に向かわせる社会的圧力は

微弱にしか働かない。ここに、中国における戦時秩序からの脱却が今日においても未完のままである歴史的背景の一端が横たわっているのではないだろうか。ここには、状況は異なるとはいえ、戦後日本における戦争責任の追及が直面したジレンマと類似した構図が見て取れる。

　上述した『内部参考』という史料は、これに続く第9章でも有効に使われている。第9章の丸田孝志論文は、同史料を駆使して、民衆の雨乞い、天災と天をめぐる流言、神水・神薬騒動、および「革命の伝説」に関する記述に光をあて、それにもとづいて建国初期の権力と民間信仰との複雑に入り組んだ関係を考察している。

　丸田論文によれば、革命直後の社会の混乱や朝鮮戦争がもたらした不安や恐怖の中で、前章でとりあげたうわさやデマとは性格の異なった、民間信仰にかかわる民衆の種々雑多な流言や集団行動が頻繁に起こっていた。そこには、政府による迷信禁圧に激しく抵抗する事例もあれば、逆に政府の権威を巧みに利用して迷信を正当化したり、政府の基層組織の中に民間信仰の発想や行動が持ち込まれたりする事例も珍しくはない。さらに興味深いことに、伝統的な観念にもとづいて、政府や幹部に対して、為政者の務めとして天や神仏を敬うように働きかけている事例さえ確認されている。民衆の側からすれば、共産党の権力が民衆の意志に従うと謳うのであれば、このような自分たちの要求に応えることは当然であると考えたわけである。

　こうした激しい対立と相互浸透が混じり合う両者の関係は、厳格な教義をもたず、異質な思想・宗教を融通無碍に吸収してきた中国の民間信仰の性格に由来するのであろうが、一方で中国共産党の側にも、自らの権威の浸透のために民間信仰の諸要素を意図的に取り込もうとする動きも見られた。その最も露骨な表れが、毛沢東をはじめとした党指導者や紅軍が民衆のために奇蹟をおこすといった、あまりにも荒唐無稽な「革命の伝説」の量産と流布である。形や中身は違えど、戦時下の日本で拡散していた極端に神格化された天皇像をどこかで彷彿させる。こうした迷信まがいの言説もまた、戦時秩序には根深く巣喰っていたのである。

ここから窺われるのは、自らの掲げるイデオロギーをあくまで貫徹させようとしたり、時間と手間を惜しまず根気よく民衆を啓蒙・教化しようとしたりする理念主義的な権力の姿ではない。むしろ、この時期の国家は、したたかで扱いにくい民衆を、手段を選ばず体制内にとりあえず飼い慣らし、混乱の拡大を未然に防いで社会秩序の安定を最優先させていたのである。このような清濁併せ呑んで、およそ利用できるものは何でも利用しつつ社会を強引に掌握しようとする志向性は、とりもなおさず戦時秩序の生成過程における特質の一つである。そして、その残影は今日の中国にも見られるものではないだろうか。

　本書の最後は、前章と同じく権力と宗教との関係をとりあげた第10章の山本真論文である。ただし、ここで検討対象にしているのは、中国土着の民間宗教ではなく、外来のキリスト教である。中国におけるキリスト教の受容は、近代以降に限っても激しい衝突と曲折を繰り返した歴史的経緯をもち、しかも西欧世界との組織的繋がりが強いため、前章とは異なった様相を呈していた。山本論文は、建国初期、台湾の国民党政権と対峙する最前線にあり、プロテスタント信者も比較的多かった福建省を対象として、中国共産党によるプロテスタント教会の統制を分析し、それが教会や信者たちを翻弄していく姿を描き出している。

　建国直後、中国共産党のキリスト教に対する姿勢は相対的に穏やかなものであったが、朝鮮戦争の勃発が事態を一変させた。とりわけ中国軍の参戦後には中国共産党は外国人宣教師の資産を凍結し、彼らをスパイ容疑で厳しい監視下に置いた。その後まもなく外国人宣教師の大半は帰国をよぎなくされることになる。彼らが布教の一環として運営していた教育・医療機関も教会から切り離され、国営化が進められていく。

　こうしたなかで、中国人のプロテスタント指導層の中の「リベラル派」が主導して、中国共産党への全面協力を打ち出し、生き残りを図っていく。すなわち、中国共産党の方針にそって、「帝国主義」との関係を断ち切り、教会内部に潜んでいる「反革命分子」の摘発・排除をすすめた。その過程で「外国

や国民党政府と関係が深かった教会幹部」も内部から摘発され、反米愛国運動や反革命鎮圧運動にも同調していく。山本論文のキーワードである「三自革新運動」とは、実は、以上のような教会の自律性を自らの手で骨抜きにしていく動きに対して、中国共産党が肯定的評価を付与して使った呼称にほかならない。

　山本論文によれば、福建省の「三自革新運動」の指導者はいずれも福州の教会学校の出身者で、かつ欧米留学を経験した高級エリート層であった。彼らが共産党の方針を受け入れた背景には、時勢や権力への迎合ばかりではなく、社会活動への実践的関心とナショナリズム、そして外国人宣教師に対する反感など屈折した心情があったという。共産党側はこれを巧みに操って教会内部を分断しつつ、一般信徒を反米運動に取り込むために教会組織を利用したわけである。こうして、教会内部に持ち込まれた相互不信が増幅し、さらに一般信徒に提供できる経済的・文化的資源を奪われたことも作用して、信徒の数が減少していった。

　一般論としていえば、人々の内面まで管理しようと踏み込んでくる戦時権力と宗教団体との関係は、戦時日本の事例を持ち出すまでもなく、弾圧と懐柔、屈服と抵抗が複雑に入り交じった緊張感に満ちたものとなる。たとえば、興味深いことに、山本は一人のプロテスタント指導者が教会の罪状を激しく内部告発した文章を引用している。それがどこまで組織防衛のための擬装で、どこまで信仰者としての内発的な真実の「声」なのかを判断するすべはない。ただ、その空疎さと痛々しさだけは伝わってくる。耳をすます者には、他者を攻撃する確信に満ちた猛々しい「声」の中に、権力への迎合と擬装的抵抗とが渾然一体となった沈痛な響きが聞こえてくるのである。この種の「声」もまた、戦時秩序には紛れもなく張り付いていた。

IV

　以上、戦時秩序とその生成という観点に引きつけて、ごく雑駁ながら本書

所収論文を個別に紹介しつつ、編者なりに位置づけを行なってきた。ただし、誤解のないように付言すれば、本書には様々な要素をはらんだ一つの時代を単一の色彩で塗りつぶしたり、何か確固たる一般法則を定立したりする意図はない。本書所収の各論文についても、それぞれの論旨は多岐にわたっており、異なった観点で読めば、また別個の問題領域のひろがりを見つけ出すことは容易であろう。本書の共同研究をとりまとめた編者のスタンスは、異なった見解を締め出して、閉じられた体系を創出することにあるのではない。むしろ、中国・日本をはじめとした東アジア諸地域の比較史研究に一つの開かれた議論の場を導入しようと試みることにあった。その点を汲み取っていただければと思う。

　（＊）多くの研究があるが、ここでは編者による以下の2点のみをあげておく。笹川裕史「中国の総力戦と基層社会」、久保亨・波多野澄雄・西村成雄編『戦時中国の経済発展と社会変容』慶應義塾大学出版会、2014年、所収。笹川裕史『中華人民共和国誕生の社会史』講談社選書メチエ、2011年。

第1章
日本陸軍の中国観
―大本営陸軍部・北支那方面軍作製の戦訓マニュアルをめぐって―

一ノ瀬 俊也

はじめに

　いわゆる戦場論の視点に立つ日中戦争研究には、相応の蓄積がある。波多野澄雄、戸部良一らによる共同研究「日中戦争の軍事的展開[1]」は、軍レベルの戦略から個々の日本軍将兵の士気に至るまでの詳細な考察を加えた。笠原十九司は、従来注目されることの少なかった華北での対ゲリラ戦、いわゆる治安戦について分析し、泥沼化した戦場の有り様を活写している[2]。

　本章は、そうした実態論主体の研究状況に対し、日本軍が戦場で得た各種の経験をどのように編纂して体系化・教訓化し、〝敵の顔〟を描いていったのか、それはいかなる形であったのかという、いわば表象論・認識論的な考察を試みる。ここでいう〝顔〟とは、サム・キーン〈佐藤卓己・佐藤八寿子訳〉『敵の顔 憎悪と戦争の心理学』（柏書房、1994 年）が扱ったような戦争プロパガンダ写真や絵ではなく、ある行動や戦法をとる他者の像（イメージ）という程度の意味である。

　日本陸軍は、他国の軍隊と同様、各種の戦訓に基づき敵軍の戦法を解説し各部隊へ周知する、一種のマニュアルを多数作製していた。日本陸軍におけるその作成主体は主として教育総監部であるが、大本営陸軍部（≒参謀本部）も作っていた。本章では、同部が 1940 年 6 月に刊行した『支那軍ノ戦力及戦法ノ史的観察竝ニ対策』、北支那方面軍が編んだ『粛正討伐の参考』（1939 年

5月)、杉山部隊〔北支那方面軍〕報道課編纂『宣伝宣撫参考手帖』(1939年2月) の計3冊の戦訓マニュアル[3]を用いて、日中戦争下の日本陸軍における中国軍・民衆認識の様相とその特徴を明らかにする[4]。日本軍の対民衆工作、すなわち宣撫工作が結果的に成功しなかったのは周知のことである。中国における日本陸軍の宣撫活動を考察した小野田康平は、その理由として、①政府や軍中央で統一的な根本方針が作られなかったこと、②現地軍が民心掌握を必要条件と見なさず、作戦支援を優先させたこと、③「大東亜戦争」勃発で戦局が悪化したことの3つを挙げている[5]。このうち②の問題について、当事者である現地日本軍の詳しい考え方もマニュアルから浮かび上がるであろう。

『支那軍ノ戦力及戦法ノ史的観察竝ニ対策』が刊行されたのは、中国側のいう百団大戦(1940年8～12月)の直前であった。その前年の39年、予備兵力の尽きた日本軍は「大規模な進攻作戦は中止し、占領地域の安定確保に任じた」が、中国軍は日本軍の「攻勢力が尽きたと判断し、各所に対し反撃に出て、現地軍としては、依然活発な反撃掃討作戦を実施しなければならなかった[6]」という。そのため、日本軍は在中兵力の増加を強いられ[7]、これにともなう下級幹部や兵の素質低下が上記の各マニュアル刊行の一因になった可能性がある。

第1節　『支那軍ノ戦力及戦法ノ史的観察竝ニ対策』にみる「支那軍」像

1)「支那軍」の長所

『支那軍ノ戦力及戦法ノ史的観察竝ニ対策』は四六判大、全121頁のパンフレットである(図1、以下『史的観察』と略記)。1940年6月に刊行されるまでの経緯は史料的限界により、残念ながら判然としない。ただし、その冒頭に「本書ハ曩ニ配付セシ対支作戦参考資料(教) 其ノ十五(支那軍戦法ノ特性及之ガ対策上特ニ著意スベキ事項)〔一ノ瀬未見〕ヲ其ノ後判明セル資料ニ基キ改訂セシモノ」との但し書きがあるので、在中前線諸部隊から得た各種の戦

訓を逐次フィードバックし、改訂を加えながら作られていったとみられる。

同書が敵である中国軍の全体像、そして長所をいかに描いているのかをみていく。我々は一口に中国軍といっても国民党直系の中央軍と地方軍、そして共産軍などに分かれていることを知っている。本章では、当時の日本陸軍がそれらを総称し分析対象とした（いわばイメージ上の）軍隊を呼称する限りにおいて、「支那軍」という名を用いる。

「支那軍」の特徴は、構成が雑多なことである。中央軍は「支那軍ノ中核的存在タリ然レドモ一度敗戦ノ苦汁ヲ喫スルヤ其ノ戦力急激ニ低下」している、地方軍は「其ノ出身地ヲ遠ク離レテ行動シ損害大ナル軍隊ノ戦意喪失ハ近時顕著」である、と（敵である以上当然ながら）批判的にとらえられている。

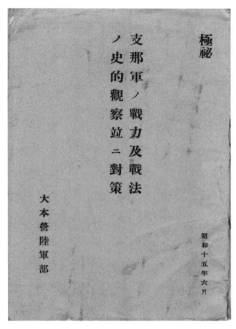

図 1　支那軍ノ戦力及戦法ノ史的観察竝ニ対策

一方、共産軍は「対日持久戦ノ重要ナル役割ヲ演ジ〔中略〕所謂軍、政党ノ一元的槺構下ニ於テ逐次其ノ地盤ヲ拡大シアル点厳ニ注意ヲ要スル所」（3・4頁）とされ、比較的評価が高い。

「支那軍」全体の特長の一つは、防御に強いことである。『史的観察』はこのことについて、

敵ハ防御戦闘就中近距離戦闘ニ長ジ好ンデ天險ニ拠リ正面戦闘ニ於テ特ニ靭強ナル抗戦力ヲ示スヲ常トス其ノ他遊撃戦、土工作業能力、行

> 軍能力等軽視スベカラザルモノアリ　近距離戦闘ニ於テハ手榴弾、迫撃砲、重、軽機関銃ヲ巧ニ使用シ且狙撃ハ特ニ我ガ幹部ヲ目標トシ其ノ技量侮リ難キモノアリ（6頁）

と、地形や陣地に拠った頑強な防御は侮りがたい、との認識を示している。

こうした評価は、漢口作戦における中国軍の戦い方を踏まえてのものだろう。戸部良一は、38年漢口作戦時（6～10月）の日本軍について、数に勝る中国軍に「道なき山岳地帯での戦闘に引き込まれ」たことや、「中国軍の陣地は天険を巧みに利用し極めて堅固に構築され、日本軍をどこからでも攻撃できるよう配置されていた」ために多大の犠牲を出したことを挙げ、「最終段階での雪崩を打ったような敗走を別とすれば、中国軍は予想以上に士気が高く、よく戦った」と述べている[8]。ほぼ同様の評価を当時の日本軍も下していたのである。

中国戦線の日本軍については、戦闘に勝っても戦争には勝てなかった、と言われることがある。だが『史的観察』の文面から浮かぶのは、その戦闘でも苦戦を強いられているとの現状認識である。

「支那軍」のもう一つの長所は、命令がよく守られていることである。

> 敵軍ノ命令服行ノ状態ヲ通観スルニ縦ヒ戦意乏シキ軍隊ニ在リテモ概ネ之ガ実行ヲ企図ス　消極的ナリト雖モ苟モ命令ハ殆ド必ズ之ヲ服行スル点蔑視ヲ許サザルベク特ニ優秀ナル指揮官ニ統率セラルル軍隊ニ於テハ相当積極的ニ所命任務ノ遂行ニ勉ムルモノアリ（6頁）

よって「蔑視」は許されない、と警告される。文中の「優秀ナル指揮官」については、戦後日本側の刊行したいわゆる公刊戦史でも「中央軍直系の戦力特に中堅将校の強烈な抗日意識と戦意は、決して軽侮を許さず、且つ軍中央部の威令は相当に徹底しているものとみられた[9]」と高く評価されている。

「支那軍」が防御に強いのは、日本軍に比べ火力装備に劣るがゆえに、防御

陣地構築に熱心であるからだという。この点、『史的観察』は「日本軍ノ優良装備ニ対抗スル為ニハ真摯ナル工事アルノミト為シ第一線ノ工事ヲ強調ス」（15頁）、「飛行機ヨリモ砲兵、戦車及化学兵器ヲ恐ルルコト大ナリ従ツテ此等ニ対スル遮蔽並ニ掩護ノ為地形、地物ノ利用、工事施設頗ル巧妙且徹底的ニシテ一般ニ夜間ノ利用盛ンナリ」（19頁）、「地形、地物ノ利用巧ニシテ一般ニ峻険ナル山地ニ拠ルヲ好ミ〔中略〕陣地ノ秘匿遮蔽特ニ爆弾、砲弾等ニ対スル掩護設備巧妙ナリ」（32・33頁）と解説、評価している。

かくして「支那軍」の「既設陣地ニ拠ル正面戦闘ノ靭強性ハ侮リ難キモノアリ」（34頁）との評価が示される。「射撃開始ハ我ガ軍ノ近接ヲ待ツテ不意ニ実施スルニ勉ム」（同頁）との記述もあり、現場の日本軍が苦戦を強いられていたことがうかがえる。

『史的観察』の作成者は次の一文のように、「支那軍」が個別の部隊のみならず、全体として陣地に拠った防御戦、持久消耗戦を狙っていることを強調する。

　持久消耗戦ヲ企図シ退避遊撃ヲ主トス　事変以来支那軍ノ戦法ヲ通観スルニ時ニ戦略決戦的色彩ヲ認メタルモ全般的ニハ退避遊撃ヲ以テ持久消耗ヲ企図シ且装備優秀ナル我ガ軍ノ機動力、戦闘力ノ発揮ヲ減殺スルニ勉メ武漢及広東付近ノ会戦ヲ契機トシ爾後ニ於テ其ノ色彩濃厚ナリ」（8頁。ちなみに武漢作戦の期間は前述の通り38年6月〜10月、広東攻略戦は同年10月）

我々は日中戦争の遊撃戦といえば共産党軍のそれを想起するが、国民党軍も開戦当初の「決戦」的戦法を捨てて次第に消耗戦法へと移行し、それが日本軍の苦戦につながっている、というのである。

興味深いのは、『史的観察』に「支那軍」は「逐次皇軍ニ錬磨」されている（8頁）、との記述があることである。持って回った言い方だが、日本軍は結局「支那軍」の実戦訓練をしてやっているに過ぎぬという、シニカルな含意

があろう。

その他の「支那軍」の特長として、宣伝上手がある。「宣伝ハ総力戦的見地ニ於ケル支那軍抗戦ノ重要要素ノ一」、「軍民及第三国人ニ対シ相当ノ効果ヲ挙ゲツツアリ」、「簡明ナル標語ヲ以テ民心ノ機微ニ投ジ同一事項ヲ反復執拗ニ喧伝スルガ如キ点ハ軽視シ得ザルモノアリ」(14頁)などとされ、民心の獲得競争にとうてい優位に立ち得ない日本軍の苦境が透けてみえる。

「支那軍」の持つ補給力についてはどうか。「概シテ第一線ノ要求ニ応ジアリ」(11頁)、「装備就中後方機関軽易ニシテ克ク飢渇ヲ忍ビ困苦ニ堪フルヲ以テ険難ナル地形ニ於テモ大ナル機動力ヲ発揮ス」る、それは「極端ナル原始的生活ニ甘ンズル国民的習慣」(16頁)の故である、と観察されている。この点も日本軍苦戦の一因とみなされたのであろう。

2)「支那軍」の短所

一方、日本軍は支那軍の「短所」をどう認識していたのか。「支那軍」は確かに防御に強いが攻撃力で劣るため夜間攻撃を重用しているとの認識を、『史的観察』の次の一文は示す。

武漢攻略戦後日本軍ノ進攻一段落ヲ機トシ鋭意整訓話ヲ実施シ数次ニ亘リ攻勢ニ転ズルニ至レリ　而シテ毎戦多大ノ損害ヲ以テ我ガ軍ニ撃退セラレ攻撃ハ支那軍ノ最大欠陥タルノ事実ヲ立証セリ　然レドモ夜間攻撃ヲ賞用シ〔中略〕其ノ要領逐次本格的トナリ進歩ノ跡ヲ認ムルヲ得ベシ(26頁)

華中の中国軍は39年12月12日、日本陸軍第十一軍(中支那派遣軍隷下)に対し一斉に出撃来襲した。中国軍の出撃約960回、日本軍の出撃は1050回、交戦回数は1340回に上った。40年1月に戦闘自体は終熄したが、「中国軍攻勢の規模の大にしてその戦意の旺盛なことと、行動の積極執拗なことは、従来の攻勢にその比を見ないところであった。わが軍の戦果は大きかったが、

損害もまた少なくなかった[10]」といわれる。

　後の太平洋戦争で守勢に回った日本軍が火力に勝る米軍相手に夜間斬り込み戦法を主用せざるを得なかったことは知られているが、中国戦線の日本軍にとっては同じ事態が主客転倒する形で起こっていたのである。

　『史的観察』は「支那軍」の弱点は武器と人員（特に幹部）の不足にあるという。

> 幹部並ニ兵器ノ損耗ハ支那軍ノ最モ苦痛トスル所ナルニ著意シ之ガ殺傷、鹵獲ヲ以テ敵ノ戦力破摧ノ第一義トセザルベカラズ……支那軍ハ一度幹部（指揮官及幕僚）ヲ失フヤ其ノ抗戦意志急激ニ低下シ指揮組織崩壊スルノ特色顕著……支那軍ハ装備ノ弱点就中兵器ノ不足ヲ自覚シ之ヲ愛惜スルコト甚大ニシテ一見廃品ノ如キモノスラ之ヲ修理シテ抗戦ノ具ニ供シタツアル実情（40・41頁）

といった記述が繰り返し出てくる。日本軍としては敵のこの「弱点」に付けいるしかない、というのである。

　日本軍は、「支那軍」相手の実戦経験を積む中で、

> 期日付ノ援軍請求ハ退却ノ時期ヲ予知シ得ベキ資料タルコトアリ是援軍ノ来ラザルニ藉ロシテ退却ノ責任ヲ免レントスルハ彼等ノ常套手段タレバナリ（37頁）

と観察していた。中国軍の電文を解読し、「期日付ノ援軍請求」は「退却ノ予知」であるとの経験則を得ていたのである。

　『史的観察』は、「支那軍」が退却時、日本軍による「追撃防止ノ為ニハ手段ヲ選バズ」（39頁）とし、今日の日本で日中戦争下の中国軍を語る際によく言及される、督戦隊の存在にも言及している。

俘虜参謀将校ノ言ニ依レバ督戦隊ハ第一線部隊ノ戦闘行動ヲ上司ニ報告シテ賞罰ノ資料ニ供スルヲ主要ナル任務トシ成績不良ナル者ニ対スル懲戒ハ主トシテ峻厳ナル刑罰ヲ課シ且給養ヲ粗悪ニナラシムルノ手段ニ依ルモノニシテ火力ヲ以テスル督戦ハ行ハズト称シアリ　然レドモ火力ヲ以テ第一線ノ退却ヲ督戦セシ事例ハ屢々之ヲ認メタル所（22・23頁）

　中国側の督戦隊が退却する友軍を本当に射撃したか否かは結局わからないが、「支那軍」の戦意が決して低くない要因の一つに督戦隊の存在を挙げていたのは事実である。敵はなぜ屈服しないのか、という日本側の焦り、原因捜しのなかで督戦隊がいわばやり玉に挙がった。かくして生み出された「支那軍」像を今日の日本社会も引き継いでいるのである。
　以上、日本軍が「支那軍」の長所と短所をどう認識していたのかを、『史的観察』に依拠してみてきた。防御に強い、火力に対抗して陣地構築に熱心、夜間攻撃常用といった点は後年の米軍が太平洋戦線の日本軍に下した評価と同じである。「支那軍」全体が長期防御戦、消耗戦へと移行していく中で、日本軍は敵に人員・装備の損耗を強いるという従来の戦法をとり続けるしか対抗策がなかったことがうかがえる。

3）遊撃戦をめぐって

　『史的観察』は、以下のように、遊撃戦こそが「支那軍」の主戦法と認識していた。

今次事変ノ当初ハ北支ニ於ケル第八路軍ノ活動ヲ主ナルモノトセシガ山西軍並ニ其ノ他ノ正規軍又此ノ種行動ニ出デ北支ニ於テハ華北遊撃軍事委員会組織セラレ中支ニ在リテモ新編第四軍ノ出現ヲ見更ニ南支ニ及ビ今ヤ支那軍ノ遊撃戦法ハ其ノ久シキニ亘ル経験ト深刻且徹底セル科学的研究トニ依リ民衆ヲ打ツテ一丸トスル大規模ナル計画ノ下ニ

対日戦法ノ主要ナル大原則トシテ信念化セラレアル〔中略〕支那軍ハ愈々遊撃戦ノ効果ニ心酔シ日本軍ノ奥地進攻並ニ長期駐兵ハ益々支那軍ノ勝利ヲ確実ナラシムルモノナリト呼称シ長期抗戦ノ為軍隊及国民ヲ指導シツツアル所〔中略〕敵主力軍ニ対スル赫々タル戦捷ニ幻惑セラレ動モスレバ此ノ種損害ニ対シ冷淡トナリ易キニ於テ特ニ然リトス（67〜69頁）

　先にも述べたように、40年の段階では華北の共産軍のみならず華中・華南の「正規軍」も含めた「支那軍」全体が遊撃戦法を「信念化」して重用しており、日本軍にとっても戦争長期化の原因となっているので無視できない、というのである。これが大本営としてのいわば公式見解化している。
　1938年、華中の日本軍は大規模攻勢を停止して「治安第一主義」をとっていたが、武漢陥落後に再建を果たした中国軍の反撃に遭遇した。部隊を派遣して打撃を与えるがそこへ常駐させる兵力はないので原駐地に復帰させざるを得ず、持久消耗戦に陥るばかりであり、かつ中国側に宣伝材料を与えてしまっているというジレンマに陥っていた[11]。先の『史的観察』の引用文には、そうした苦衷がにじんでいる。
　ところでこの一文には、中国の「民衆」「国民」が一丸となって抗日戦に従事しているとの認識が示されている。裏を返せば、日本軍は民心把握において中国側に遅れをとっているのである。
　その理由の一つは、日本軍の対民衆暴行である。『史的観察』は、

民心把握ノ観念ハ軍隊ニ依リ多大ノ厚薄アリ就中高級指揮官ノ性格ハ偉大ナル感作ヲ及スヲ実情トス　悲惨ナル戦闘ヲ経験シタ直後ノ軍隊ハ此ノ件ニ概シテ無反省ニ陥リ易シ

其ノ結果ハ当ニ皇軍ノ神聖ヲ冒涜シ出征ノ意義ヲ滅却スルノミナラズ既往ニ於ケル赫々タル戦捷ノ効果ヲ泥土ニ委スルニ等シ（73頁）

と、極めて遠回しながら、戦闘後の暴行が民心離反につながっていること、それは日本軍「高級指揮官」の責任であることを指摘している。

『史的考察』が興味深い史料であるのは、日本軍から見た戦場のディテールが（相当抽象化されているとはいえ）その端々から浮かび上がってくるからである。たとえば「討伐」後に捕らえた敵兵の「首実検」は慎重にやらないと民心掌握に禍根を残す、という記述がある。

討伐ニ方リテハ匪民ノ分離ニ著意スルコト肝要ナリ　遊撃戦ニ任ズル敵ハ便衣ヲ用フルヲ以テ討伐ニ方リテハ動モスレバ之ヲ見逃シ或ハ土民ヲモ殺戮シテ爾後ノ工作ニ大ナル禍根ヲ貽(のこ)スコトアリ匪民ノ分離ニハ戸口調査ヲ為シアルヲ可トスト雖モ未ダ之ヲ実施シ得ザル場合ニ在ジテハ帰順匪、密偵或ハ其ノ地方ノ要人ナドヲ利用シテ首実検ヲ為サシムルヲ可トスルモ止ムヲ得ザレバ掌等ノ検査ニ依リ之ヲ区別シ得ベシ即チ農民ノ掌ニハ胼胝(たこ)ヲ見ルモ兵ニハ通常之ヲ見ザルヲ通常トスレバナリ（91・92頁。ルビは引用者）

掌のタコによって敵と「土民」を識別すべきである、という実践的〝教訓〟を語っているようで、実は「匪民」の正確な「分離」は不可能である、と告白してしまっているようにもみえる。

『史的考察』は、抗日戦に対する中国民衆の態度を次のようにみていた。

由来支那民族唯一ノ願望ハ生命、財産ノ安全ニ在ルニ著意シ其ノ懐柔指導ヲ適切ナラシムルヲ緊要トス

従ツテ抗日ヲ念トスル者ニアラズトモ敵方ノ脅威ヲ受クルトキハ後害ヲ恐レテ遊撃ノ手先ト為ルコト寧ロ彼等ニ取リテ当然ノコトナリ

我ガ軍ノ設立シタル交通愛護村ニ於テ敵側担当ノ村長ト日本側担当ノ村長トヲ設ケ敵来ラバ前者之ニ対応シテ其ノ要求ニ応ジ鉄道ヲ破壊シ敵去ルヤ後者其ノ状況ヲ日本軍ニ報告シ自ラ破壊セル鉄道ヲ補修シテ款ヲ我ニ通ジ以テ彼我両軍ノ間ニ自己ノ安全ヲ保持スルニ勉メタル事例アリ（74・75頁）。

　中国戦線においては民心の獲得が勝敗を分ける日中とも一大要素となっており、日本側も（少なくとも主観的には）対民衆工作に力を入れたのであるが、戦場が広大で軍隊の常駐が困難だったため困難であったこと、それが戦争長期化につながっていた様子が改めてうかがえる。
　この一文が示すように、日本軍にとって中国民衆はすべて敵だったわけではなく、どちらにも味方しうる可塑的な存在だった。実際、対日協力者もいた。しかし、

軍隊其ノ駐留地ヨリ撤退スル場合ニ於テハ警備、治安工作等軍ニ協力セシ要人ハ之ヲ同行シ或ハ安全ナル地ニ退避セシメ之ヲ保護スルノ著意必要ナリ　走狗煮ラルルノ事例多ク特ニ民衆ノ我ガ軍ニ対スル信用ヲ失墜シ爾後ニ於ケル治安工作上不利ヲ招クコト少ナシトセズ　撤退ヲ予期スル駐留ニ於テハ治安維持会等ノ設立ニハ慎重ナル考慮ヲ要ス

という『史的観察』の一文（75・76頁）が示すように、ゲリラ討伐を終えて撤退する際に中国人協力者を見捨ててしまい、以後の対民衆工作に支障を来す事例が多々あったようである。
　日本軍は「討伐」すなわちゲリラ掃討作戦を繰り返し行っていたが、『史的観察』にはその限界を自認するかのような記述がある。

駐兵ヲ伴ハザル敵地（特ニ共産地区）ハ積極的討伐ハ縦ヒ一時相当ノ戦果ヲ挙グルモ撤退後ニ於ケル後害大ナルモノアルコト多キニ注意ヲ

> 要ス　特ニ警備地域ニ近接シ或ハ内部ニ侵入セル敵ニ対シテ早期討伐ヲ実施シ敵ヲシテ其ノ根拠地付近ノ陣地ヲ強化シ或ハ民衆間ニ根強キ勢力ヲ扶植スルノ余裕ヲ与ヘザルコト肝要ナリ（86頁）

　いささか意味がつかみづらいが、日本軍が常駐していない地域への侵攻は要するに無駄骨であり、逆に民心が離反して中国側につけいる隙を与えてしまっている、という趣旨であろうか。
　それでも日本軍が「討伐」を引き続き行ったのは、

> 討伐ニ際シテハ単ニ之ヲ某地ヨリ撃退スルヲ以テ満足スルコトナク勉メテ之ヲ殲滅シ若クハ幹部ニ大ナル損害ヲ与ヘ或ハ主要ナル兵器其ノ他ノ軍需品ヲ奪取スル等勉メテ其ノ戦力ヲ破摧スルヲ以テ念トセザルベカラズ　敵ハ恰モ蠅ノ如キヲ以テ我ガ軍ニシテ敵退却セルノ故ヲ以テ討伐ヲ打切リ引揚ゲンカ彼ハ再ビ侵略シ来ルハ当然ナリ故ニ「敵ヲ某地ヨリ撃退セルモーノ勝利ナリ」トスルガ如キ観念ハ之ヲ一掃シ敵ヲ捕捉殲滅スルカ少クモ兵員特ニ幹部ニ大ナル損害ヲ与ヘ又ハ其ノ根拠地ヲ衝キ隠匿集積セル武器、弾薬等ヲ奪ヒ以テ其ノ戦力ニ対シ決定的打撃ヲ与フルニ勉メザルベカラズ（87・88頁）

とあるように、中国側の兵士と兵器を「捕捉殲滅」するための手段であり、かつそれ以外の戦局収拾策を想起し得なかったからである。39年11月、華中の日本陸軍第十一軍は戦争に決着をつけるべく、総軍規模の一大進攻作戦を実施し、蒋介石直系軍に打撃を与えることでその継戦意志を破砕すべき旨を主張したが、対ソ戦に備えるため在中兵力の削減を検討していた陸軍中央や総軍は受け入れなかったという[12]。討伐の継続を指示するこの一文には、大本営としての意思が反映されているとみてよい。
　日本軍は1940年段階に至ってもなお、「総力戦」的戦法しかとることができず、しかも「捕捉殲滅」に失敗を繰り返して中国側の攻勢・百団大戦を迎え

る。その撃退にこそ成功したものの、一層の苦戦を強いられていくのである。

第2節　北支那方面軍司令部『粛正討伐ニ関スル参考』の描く中国民衆と毒ガス戦

1）日本軍の中国民衆観

　この日本陸軍の中国民衆観について、『史的観察』の約1年前、すなわち1939年5月に作製された標記のマニュアル（図2、以下『粛正討伐』と略記）をもとに、もう少し考察を加えたい。

　作成主体の北支那方面軍は日中戦争勃発直後の1937年8月、現地の第一軍・第二軍を統括するため編成された日本軍初の方面軍で、39年に中国戦線全域を統括する支那派遣軍が創設されるとその戦闘序列に編入された。マニュアルの観察対象は当然ながら華北の民衆と共産党軍である[13]。

　北支那方面軍は39年4月20日付で「治安粛正要綱」を作製、30日の参謀長会同の際、第一線兵団に示達した。この要綱は治安粛正の目的を「占拠地域内ノ残敵及匪団ヲ剿滅シ　遊撃戦法ヲ完全ニ封殺」して「明朗北支ヲ建設スルト共ニ　長期建設ノ確固不動ノ礎石ヲ確立」することと述べた[14]。この時期の同軍は「敵とりわけ中共軍の対日本軍戦法の研究はきわめて旺盛で、日本軍の欠陥に乗ずる戦法をその遊撃戦法に巧みに織り込み、もっぱらわが油断に乗ずること

図2　粛正討伐ニ関スル参考

に腐心している実情であるから、周到な警戒準備を怠ってはならない」との見解を抱いていたという[15]。『治安粛正』はその中国側が用いる「戦法」と対抗策を、各部隊に周知させるために作られたとみられる。同書の表紙には「歩兵第百十九連隊[16] 連隊砲中隊」のゴム印が押されており、少なくとも各中隊レベルまで配付され、普及が図られていたことがわかる。

『治安粛正』各項の内容検討に入ろう。北支那方面軍が共産党軍に下した評価は、

> 共産匪団ヲ中核トスル思想匪団ノ潜行ニ伴ヒ其ノ摘出ハ一般的捜索手段ヲ以テシテハ殆ト不可能ニシテ憲兵警察等ヲ以テスル組織的検索網ヲ構成シテ之ヲ反復実施スルコト特ニ肝要ナリ（「情報ノ収集ト査覈(さかく) 第二七」18頁）

と、ゲリラ戦主体、神出鬼没を主戦法とする軍隊として見る限り、決して低くない。

この共産党軍の基盤となり、抗戦能力を高めているのが中国民衆であった。前述したように、日本側もその利用価値を認めていた。その1つは情報供給源としてである。『粛正討伐ニ関スル参考』から関連する記述を、以下に4点引用する（①〜④の通し番号は引用者が付した）。

> ①軍隊ハ其ノ駐屯地周辺ノ民衆ニ対シ皇軍ノ真価ヲ知ラシムルト共ニ此等民衆ヲ匪賊ノ逆襲ニ対シテ保護スルトキハ克ク皇軍ヲ信頼セシメ遊撃戦法ノ根幹タル民衆ヲ匪軍ヨリ分離シテ直接治安ノ恢復ヲ速ヤカナラシムルコトヲ得特ニ民衆ノ軍隊ニ対スル信頼ノ増加ハ匪軍ニ対スル情報収集上至大ノ便益アリ　従テ土民等ヨリ匪情ニ関スル報告アラバ直ニ討伐ヲ実施シテ克ク民衆ヲシテ皇軍ニ通シテノミ一身一家ノ安全ハ之ヲ庶幾シ得ルモノナルコトヲ如実ニ銘肝セシムルコト肝要ナリ（「討伐一般ノ要領 第一八」12頁）

②討伐粛正ノ結果敵ガ逐次潜行便衣化スルニ及ンテハ正常ナル一般方法ニ依リテ匪情ヲ得ルコト愈々困難ヲ加フルニ至ルヲ以テ優良ナル密偵等特ニ直接優良ナル支那人ヲ使用スルコトハ其ノ価値極メテ大ナリ然レトモ此等ノ密偵土民支那側機関等ヨリ得ル情報ハ多クハ誇大ニシテ想像風説或ハ他人ノ見聞等ヲ恰モ自己ノ見聞ノ如ク報告シ且時機ヲ失スルモノ多シ特ニ匪数誇大ニ報告セラルルコト多ク通常三倍乃至五倍時トシテハ十倍ニ達スルコトアリ　然レトモ間々真実ナル情報ヲ含ムヲ以テ之力利用ニ遺漏ナキヲ要ス（「情報ノ収集ト査覈 第二六」、17・18頁）

③行軍間土民ヨリ得ル匪情ハ必スシモ信用シ難キコトアリ特ニ匪化セル地方ニ於テハ真情ヲ報告セサルモノトス故ニ進ンテ情報ヲ提供スル者ハ特ニ注意シテ敵ノ欺騙ニ陥ラサルヲ要ス（「情報ノ収集ト査覈 第三〇」、19頁）

④民衆ノ通報報告ニハ時ニ過誤アルノミナラス其ノ時機ヲ失シテ出動モ何等ノ戦果ナキニ至ルコトアリ斯ノ如キ場合ニ於テモ軍隊ハ特別ノ事情ナキ限リ民衆ノ要望ニ副フテ出動シ時ニ誤報アルモ深ク之ヲ責メルコトナク常ニ民衆ヲシテ喜ンテ匪情ニ関スル報告ヲナサシムル如ク指導スルヲ必要トス（「情報ノ収集ト査覈 第三三」、20頁）

　このように、中国民衆の提供する対敵情報は多くは過誤や誇大だが間々真実が含まれること、ただし中国軍が偽情報を入れてくる可能性があるので留意すべきこと、情報が間違っていたり時期外れであっても叱責しないことなどが繰り返し指摘されている。

　日本軍が戦闘時、中国民衆を密偵として使うこともあった。ただし、以下の記述にあるように、密偵は村長などの肉親を用い、その間は村長を人質にして決して裏切らせないよう奨励するなど、日中の情報戦は特異な様相を呈していた。

部隊ノ討伐行動間ハ捜索ノ為密偵ヲ伴ヒ為シ得レハ信頼スルニ足ルヘ
キ支那警察若クハ自衛団員ヲ伴フヲ可トス　然レトモ支那警察自衛団
等ハ近距離ニアラサレハ状況不案内ニシテ効果少シ此ノ際特ニ其ノ経
歴及出身地ヲ調査シ適任者ヲ随行セシムルヲ可トス　而シテ現地ニ於
テ使用スル密偵ニハ村長又ハ自衛団長ノ肉親者ヲ利用シ其ノ間此等村
長又ハ自衛団長等ヲ人質トナスヲ可トスル場合アリ（「情報ノ収集ト査
覈 第二八」、一八頁）

日本軍にとって中国民衆を味方に付けて討伐上の情報を獲得することは確
かに重要であったが、しょせんは異民族で信用できるものではなく、互いの
「顔色」をうかがうことでしか意思疎通できなかった。

一般ニ土民ノ顔色及部落一般ノ情態ニ依リ匪情ニ関スル判断ノ憑拠ヲ
得ルコト多シ　即チ婦女子及小児ヲ多ク見ル部落ハ安全ニシテ土民ヲ
見サルカ或ハ男子ノミ沈痛ナル顔色ヲナシアル部落ハ一般ニ警戒ヲ要
スルモノトス　某部隊カ警備地ニ到着後暫クニシテ婦人子供ノ影ヲ見
サルニ至ルハ匪賊ノ攻撃アル徴候ナリ克ク微細ナル徴候ニモ注意ヲ怠
ラサルヲ要ス（「情報ノ収集ト査覈 第二九」19頁）

この場合、住民たちの「顔色」それ自体が、日本軍にとっては敵軍の存否を
示す「情報」の一つとみなされているのである。

「沈痛ナル顔色」をしていた民衆は、日中両軍の戦闘から決して無縁ではあ
り得なかった。『粛正討伐』には、

討伐粛正ノ目的ハ地点ノ獲得ニ非ズシテ敵ヲ捕捉殲滅スルヲ主眼トス
　単ニ遺棄死体ノ数ノ増加ハ必ズシモ敵ノ損害ノ多寡ヲ意味スルモノ
ニ非スシテ往々多数ノ住民ヲ含ムコトアリ鹵獲兵器ノ数ハ真戦果ノ重
要ナル証査タルコトニ留意スルノ要アリ（「討伐一般ノ要領 第二四」16

頁）

との一文がある。日本軍の討伐の主目的が敵軍兵士と兵器の「捕捉殲滅」であったことは本章で前述したが、その過程で「多数ノ民衆」が巻き込まれることがあり、しかもそれが当然視されている。これは民心獲得を旨としていたはずの日本軍にとって、一つの矛盾である。

とはいえ、あくまで日本側の観察ではあるが、中国民衆が敵たる日本軍を利用して私怨を晴らさせることもあった。

> 書面ニ依ル密告ハ概シテ信用シ得ルモノ少ク特ニ之ニ依リ良民又ハ親日支那人ヲ陥レントシ或ハ我カ軍ノ威力ヲ藉リテ私怨ヲ晴サントスルコトアリ厳ニ注意ヲ要ス（「情報ノ収集ト査覈 第三一」19頁）

と、中国人間の私怨に日本軍が踊らされていたこともあったようだ。この限りにおいて、同書は中国の人々の持つある種のしたたかさを垣間見せている。

このような困難さを抱えつつも、日本軍は民衆を情報供給源、したがって懐柔すべき対象とみなし続け、『粛正討伐』では、

> 青少年訓練其ノ他ニヨリ能ク常ニ完全ニ民心ヲ把握シ民衆ヨリ全幅ノ信頼ヲ受ケアル軍隊ハ此等民衆ヨリ確実ナル情報ヲ得ルニ至ル　此等民衆ヲシテ日本軍ニ依リテノミ完全ニ彼等ノ生命財産ヲ保護シ得ルコトヲ自覚セシムルニ至レハ民衆ハ自衛ノ為ニ匪情ヲ日本軍ニ提供スルニ至ルモノナリ（「情報ノ収集ト査覈 第三二」、20頁）

と諭していた。日本軍は情報軽視の軍隊と言われているが、少なくとも当事者の主観としては情報獲得に気を遣い、そうしていればいつか勝てると自己説得していたのである。小野寺前掲論文は討伐と宣撫が現地軍にとって別個の存在であったように述べている[17]が、少なくとも当事者である軍にとって

は、両者は表裏一体と見なされていたのである。
　むろん日本軍が中国民衆を潜在的味方としてのみ見ていたのではなく、敵としてもみていた。

> 敵ハ我ガ駐留地ニ対シテハ凡有手段ヲ以テ我カ企図ヲ事前ニ察知スル如ク密偵等ヲ配置ス又住民ノ大部ハ敵ノ諜報機関ノ用ヲ為スモノナルニ鑑ミ特ニ企図ノ秘匿ニ関シテ万全ノ注意ヲ必要トス（「企図ノ秘匿 第三五」21頁）

とされ、中国民衆は自軍のみならず敵の「密偵」でもありうる油断のできない存在だった。
　『粛正討伐』は現場における中国人密偵の様子を次のように描写する。

> 我カ駐屯地ニ常置セラル、敵ノ密偵等ハ我カ行動開始後ハ膚接追随シテ我ト接触ヲ保チツ、行動ヲ確認セントスル執拗ナル諜者ノ存在スルヲ一般トスルヲ以テ常ニ部隊ノ四周ニ注意シテ此等諜者ノ追躡ヲ許サ〔ザル脱カ〕ル如ク監視ヲ厳ナラシムルヲ要ス我カ部隊ニ追随シ又ハ併行シテ自転車等ニテ走行スル者ハ殆ト凡テカ敵ノ諜者ト看做シテ誤リナシ（「企図ノ秘匿 第四一」、23・24頁）

　日本軍の隊列と並行して移動する中国人はすべて敵の「密偵」「諜者」と見做されている。こうした戦訓マニュアルが現場でどう読まれ、利用されていったかは今後の課題とせざるを得ないが、無辜の民衆がこの指示に従って捕らえられ、処刑されたこともあったかもしれない。
　中国民衆に対する不信感、警戒心は『粛正討伐』中の別の箇所にもみられる。

> 部落ヲ占領シタルトキハ残留民ヲ一時成ルヘク一ケ所ニ拘束シ通匪者密偵等ノ活動ヲ封止スルヲ可トス　又占拠直後ノ部落ニ宿営スル場合

ニハ特ニ住民ノ動静ニ注意シ我宿営炊事等ヲ斡旋シ或ハ付近ニ徘徊セル住民ガ不知不識ノ間其ノ姿ヲ消シ或ハ密偵ノ帰還セサルカ如キ徴候ニ注意スルヲ要ス是匪賊襲撃ノ徴ニシテ残留セル住民ニ混入セル密偵カ我カ兵力配置ヲ偵知シテ退避セシ徴候ナリ(「部落ニ拠ル敵ニ対スル攻撃 第七三」、36・37頁)

　敵の密偵が紛れ込んだ民衆や日本側の使っていた密偵が姿を消すと、彼(女?)らの通報による「匪賊襲撃」がありうる、よって注意すべしとされている。つまり、味方につけたはずの中国人ですら信用できないのである。
　しかしながら、日本軍にとって中国人はやはり上手く利用すべき対象であった。『粛正討伐』は「帰順匪」すなわち日本側に降伏したゲリラ隊の利用法を2つあげている。1つは以下のように敵をおびき寄せる囮としたり、敵地に潜入させ内部蜂起させて使う方法である。

優良ナル帰順匪団ヲ巧ニ利用スルトキハ奇功ヲ奏シ大ナル戦闘成果ヲ収メ得ルコトアリ時トシテ此等帰順匪ヲ囚〔囮カ〕トシ敵ヲ欺騙誘致シテ我カ軍隊ニ攻撃ノ為ノ好機ヲ作為スルヲ可トスル場合アリ又便衣変装シタル帰順匪ヲ予メ敵地内ニ潜入セシメ我カ攻撃ニ呼応シテ内部ヨリ蜂起セシムル等特殊ノ利用価値ヲ発揮スルコトアリ(「前進部署及行動 第六一」、32頁)

　この一文がいうように、中には日本軍に寝返って「特殊ノ利用価値」を発揮した中国人もいたのかもしれない。こうした経験が民衆に対する過度の期待を生み、効果の薄い討伐が続けられる一因となっていたのではないだろうか。もう1つは以下の文章が示す、敵の部落占領後に住民と便衣した匪賊の識別、いわば首実検をさせる方法である。

部落ヲ占領セハ必ス部落内及付近ヲ掃討シ隠匿兵器ヲ捜索シ便衣セル

匪賊ヲ捕獲スルコト必要ナリ　匪賊カ退却ニ方リ兵器弾薬ヲ隠匿スルコトハ極メテ巧妙ニシテ或ハ床下ニ埋没シ壁ニ塗リ込ミ甚タシキハ棺桶ニ入ルルコトアリ　此等ノ捜索並ニ便衣ノ匪賊ト良民トノ識別ハ帰順匪若クハ自衛団等ノ得意トスル所ニシテ利用スヘキモノトス（「部落ニ拠ル敵ニ対スル攻撃　第七二」36頁）

　日本軍の掃討目的が「敵」の人員装備の「殲滅」にあったことは本章で繰り返し述べてきた。中国人はその際に役立つ存在として特記されていたのである。

1) 華北の毒ガス戦
　『粛正討伐』には「特殊資材」すなわち毒ガス戦に関する記述もある。1938年4月11日、大本営は北支那方面軍・駐蒙兵団に「あか剤」（嘔吐性ガス）の使用を許可した。以後、38年8月6日北支那方面軍・中支那派遣軍に「あか」剤の使用を、同年12月2日北支那方面軍・中支那派遣軍・第二一軍（広州）に「あか剤」・「みどり剤」（催涙ガス）の使用を、39年5月13日北支那方面軍に「きい剤」（糜爛性ガス）の実験的使用をそれぞれ認可している[18]。『粛正討伐』はこのようなガス使用の全面化とほぼ同じ時期の史料であり、方面軍がなぜ毒ガス戦を行うに至ったのか、現場にどのような使用法を奨励していたのかがわかる[19]。
　北支那軍方面軍が毒ガスを用い、マニュアル化（刊行時期からみて「きい剤」も想定されているかは微妙だが）を用いるに至った背景として、中国軍の戦い方がある。『粛正討伐』の次の一文にあるように、中国軍は「堅固ナル囲壁」に立て籠もって抗戦し、そのことが日本軍の「士気ヲ極度ニ沮喪」させる結果を招いていた。

敵ハ多クハ堅固ナル囲壁等ニ拠ルヲ以テ勇敢且気魄アル指揮官ニアラサレハ遂ニ中途ニシテ攻撃頓挫スルニ至ル一度敵ニ対シ攻撃ヲ頓挫セ

シムルトキハ我力志気ヲ極度ニ沮喪セシムルノミナラス敵ノ志気ヲ昂揚セシメ爾後ノ戦闘ヲ著シク困難ナラシムルモノトス(「指揮官 第四四」25頁)

毒ガスはこの「囲壁」に籠もる敵を速やかに排除する手段と位置付けられていたことが、次の文からわかる。

部落就中堅固ナル囲壁ニ拠ル敵ニ対シテハ不意ニ且巧ニ使用スル・特・殊・資・材ハ我力犠牲ヲ最小限ニシテ最大ノ成果ヲ収ムルコトヲ得　特殊資材ヲ使用セントスル部隊ハ風向等ノ関係上自ラ危害ヲ蒙ラサル如ク其ノ使用ニ注意スルト共ニ防護資材ヲ併セ携行スルヲ要ス(「兵力編組 第四六」26頁。傍点は引用者、以下同じ)

毒ガスが味方の犠牲を減らして戦闘を速やかに決着させるための手段とみなされていたこと、国際法と機密保持の観点から「特殊資材」と言い換えられていることが興味をひく。『粛正討伐』より、北支那方面軍にとって、毒ガスが小規模戦闘における奇襲兵器の一つと位置付けられていたことを示す箇所を2つ示しておく。

討伐隊ハ各部落ノ諸徴候並ニ土民ノ態度等ニ対シ細心ノ注意ヲ払ヒ疑ハシキ部落又ハ地域ニ進入スルニ方リテハ敵ノ待伏ニ陥ラサル如ク密偵斥候ヲ先遣シ要スレハ重火器ヲ配置シ一部ヲ部落ノ両側ニ進メテ進入スルヲ可トス　時トシテ敵ノ不意ニ乗シ断乎部落内ニ進入シ奇功ヲ奏スルコトアリ此ノ如キ場合ニハ重擲弾筒又ハ・特・殊・発・煙・筒ノ準備ヲ忘レサルヲ要ス高梁中ニ待伏スル敵ニ対シテハ犬ノ利用ハ価値アルモノトス(「前進部署及行動 第五八」、31頁)
囲壁ヲ有スル部落ニ拠ル敵ニ対シテハ其ノ不意ニ乗ジテ囲壁ノ少クモ一角ヲ速カニ奪取スルコト必要ナリ　抗戦意志薄弱ナル敵ニ対シテハ

曲射砲又ハ重擲弾筒ヲ以テ要点ヲ制圧スルノミニテ容易ニ之ヲ撤退セ
　　シメ得ルコトアリ特殊資材ヲ使用スルコトヲ得ハ特ニ有利ナリ（「部落
　　ニ拠ル敵ニ対スル攻撃 第六九」、35頁）

　39年には華中・華北での毒ガス使用が大・中隊レベルの戦闘でも常態化していたことは先行研究が指摘している[20]が、『粛正討伐』が味方の犠牲を減らすという大義名分を示した上で先制使用を認めていたことは、現場指揮官の心理的ハードルを低くした背景の一つとして注目される。集落への奇襲を是認した以上、住民たちが巻き込まれる可能性も想定されていたはずだが、同書にそれを警告する文言はない。
　日本軍が毒ガスを奇襲兵器と位置付けて使用したのは、中国軍の抵抗によって多数の損害を強要され、無視できないレベルで士気の低下を招いていたからであったが、この点は先行研究でも指摘されている。
　松野誠也は「なぜ日本軍は毒ガス兵器に依存した戦いを行ったのか」という問いを立て、39年5～6月の北支那方面軍による毒ガス戦教育にふれ「教育をうけた兵士たちは、使用は奨励されているし、非致死性ガスであれば問題はないのではないか、と感じていたと思われる。そして、現実に、中国側の民族をあげた激しい抵抗によって苦しい戦いが続くなかで、味方の犠牲はやむを得ないと次第にその威力に頼っていったといえる」と指摘している[21]。吉見義明も日本軍の毒ガス使用の理由について、「粘り強く抗戦する中国軍に対して、毒ガス攻撃に頼る場面が多くなっていったのである[22]」と述べる。『粛正討伐』はそのような現場の将兵に向け、方面軍として下した、いわばお墨付きといえるだろう。
　華北（と華中）の日本軍にとってはうち続く味方将兵の犠牲と士気の低下こそが苦痛であり、ゆえに正面からの力押しではなく、犠牲がより少なくて済む奇襲が奨励されたのではないだろうか。もちろん、毒ガスの使用は、味方の犠牲抑制という理由でただちに正当化されうるものではない。
　最後に、本章第1節で取りあげた大本営陸軍部編『支那軍ノ戦力及戦法ノ

史的観察竝ニ対策』（1940 年）にも毒ガス戦に関する記述があるので、参考までに引用しておきたい。

〔「支那軍」の〕対化学戦装備ハ漸次向上シ又瓦斯手榴弾、同迫撃砲弾ヲ使用シ且一部瓦斯放射（上海会戦広福付近ニ於テ催涙瓦斯放射）ヲ行ヒタルコト等アルモ其ノ用法ハ未熟ノ域ヲ脱セズ又同会戦中太平橋付近ニ於テ「ホスゲン」弾ヲ発射セシモ不発弾多カリキ（11 頁）

中国軍のガス使用は事実としても稚拙、散発的であったようだが、日本軍はわざわざ「ホスゲン」（窒息性ガス）と具体名を挙げ、先に使ったのは中国側と主張することで、自軍化学戦の正当化を図った可能性がある。

第 3 節　杉山部隊〔北支那方面軍〕報道課編纂『宣伝宣撫参考手帖』の描く中国民衆

標記の史料（図 3）は、1939 年 2 月に杉山部隊（北支那方面軍の通称、司令官杉山元大将〈在任 1938 年 12 月〜39 年 9 月〉の名字を取った）報道課が作った全 13 章、240 頁の宣撫官向けマニュアルである。同書の中で中国民衆がいかに表象されていたのかを一瞥したい。

内容の大部分は、宣撫官たちが村を廻って民衆に行うべき演説や、ポスター・伝単に掲げる標語などの諸文例集である[23]。いずれも興味深いものだが、本章では末尾に収録された「十二、華人応対要領百条」「十三、宣伝宣撫心得集」という民衆対応を説明した章から、華北日本軍の思い描いた中国民衆像のかたちを探ることにする。

「華人応対要領百条」は、宣撫官と中国民衆とが接する際の心得で、実際に百か条ある。

農村ノ戸口調査ハ支那ニ其ノ前例無キヲ以テ特ニ注意ヲ要ス、彼等ハ

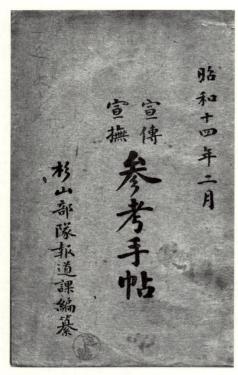

図3　宣傳宣撫参考手帖

戸口調査ヲ増税ノ下調査ト誤解スル慮レアレバ、戸口調査ヲ行フ前ニ予メ一応郷長等ナリ説明セシムルヲ宜シトス（第18条）

などの記述からみて、実際の将兵や宣撫官たちの経験談をもとに作られたとみられる。

農民ヨク投書ナドアル事多ケレド、中ニハ私恨ヲ晴サンカ為メ、日本軍ヲ利用セントスル者アレハ、慎重ニ取調ノ上之ヲ処置スヘシ（第47条）

は、前出の『粛正参考』と共通の中国民衆像を示すと言える。

その多くは、中国人の「面子」を重んじろ、不必要に頭を下げるなといった一般的な注意だが、

支那ノ農民ハ最初一度信用スレバ極度ニ信用スルモノナレバ、之ニ対シテハ出来ウル限リ誠意ヲ以テ当ルヲ宜シトス、但シ善良ナル者ノミニ限ラザレバ油断スルベカラズ（第22条）

農村中ノ知識分子、『地痞』『流氓』ト称スル無頼ノ徒ハ口先巧ナル者多ケレバ特ニ注意シ、徹底的ニ之ヲ一掃スベシ

という2項目は興味深い対比をなしている。「粛正」上信用できないのはあくまでも知識階級やごろつきのみであり、一般の農民は信頼できるはずだ、というある種の思い入れが感じられるからである。

こうした「農民」に対する思い入れは、他の箇所にもみえる。

　農民ニ対シ叮嚀ナル物腰ヲ以テ話ヲスレバ先方ハ目上ノ人ヨリ叮嚀ニサルル事ヲ光栄トシ、誠意ヲ以テ其ノ命ニ服スルモノナリ、之レハ『面子』ヲ立テテヤリタル為メナリ、然シ之レニモ程度アリ、乞食ニ近キモノニ対シ叮嚀ナル必要ナシ（第28条）
　農民ハ共産党或ハ国民党ヨリ日本人ヲ鬼ノ如ク宣伝サレ居ルヲ以テ、日本軍人タルモノ身ヲ以テ範ヲ垂レ、其ノ宣伝ノ誤レル事ヲ是正スルニ努力スベキナリ（第41条）
　農民ハ宜シク愛撫スベキモ、度ヲ過グル可カラズ、度ヲ過グル時ハ又侮ヲ招ク懼レアリ支那ノ農民ヲ扱カウハ女子ヲ操縦スルニ似タリ、「上カラ出レバ恐レ、下カラ出レバツケ上ル」モノナリ（第42条）

といった条目である。

　これらの条文から浮かび上がるのは、無知だが無垢な農民だけは日本軍がうまく「真意」を示せば靡くはずだ、そうでなくてはならない、という信念ないしは思い込みである。本当に農民たちが靡いたのかは、『宣伝宣撫参考手帖』の作成者たちにとって二次的な問題である。もし、日本軍が何をやっても農民たちですら靡かないとなれば、軍としての立場や権威はなくなってしまうだろう。マニュアルの中だけでも、中国農民は日本軍に協力しているのであり、現実の宣撫がうまく行かないのはあくまでも知識階級やごろつきのせいだ、ということにして自ら信じ、味方の兵士たちにも信じさせないといけない。この意味で、『宣伝宣撫参考手帖』は日本軍の自己説得の装置に他ならないと言える。

　無垢な農民と悪辣な知識階級、という二分法にもとづく自己説得は、『宣伝

宣撫参考手帖』「十二、華人応対要領百条」の

> 農村ニハ紳士ト称スル悪辣ナル地主的存在アリ彼等ハ金銭ヲ以テ農民ヲ押ヘ、悪事ヲナスモノ多ケレバ之ニ特ニ注意ス〔ルノ〕必要アリ、但シ之ニ手ヲツクルニハ、非常ニ慎重ナルヲ要ス、何トナレハ、相当ニ彼等ハ潜在勢力ヲ有シ失敗スレバ農民ニ及ス影響頗ル大ナルモノアレバナリハ〔ママ〕（第96条）

や、「十三、宣伝宣撫心得集」の、

> 十三、農民ハ一般官吏ヲ従来鬼ノ如ク考エ居ル関係上若シ農民ヲシテ宣撫官ノ真意ヲ了解セシムレハ、大歓迎ヲ受クル事必然ナリ然レトモ日本人ノ癖トシ〔テ〕余リニ良心的ニ事ヲナス傾向アリ、之レハ農民ニ感激ヲ与ヘザルノミカ却テ農民ニ猜疑心ヲ生ゼシムル逆効果ヲ生ズル事アレバ、恩愛ハ小出シニスル様心掛ク可シ

という箇所からもうかがえる。この単純な二分法は、日本軍が「紳士」たちに手を付けるのは村落統治・農民統制上きわめて困難という現実、あるいは宣撫が農民たちの「猜疑心」を招いているという現実によって、『宣伝宣撫参考手帖』の中でさえも、すでに破綻しているのであるが。

　ここまで、マニュアルは日本側の描いた〝敵の顔〟がわかると述べてきたが、『宣伝宣撫参考手帖』には、日本側の描いた自画像、すなわち自己表象がわかる箇所もあるので紹介しておこう。

> 九、宣撫官ハ農民ノ信仰ヲ獲得スル必要アルヲ以テ、農民ニ対シ親切ナルハヨケレドモ、言語等ノ関係上種種誤解ヲ生ズル事アレバ〔ママ〕、出来得ル限リ農民ト直接ニ接触セズ、部下ヲシテ、直接其ノ衝ニ当ラシメ、自分ハ超然ト高処ニ止マリ居ル必要アリ。（「宣伝宣撫心得集」）

この文に描かれた理想の日本軍宣撫官の姿は、中国民衆にとって「超然ト高処ニ止マリ居ル」「信仰」の対象である。かくも特異な自己表象が行われた理由を知る上で、1939年に宣撫官となった鈴木静作の回想は参考となる。当時23歳の鈴木が東京青山で行われた採用試験に合格したとき、現地から来た班長が「宣撫官の任務は中国の民に救いの手を差しのべ、喜びと幸せを与えることだ」と訓示した。この「中国民衆の救い主として武器なき〈宣撫官〉の本領を諭された言葉が心を強く打ち、後々まで心の中に残った」という[24]。『宣伝宣撫参考手帖』が日本軍宣撫官を中国人民「信仰」の対象として描いたのは、彼らに自らを「中国民衆の救い主」と信じさせ、鼓舞するためであった。「救い主」である以上、言葉の問題ごときで人々の軽侮を招くことはあってはならず、したがって「超然ト高処ニ」いるべきなのである。これで民衆の心服を得るのが困難なことは傍目にも明らかだ。やはり日本軍のマニュアルは中国人という他者ではなく、日本人たる自己を説得するための装置として作られたのである。

おわりに

『支那軍ノ戦力及戦法ノ史的観察竝ニ対策』と『粛正討伐ニ関スル参考』、そして『宣伝宣撫参考手帖』という、1939年から40年にかけて日本陸軍内で作られた3冊の戦訓マニュアルから日本軍のみた中国軍像の形を考察してきた。日本軍のみた中国軍は装備に劣るが故に陣地に籠もった消耗戦を常用し、日本軍にとってそれは脅威となっていた。ゆえに戦訓マニュアル的な書物がつくられていったのである。日中両軍の戦法には、敵に対し装備に劣る軍隊としての共通性があった[25]。日中両軍とも、相手に勝てないとなると持久戦・消耗戦法を取り出す軍隊だったという点では、その本質に特段の差はない軍隊だったといえる。

3冊の戦訓マニュアルからは、日本軍の中国民衆観もうかがえた。中国戦

線の日本軍が敵味方の区別を付けられずに苦戦し、民衆への暴行が多発していたのは既知のことだが、1940年にもなって「胼胝」での判別が奨励されていたのは、泥沼化した中国戦線の実態を考えるうえで象徴的な事実であろう。しかし日本軍は一貫して中国民衆を利用すべき存在とみていた。中には情報収集や中国軍を引き寄せる囮としての利用に成功した事例もあっただろうが、そのような対ゲリラ戦での〝成功体験〟がマニュアルによって過度に増幅、一般化されたことが、効果の薄い——そのことは当のマニュアル作成者たちも自覚していたはずであったが——「討伐」を繰り返す背景になってはいなかったか。

　これらの戦訓マニュアルが現場の部隊でどう読まれ、利用されていったかは今後の課題とせざるを得ない。しかしながらその際には、マニュアルが過去の戦訓をありのままに読者たる将兵や宣撫官たちに提供するものではなく、デフォルメされた「敵の顔」を示すものであった可能性を常に留意すべきである。

　戦訓マニュアルには、化学兵器についての記述もあった。毒ガスは1938年から北支那方面軍の使用が認められていたが、少なくとも方面軍レベルで作製されたマニュアル上では、大部隊同士の戦闘における抵抗の排除ではなく、小規模（部落規模）戦闘での不意撃ちや奇襲のために使うことが意図されていた。この毒ガス使用に関わる記述が象徴するように、戦訓マニュアルは確かに負けてはいないのだが敵を「殲滅」して勝てる見込みもないまま犠牲を強いられているという、中国戦線の日本軍の焦りから作られたものではなかっただろうか。その焦りは、突き詰めれば華北の民衆を毒ガスで奇襲しつつ、言語も通じないのに信服させねばならない、という矛盾から生じたものである。

　以上、本章では日本軍が描いた中国軍という〝敵の顔〟の様相について考察してきた。先に述べたように、日中戦争に限らず、戦争とは兵士たちが敵の顔を具体的に——それが実態であるか否かは当面の問題ではない——想起して焦りや恐怖を克服し、いずれは勝てると安んじる、いわば自己説得する

ことによって、はじめて可能となるものではなかろうか。日本軍高等司令部が作った「支那軍」マニュアル群はその装置に他ならない。

　最後に、当時の中国軍の〝顔〟が『粛正討伐』など軍内部のマニュアルのみならず、内地の一般国民を対象とした宣伝でも、奇襲をかければ「殲滅」できる軍隊としての側面を強調して描かれたことを指摘しておきたい。

　たとえば太平洋戦争勃発後の42年7月、文化奉公会[26]の編により日本国内で刊行された一般向けの宣伝書『大東亜戦争と支那事変』（同会、1942年）の序文で谷萩那華男陸軍報道部長は「この地域〔華北〕に共産軍が蠢動するは黙視し得ない。〔中略〕つひに五月一日に作戦を開始し全く新戦法をもつて敵を随所に殲滅し大戦果をあげたのである[27]」（傍点引用者）と書いている。ここでの共産軍は遊撃戦法を駆使する存在として、華北の日本軍はそれを圧倒殲滅する存在として、それぞれ表象されている。遊撃戦法を圧倒しうる「新戦法」の具体例は明示されないが、『粛正討伐』が示すところでは毒ガス戦法である。

　この『大東亜戦争と支那事変』の序文で大本営陸軍報道部長・陸軍大佐谷萩那華男が「過去半歳における南方作戦進捗中においても、満州国並びに中華民国に駐屯し、治安警備に当つたわが陸軍部隊の絶えざる労苦は、南方作戦に優るとも劣らぬものであつた。しかし、その間国民は南方における赫々たる戦果に眩惑されてこの種皇軍の労苦に深く思ひを致さなかつた嫌ひがなかつたらうか[28]」と述べていることから、対米英戦争下で忘れ去られた比較的に地味な中国戦線の重要性、従軍将兵の困苦を銃後国民に今一度想起させるために作られたとみられる。

　『大東亜戦争と支那事変』と『粛正討伐』の語り口は、〝敵〟中国の容貌をある「戦法」を用いる相手、味方がこれを凌駕する「戦法」さえ駆使すれば（いつかは）殲滅しうる存在としてのみ描いた点で同じである。戦場で疲弊した兵士や生の中国兵を見たこともない内地の国民など、様々な日本人がそれぞれの持ち場で長い対中戦争を続け得た理由の一つは、このようにデフォルメ、単純化された〝敵の顔〟を軍からさも客観的であるかのように提供され、鼓

舞督励されたからではなかろうか。

　ただ、一般国民向け宣伝のなかでも、〝敵の顔〟は決して一様ではなかったことを付記しておく。文化奉公会編『大東亜戦争下の支那事変』（モダン日本社、1942 年）という本がある。前掲『大東亜戦争と支那事変』と編者が同じで書名も似ているが、別の本である。同書の描く山西省の中国人民は「一土民と雖も日本軍に道路も教へない。子供と雖も抗日に燃えて居る」し、同地の「共産軍」は部落に日本軍が進入しても、「家は綺麗に箒ではいたようになつて居る。がしかし行つて見ると飯盒炊爨をやらうと思つても薪一本ない、茶碗一つない」というような「非常に清潔のやり方でありながら、あつさり日本軍を苦しめる。さういふ点で今でも皇軍は山西の山嶽地帯で苦労をして居るのではなかろうか [29]」と遊撃戦への苦戦を読者の銃後国民に訴えかける。同じ「皇軍」の「苦労」の宣伝でありながら、『大東亜戦争と支那事変』とでは〝敵の顔〟の描き方が正反対である。これが現実の戦場を観た作家のささやかな良心や義憤に基づくものなのかは判然としない。

《注》

1) 波多野・戸部編『日中戦争の軍事的展開 日中戦争の国際共同研究 2』慶應義塾大学出版会、2006 年。

2) 笠原『日本軍の治安戦 日中戦争の実相（シリーズ戦争の経験を問う）』岩波書店、2010 年。

3) いずれも一ノ瀬所蔵。

4) 大本営陸軍部が太平洋戦争中に作製した戦訓報告とその各部隊への周知過程については、白井明雄『日本陸軍「戦訓」の研究 大東亜戦争期「戦訓報」の分析』（芙蓉書房出版、2003 年）が同部編『戦訓報』を駆使して分析している。白井は『戦訓報』の現物についても『「戦訓報」集成』と題して復刻公刊（同社、同年）しており、軍事史研究への貢献度は大である。しかしながら、前者の主たる分析対象は対米戦法とその変化であり、中国戦線については残念ながら考察は薄い。その後、拙著『米軍が恐れ

た「卑怯な日本軍」帝国陸軍戦法マニュアルのすべて』（文藝春秋、2012 年）において中国戦線の戦訓報告に言及し、日本軍が中国側のゲリラ戦や地雷・罠を経験したことが後の対米戦時に類似の戦法を主用するに至った背景にあるのではとの仮説を提起した。だが、同書ではこれら 3 冊のマニュアルについては紹介していない。

5）小野田「支那事変における日本の宣撫工作」『軍事史学』194（29-1）、2013 年 9 月。

6）防衛庁防衛研修所戦史室編『戦史叢書 大本営陸軍部〈1〉昭和十五年五月まで』朝雲新聞社、1967 年、620 頁。

7）1939 年初頭、日本軍の在中兵力は 24 個師団と 4 個混成旅団（合計換算 26 個師団）が年末には 25 個師団と 20 個混成旅団（同 35 個師団）と増加していた（前掲『戦史叢書 大本営陸軍部〈1〉昭和十五年五月まで』621・622 頁）。

8）戸部「華中の日本軍 1938-41」（前掲『日中戦争の軍事的展開』第 2 部第 6 章）158-166 頁。

9）防衛庁防衛研修所戦史室前掲『戦史叢書 大本営陸軍部〈1〉昭和十五年五月まで』619 頁。

10）同 619・620 頁。

11）戸部前掲「華中の日本軍 1938-41」171・172 頁。

12）同 172 頁。

13）1939 年に北支那方面軍が交戦した中国軍は 45 万余、「主として国民党系の軍隊であったが、共産軍の勢力も注意を要する状態となった」とされる（前掲『戦史叢書 大本営陸軍部〈1〉昭和十五年五月まで』620 頁）

14）防衛庁防衛研修所戦史室編『北支の治安戦〈1〉』（朝雲新聞社、1968 年）116 頁。

15）同 125 頁。

16）同連隊は敦賀編成、1937 年 8 月 30 日に軍紀拝受、第百九師団所属で華北へ出兵し太原攻略作戦などに参加、作戦終了後は山西省の共産軍に対する警備、粛正を務め、また、幾多の討伐作戦にも参加した（『別冊歴史読本 1990 夏号特別増刊 地域別日本陸軍連隊総覧 歩兵編』新人物往来社、1990 年 9 月、163 頁）。

17）「現地軍にとっては占領地の確保・安定が重要で、短期的には討伐の方が手っ取り早かったのである。〔中略、作戦支援と民心掌握が両立し得ない場合〕現地軍が求め

たのは作戦支援であり、民心掌握は二の次とされた」(小野寺前掲論文 57 頁)。

18) 吉見義明『日本軍の毒ガス戦』(岩波書店、2004 頁) 56、67、85、111 頁。38 年 8 月 19 日、寺内北支那方面軍司令官は「占領地域安定確保の為」必要ならいつでもあか剤を「使用すへし」という命令を発した(同 68 頁)。

19) 北岡伸一・歩平編『「日中歴史共同研究」報告書 2 近現代史編』(勉誠出版、2014 年)「第 2 部第 3 章 日中戦争と太平洋戦争」は、北支那方面軍司令部編『粛正討伐の参考』(1943 年 5 月、一ノ瀬未見) を引用し、「化学弾薬は遊撃戦法をとる共産軍に対抗するために有効であるとして推奨されている」と指摘しているが、こうした認識がマニュアル化され普及が試みられたのはこれよりかなり早い段階のことである。

20) 吉見前掲『日本軍の毒ガス戦』85-90 頁。

21) 松野『日本軍の毒ガス兵器』(凱風社、2005 年) 第 7 章 240 頁。

22) 吉見「日本軍の化学兵器開発とその使用」(『15 年戦争と日本の医学医療研究会会誌』13-2、2013 年 5 月) 9 頁。

23) 本書の構成は、「一、凡例、二、講話、三、伝単、四、布告、五、時事問答、六、短片宣伝、七、声明、八、標語、九、集会弁法、十、反共救民十綱要、十一、欧米ノ支那侵略ノ経過〔この章までで全 240 頁中 216 頁を占める〕、十二、華人応対要領百条、十三、宣伝宣撫心得集」である。

24) 鈴木「青春と宣撫行 挺身大陸で得たものは」(興晋会編『黄土の群像』同会、1983 年) 193 頁。

25) 詳細は、拙著『米軍の恐れた「卑怯な日本軍」』(文藝春秋、2012 年) および『日本軍と日本兵』(講談社現代新書、2014 年) を参照。

26) 火野葦平ら従軍作家や画家などの文化人約 130 人が陸海軍の肝いりで結成した報国団体。1941 年 7 月 7 日、九段の軍人会館で発会式を挙行。事業の一つに「恤兵、慰問、宣撫への積極的強力」を掲げていた(『朝日新聞』1941 年 7 月 8 日朝刊)。

27) 谷萩「開戦後の支那戦線と重慶 文化奉公会編著の序に代へて」(『大東亜戦争と支那事変』所収) 4 頁。

28) 同 2 頁。

29) 〈執筆者無記名〉「支那事変問答」(『大東亜戦争下の支那事変』所収) 91-93 頁。

第2章
兵役負担と都市社会
―戦後内戦下の上海、徴兵制導入の衝撃―

笹川 裕史

はじめに

　徴兵制の導入が中国社会にいかなる衝撃と混乱をもたらしたのか。これまで筆者は、この問題について、日中戦争期およびその後の国共内戦期の四川省農村地域を素材にして論じてきた[1]。日中戦争期でいえば、四川省こそが中国で最も重い兵役負担を強いられた地域であり、また戦後の内戦期においても、戦場で追いつめられた国民政府の最後の拠点として、同省はやはり重い負担を求められたからである。これに対して、本章では、四川省から離れて、上海市という中国最大の経済都市に対象地域を移し、そこでの徴兵制導入の過程とそれがもたらした社会的様相を描くことを試みる。これによって、中国社会における徴兵制の社会的影響について、農村・都市の双方を視野に入れて考察することができるようになろう。

　たとえば、日本の戦時下の事例に目を向けてみると、軍需生産の拡充を最優先するために、都市の工場労働者、とりわけ技術者や熟練工などは、農民にくらべて明らかに兵役負担の面で優遇されていた。兵役負担の公平性を理念として掲げながらも、都市と農村とを同一に論じることはできない側面があったのである[2]。また、戦没者を英霊として祀った「忠魂碑」が都市よりも農村に緻密に分布している事実が示しているように、都市と農村とでは、地域の軍事後援団体の網羅性や住民への強制力に大きな差が見られたという[3]。

中国近現代史においても、都市社会特有の性格を考慮に入れて、農村地域とはやや異なった都市の徴兵のあり方を検証してみる必要があろう。

ただし、上海市の場合に即していえば、上海市は日中戦争の初期に日本占領区に組み入れられたために、日中戦争期を通じて徴兵制を経験することはなかった。上海市で初めて徴兵制が導入されたのは、日中戦争が終結し、国民政府が同市を接収した後、すなわち1947年であった。当時の新聞報道が述べるように、上海市の場合、「汪精衛政権時代は壮丁を奪われることはなかったのに、現在（＝戦後内戦期――引用者）では壮丁を奪われるようになった」[4]のである。上海市における国民政府の復帰は、住民からいえば、兵役負担という新たな重荷を背負わされることを意味していた。しかし、その徴兵期間は中国共産党が上海を占領する1949年5月下旬までのわずか2年間程度であり、その負担の程度も、たとえば四川省の農村地域に比べれば、はるかに軽いものであった。徴兵の方式も、大都市という地域の特性に配慮して特別な軽減措置が講じられていた。

とはいえ、そこには近代産業をはじめ商工業が大規模に発展し、人口が集中して住民の流動性も高い大都市ならではの固有の問題や困難が大きく横たわっていた。とりわけ、この時期は、内戦にともなう大量の避難民を含む外地人が上海市に流入し、45年におよそ330万人だった人口は、49年には540万人にまで膨張していた。また、47年後半以降、貿易自由化政策の失敗も影響し、上海経済は次第に衰退へと向かいつつあった[5]。それゆえ、国民の義務としての兵役を理念として掲げる徴兵制が導入されると、都市住民にもたらした衝撃と影響は小さくなかった。それは、実際の兵役に就いたごく一部の人々だけに限定されるものではない。論理的には、兵役適齢期の男子全員が従軍対象となりうる潜在的可能性にさらされることになるからである。その一方で、現実においては、流動性が高い都市社会には、合法・非合法を含めて、兵役を容易に逃れうる手段や環境が、農村部とは比較にならないほど幾重にも多様に広がっていた。そのことが、どのような矛盾を生じさせたのであろうか。

第 2 章　兵役負担と都市社会

第 1 節　上海市における徴兵制の導入と展開

1）導入――1947 年度

　1946 年 10 月 9 日、蔣介石は翌日の 10 日から徴兵制を再開することを全国に向けて命令し、新たな兵役法も同時に公布された。しかし、上海市の場合、兵役適齢期の壮丁の多くが産業労働者であり、上海市で徴兵を実施すれば、戦後復興の途上にある生産機構に悪影響を与えるとして、市政府は同市においては徴兵延期の特別措置を適用することを中央政府に要請した[6]。そうしたなかで、国防部兵役局長徐思平は、徴兵制の意義はたんに国防や直接の戦闘行動のためだけではなく、国民の身体を鍛え、国民秩序を守る習慣を養成することにあるという談話を発表した。徴兵制は、いわば国民国家形成に向けた教育・訓練の一環としても位置づけられていたのである。一方で、その際、新聞記者の質問に答える形で、南京・上海では人口が多く、戸籍調査が完了していないこと、末端の兵役機構である団管区もまだ設置されていないことを理由にして、徴兵制の実施は翌年以降に延期するという見通しを語っていた[7]。

　翌 1947 年になると、同年上半期の上海市における兵役負担は、20 歳以上 21 歳未満の壮丁（つまり、1927 年に出生した男子）のみに対象を限定して、3 千人程度という割当数が提示された。同時に、この 3 千人以外の同一年齢の壮丁すべてに対しても、国民兵としての訓練を 3 カ月間実施する方針も示された。この訓練は、壮丁それぞれの居住区で毎日 2 〜 3 時間行ない、仕事や学業の支障にはならないと説明されている[8]。

　他方で、同年半ばには、上海師管区（上海市とその周辺の 14 県を管轄し、配下に上海・呉県・松江の 3 つの団管区をもつ兵役機構）が日中戦争期の国民党統治区から上海にやってきた失業労働者を調査し、彼らを兵役に服させようとしているという伝聞が流れ、失業労働者たちの強い反発を招いていたことも注目すべきであろう。新聞記者がこの動きを取材し、一人の失業労働

者の発言として、次のような言葉を紹介している。

　日中戦争期、われわれは後方で8年間労働に従事し、軍人とともに血と汗を流し、つぶさに苦しみを嘗めてきた。抗戦の勝利によって上海に戻って1年あまりが経過し、なおも仕事が見つからない。いまにいたるまで、そのような失業労働者は2千人あまりいて、家族ともども、政府の救済に頼り、非人間的な生活を過ごしており、あちこちで締め出しに遭っている。さらに現在は、そのようなわれわれに対して従軍を求められている。自身の生死は小事であるが、一家に残された老人・子どもは誰に頼ることができるのか？　上海その他の（就業中の――引用者）労働者は兵役に服さず、どうしてわれわれだけが入隊を求められるのか？　われわれは同胞どうしで殺し合う戦争に参加することはけっして願わない。一致して強く反対を表明する云々[9]。

上記したような伝聞の真偽のほどは確認できないが、徴兵制導入を決めた政府に対する戦後上海社会の根強い不信感の一端がよく伝わるエピソードであろう。あるいは、失業労働者たちは、政府の掲げる国民の義務としての兵役の理念などには惑わされず、これから自らに降りかかるかもしれない不公正で理不尽な災厄を、正確に嗅ぎ取っていたというべきだろうか。

　こうして、徴兵制導入に向けた動きが波紋を広げるなかで、1947年6月4日、上海市参議会が上海市での正規の抽籤方式の実施をしばらく延期し、志願兵制に改めることを提案し、市政府から中央政府に要請するように求めた[10]。これとほぼ同時期に、上海市の83業種におよぶ各種商業・工業同業公会が連名で、日中戦争がもたらした経済危機と社会的荒廃から脱却していないことを理由に徴兵の延期を請願し、さらにこれを受けて、市商会が市参議会に向けて同趣旨の請願を行なっていた[11]。つまり、徴兵の延期は、ほぼ上海の商工業界全体の意思であり、志願兵制への改定は、それを受けて市参議会が中心になって取りまとめた、中央政府との妥協案であったと考えられる。

その後、関係方面の消息として、上海市と江蘇省の兵役は正規の抽籤方式を志願兵制に切り替え、8月1日から実行するという見通しが繰り返し報道されるようになる¹²⁾。おそらく、正式の決定やその公表の前に、関係方面が情報を流していたのであろう。徴兵制導入に対する上海社会の不安や動揺を取り除こうとする当局の思惑がからんでいたと判断される。

　こうして、7月7日、上海師管区司令傅正模が談話を発表し、江蘇省全体と上海市は原則的に志願兵制を実施し、志願兵の応募が足りなかった場合にのみ、不足分を正規の抽籤方式で補うという方針を公表した。対象となる志願兵の条件は、21歳から25歳までの体格検査に合格した男子であり、志願兵の割当数として、江蘇省全体で10万人、上海市で3千人という概数が示されている。とくに上海市については、市全体で合計1千あまりの保（1保は100戸程度）が存在するので、1保につき志願兵の割当は3人に満たないとして、3千人の志願兵の確保は問題にならないほどの僅かな数であり、「兵役協会が安家費（兵役負担者への留守宅手当 —— 引用者）を増額すれば、必ずや積極的な応募があるだろう」と、楽観的な見通しを語っている¹³⁾。

　続いて傅正模は、上海市各界の要人を招待した茶話会の席で、各大都市において志願兵の入隊を中央が認めたことについて、けっして徴兵制を募兵制に改めたと誤解してはならないと注意を促した。そのうえで、戦後の各大都市においては失業・失学によって自ら従軍を求める者が大勢いる一方で、技術者や高級中学（高校）以上の学生や小学校教師など、もともと大都市には法的に「緩役」（兵役猶予）にすべき者が少なくないことに言及し、政府は愛国青年の熱意を汲み取り、兵役行政を重んじるために、優先的に志願兵の徴集を許可したと述べている。そして、志願兵の数が割当数に達しない場合や国民兵の招集・訓練については、正規の徴兵手続きにもとづいて実施するとしている¹⁴⁾。志願兵の徴集を特別措置としてやむなく認めたとはいえ、国民の義務として市民に兵役を課すという原則を堅持しようとする姿勢は、なおも崩してはいなかったのである。

　それでも、徴兵機構が社会不安を醸成することに対する危惧を捨て去った

わけではない。同じ頃、国防部兵役局長徐思平は上海市を訪れ、上海社会の不安や動揺を抑制するために、やはり今回の兵役負担の軽微さを強調する談話を新聞記者に語っている。彼によれば、「一般の民衆は兵役法規を明瞭に理解していないため、徴兵のニュースを聞くたびに、恐れおののく心理を生み出しているが、その心配には及ばない」。なぜなら、今回の兵役法規は日中戦争期に比べて改善され、1927年に出生した男子だけが徴兵対象であり、割当数も大幅に軽減されている。中央が動員令を公布したとはいえ、「目的は人心の高揚にあって、兵員を増加させる計画はない」。また、かつての知識青年従軍運動の再開や、復員青年の再度の服役という、巷間に流れている噂も事実ではないし、その必要もない、と語っている[15]。同時期に政府の広報活動の一環として何度も兵役座談会の類が開催されているが、その基調もまた、正規の徴兵制導入が早晩避けられない国民的課題であることを理解させつつ、それにともなう社会不安の醸成を封じることにほかならなかった。

　それでは、志願兵の徴集は予定通りに進められたのだろうか。当初の予定では、8月1日に志願兵の徴集を開始する予定であったが、実際には、志願兵の登記が始まったのは8月25日にずれ込み、徴集の開始はさらに遅れて翌9月5日に改められた（実際には9月9日から徴集は始まった）。その原因として、新兵徴集所および営舎の建築が遅れていたことに加えて、120億元にのぼる多額の新兵安家費の徴収が滞っていたことが指摘されている[16]。

　さらに、9月5日の段階に至っても、登記を終えた志願兵の数は、割当数3千人の2割にも達しなかった。上海団管区司令陳天僑は登記の期限を9月15日まで延期し、それでも割当数に満たない区・保があれば、正規の抽選方式による徴兵を始めることはやむを得ないと述べるに至っている。一種の警告であろう。陳天僑によれば、志願兵の登記が滞っている原因として、以下の3点をあげている。すなわち、①準備作業が不十分で、たとえば身元調査や「免役」（兵役免除）・「緩役」（兵役猶予）審査等が期日どおり完了していないこと、②上海市の安家費支給の水準がその他周辺の各県に比べて劣っていること、③そのため、志願兵になろうとする市内の壮丁が、より待遇のよい

外部の各県へと流出する事態が起こっていること、である[17]。後述するように、こうした問題の解決には、上海市兵役協会が中心となって改善策に取り組み、こうして、当初の予定よりも大幅に遅れたものの、10月10日の国慶節にいたって、ようやく志願兵の数は割当数を充足し、47年度の徴兵は正規の抽籤方式で補うことなく終了した[18]。

　さて、その上海市兵役協会は、1947年6月11日に成立していた。職務として、以下の3点が列挙されている。①政府に協力して徴兵の意義を広報し、「良い鉄は釘にはならず、良い男性は兵士にはならない」という誤った観念を打破する。②免役・緩役の申請と審査を行なって、政府が公開で兵役行政を進めていることを示し、不正を防止する。③従軍した壮丁の優待を行なう[19]。なお、市兵役協会の構成員は、市参議会、各法団、各区鎮民代表会、在郷軍人会の代表者、各学校校長、「声望のある公正士紳」等である。

　7月11日、上海市兵役協会は第1回常会を開催し、安家費を壮丁1人につき400万元を支給することを決定した。そして、その費用は、各区公所と各業公会がそれぞれ徴収することになっていた[20]。次いで、上記のように志願兵の当初の登記状況が芳しくない事態を受けて、安家費の増額も検討されたようであるが、これは見送られた。上海市が安家費を増額すれば、周辺各地のさらなる増額を促し、地域間における安家費の値上げ競争という悪循環を引き起こしかねないと危惧されたからである。その代替策として、管轄下の各区に歓送志願兵入営慰労会を組織させ、志願兵に対する慰労に努めるとともに、現行の安家費が入営時に滞りなく即時に規定額を支給できるように、兵役協会が予め金融機関から借り入れを行なう等の措置がとられた。なお、志願兵の応募を促す努力を怠った場合には、中央が公布した妨害兵役治罪条例の規定にもとづいて、区・保の職員を厳しく処分するという警告も行なわれている[21]。

　免役・緩役の申請・審査については、翌年度以降に正規の抽籤方式を実施する準備として、21歳から25歳までの壮丁を対象とした。兵役法によれば、①公務による出国者、②高級中学（高校）以上の学校の学生で卒業していな

い者、③有期懲役刑以上の罪を犯し、起訴されている者、のいずれかに該当する者が「緩徴」（現役兵としての徴集を猶予）となり、①現任の国防工業にかかわる専門技術職員で、審査を経た者、②かつて教育部（日本の文科省にあたる）で認可した師範学校を卒業し、1年以上勤務した現任の小学校教師で、審査に合格した者、③病気を患い、戦闘任務に耐えられないことを証明された者、④独力で家計の責任を担い、兄弟のいない者、あるいは兄弟がいても、その兄弟がすでに徴集に応じているか、あるいは18歳未満の者、⑤有期懲役刑以上の罪を犯し、起訴されているか、あるいは有期懲役刑を執行中の者、のいずれかに該当する者が「緩召」（予備役兵および国民兵としての動員を猶予）となる[22]。

　免役・緩役の申請者数は、申請期間が終了する8月5日までに、該当する壮丁全体の8割にも及んだと報告されている。ただし、規定によれば、この後、申請書の書類審査を経たうえで、保甲長が申請書の記載にもとづいて1軒ごとに実地調査をすることになっていた。しかし、この段階では混乱や弊害の発生を恐れて、この実地調査は行なわれていなかったという[23]。

2）その後の展開 —— 1948・49年度

　次いで、1948年度の徴兵はどのように実施されたのか。これについては、47年11月頃に国防部からの機密の要請を受けて、上海市政府は市参議会に検討を委ねていた。市参議会は前年度の志願兵徴集の経験を踏まえつつ、もとより徴兵制は規定どおり厳格に実施すべきであるが、実際には社会秩序や地方の安寧にも注意すべきだとして、1948年度上海市の徴兵は、「正規の徴兵と志願兵制を相互に補い、並行して実施する」という結論を出していた。その結論の根拠となった「三七（1948）年度徴兵方式検討」（市参議会自治委員会作成）という文書は、1947年度に実施しなかった適齢壮丁の抽籤を早急に実施すべきであると明記し、正規の徴兵の実施にも強い意欲を示している[24]。

　こうして、1948年2月29日の上海市兵役協会の会議において1948年度の

徴兵方針が決議された。それによると、1948年度は抽籤による正規の徴兵を原則とし、もし上海市に戸籍をもつ従軍志願者がいれば、その入営を許可し、徴兵割当数に組み入れること、そして、6月末までに6000人の新兵を徴集することである。次いで、上海師管区司令傅正模は、本年度の徴兵対象は21歳から23歳とし、「間接抽籤」(後述)の方式を採用し、兵役協会の下に抽籤委員会を新たに設置し、この業務を統括させるという談話を発表した[25]。1947年度と比較すれば、いよいよ抽籤方式による正規の徴兵を本格的に実施することに施策の重点を移し、志願兵の徴集はその補助的手段として位置づけられていることが重要であろう。

その後、3月14日に抽籤委員会が成立し、23日に「間接抽籤」が実施された[26]。当初、今回の兵役適齢壮丁(21歳から23歳までの男子)の総数は、上海市全体で23万人余りであり、ここから免・緩役申請者5万人余りを差し引くと、抽籤対象者は17万人余りであると報道されていた[27]。ところが、抽籤が実施されたときには、抽籤対象者は、11万7607人であった[28]。この6万人にものぼる対象者数の大幅な減少は、その後における免・緩役申請者の増加も一因であろうが、抽籤実施が発表されて以降、上海市から市外へと転出する者が相次いでいたことも無関係ではなかった。事実、市兵役協会は「最近、市内各区で適齢者の転出が極めて多く、その目的は兵役逃れである」と断じ、3月1日から6月末まで適齢壮丁の転出のための行政手続きを停止することを命令している[29]。もちろん、行政手続きをとらない事実上の転出を封じ込めることができたわけではなかろう。いずれにせよ、いよいよ正規の徴兵制を本格的に実施するというニュースが大きな衝撃をもたらし、市外へと転出しようとする大量の適齢壮丁を生み出していたことがうかがえよう。

一方、徴兵の割当数については、1947年度の志願従軍者が57人不足し(この点、割当数を充足したという前年10月段階の発表とは齟齬がある。何らかの事情で欠員が出ていたのである)、また、いくつかの区で不足数が出ることをあらかじめ想定して、総数で27人を上乗せしたために、6084人となった[30]。

3月23日に実施された「間接抽籤」は、壮丁本人の代わりに市参議会議長

潘公展がすべての籤を引き、保ごと（市全体で1088保）、年齢ごと（21歳・22歳・23歳）に優先番号を付けていく方式であった。名簿に記載された適齢壮丁一人一人にも、あらかじめ密封された番号を割り振り、これを開封して照合しない限り、壮丁各自の従軍の優先順位と姓名は誰にも分からず、職員による不正が介在できないような仕組みになっていた。そして、籤によって決定した優先番号に従って上から順に従軍候補者を選定していき、6084人という目標数に達した時点で、残りの壮丁は同年度の従軍を免れ、何かの事情で不足が生じた場合の予備に回されることになる[31]。

　こうして、次に抽籤結果の公表という段階に進むのであるが、ここで1つの事件が発生した。当初は、抽籤で決定した壮丁の優先番号と姓名を3回に分けて公表する予定であった。つまり、上海市全体で30の区があるので、1日10区ずつ公表し、3日間ですべて終了するというものであった。ところが、抽籤の前日に各区の区長が臨時会議を開き、姓名の公表は壮丁の徴集時期まで差し控えるべきだと主張した[32]。おそらく、姓名を公表された壮丁の動揺や逃亡を恐れたためであろう。これを受けて、その日の姓名の公表は黄浦区一区にのみ限定し、その他の区については様子を見ながら実施することに改めたが、危惧されていた事態が現実になった。すなわち、黄浦区で姓名を公表された壮丁は34人であり、その一部が行方不明になるという事態が発覚したのである。その正確な人数や失踪の事情については、同区長にも詳細な情報を把握できなかった。こうして、区公所は、各壮丁の家に保甲長を派遣し、姓名を公表された壮丁全員が必ず従軍するということではないという説得に奔走せざるをえなかった[33]。

　上述の事件を受けて、兵役協会は抽籤結果の公表を一時延期するとともに、改めて志願兵の登記を急ぐことになった。志願兵の登記期間は4月1日から5月末までの2カ月間とし、その方法は昨年度の方式をそのまま踏襲した。つまり、志願兵の数が期日までに割当数を充足しなかった場合にのみ、籤で当たった壮丁を従軍させるというやり方である[34]。適齢壮丁全体を対象とする「間接抽籤」が断行されたとはいえ、前年と同じく、志願兵の募集に重点を

おく方式へと一挙に後退させてしまったわけである。

　ところが、志願兵の徴集数は、7月初旬になっても2000人余りに過ぎなかった[35]。彼らは、当初は南京第一訓練所に入営する予定であったが、軍事訓練を受けるために台湾に駐屯する青年軍に編入されたという[36]。

　9月になると、詳細は不明であるが、徴兵割当数の調整が行なわれたようで、1948年度上海市の徴兵を二つの時期に区分し、第一期の割当数を3000人、第二期の割当数を6000人に再設定した[37]。当初公表されていた6月末までの割当数が6000人であったから、通年では1.5倍に膨れあがったわけである。ここには、国共内戦における戦局の悪化が影を落としていたと思われる。いずれにせよ、この区分に従えば、すでに2000人余りの志願兵が入営を果たしていたので、第一期の不足数は1000人となり、第二期の6000人と併せて、合計7000人が10月以降、年末までに入営が求められていたことになる。ただし、この徴集が予定された7000人は上海市内の治安を維持する警備旅に編入されることになっており、その警備旅の設置準備が遅れているという理由で、この徴集はしばし延期されることになった[38]。

　1949年に入ると、内戦における中国共産党の勝利はほぼ決定的になり、1月末から2カ月半ほどの停戦交渉期間をはさんで、4月には共産党軍による大規模な長江渡河作戦が敢行された。49年度における上海市の徴兵割当数は、1月17日に市兵役協会の会議で、国防部が提示した3万7000人（前年度の割当数の4倍以上、前年度の不足数と合計すると4万4000人）という数字を了承した[39]が、どこまでその実現をめざすための現実的な努力が傾けられていたかは疑わしい。停戦交渉期間には公然と徴兵制を停止することを求める世論が高揚し[40]、戦闘再開後まもない5月23日には、上海市は共産党軍によって陥落させられたからである。したがって、上海市において1947年度から導入された徴兵制は、国共内戦の終結に至るまで、ついにその軌道に乗った姿を現すことはなかったのである。

第2節　末端職員からみた徴兵の障碍

1) 都市社会固有の問題 —— 流動性の高さと工場組織

　さて、以上のような形で行なわれた徴兵の実態は、どのようなものであり、どのような問題点を抱えていたのか。それを内部からうかがうことができる、最もまとまった材料の一つは、1947年の10月から12月にかけて上海市の区ごとに開催された徴兵検討会議の会議記録である[41]。会議の趣旨自体は、1947年度の経験を踏まえて、次年度の徴兵を如何に実施すべきかという問題を検討することにあり、前述した「三七年度徴兵方式検討」という文書も、これら各区の会議記録を参照して作成されたと考えられる。また、会議記録の記述については、区ごとに形式が異なり、その精粗も一様ではない。しかし、そこには志願兵徴集の業務を直接担った保長・区長など、末端行政職員たちの生々しい現場の経験や意見が集約されており、次年度に正規の抽籤方式の徴兵が実施された場合にどのような問題が生じるかという見通しが語られている。彼らが主張する業務遂行の困難や問題点とは、どのようなものであったのか。ここでは、筆者なりにその論点を再整理しつつ、これに加えて、1948年度以降も含めた個別事案に関する公文書類なども補充史料として併用し、梗概を提示していこう。

　まず第一に、都市社会固有の特性とより密接に関わる問題からとりあげよう。その一つは、住民の流動性の高さが、末端職員による住民把握を著しく困難にしていた点である。一般に、この時期の上海市民の多くは、2つの戸籍をもっていた。上海市へ転籍する前の戸籍である「原籍」と転籍後の「寄籍」であり、転籍手続きをめぐって紛糾が繰り返されていたという[42]。たとえば、老閘区の会議記録は、「上海の人口は非常に多く、ほとんどは他所からやってきており、その状況の複雑さ、流動性の大きさは、普通一般の地方とはもとより比較にならない」と、都市部の一般的特性を指摘している。そのうえで、「戸籍法は住民の移住に関して、絶対的自由の権利を認めているが、

一般の狡猾な壮丁は、その規定の欠陥を利用し、移住の機会を借りて、年齢・身分を（勝手に ―― 引用者）変更し、招集すべき壮丁をそうではない者へと瞬時に変えてしまう。兵役行政の弊害は、これより甚だしいものはない」と述べている。

　普陀区の会議記録では、「壮丁名簿および国民兵名簿の数字にまでさかのぼって追跡しても、最近ではその数字は実際とは完全に符合せず、その相違は極めて大きい」と述べている。その理由は、やはり「転入・転出が規定の申請手続きのとおりに行なわれず、忌避・逃亡する者が多く、区・保ではその統計を把握することができない」からであった。

　その他の区からも、「各保壮丁の流動性がはなはだ大きく、戸籍や壮丁名簿に頼って従軍ノルマを割り当てたため、実際には大変な損害を被った」（楊浦区）、「すでに転出してしまい、原籍地に居住している者については、畢竟どのように対処すべきなのか」（江寧区）、あるいは「志願兵は大半が各地からやってきて、本籍の壮丁ではない。中身は複雑さを免れがたく、長く落ち着いて兵営で服務できるかどうかは予想しがたい」（江湾区）といった「声」が寄せられている。

　たとえ志願兵制であっても、同時並行的に適齢壮丁名簿の作成も行なわれ、地域ごとに徴兵ノルマが厳格に決められていたために、住民の頻繁な移動がやはり多大な障碍をもたらしていたことが示されている。このような状況下で、志願兵制を取りやめ、抽籤方式の正規の徴兵制を採用した場合には、この障碍はさらに増大することは容易に想定できよう。当時の政策遂行側も、この点は強く懸念していた[43]。その懸念が、志願兵制の限界を明確に認識しながらも、1948年度以降においても、その併用を選択させた要因の一つであったと考えられる。そして、実際においても、1948年3月の抽籤方式導入の試みが厳しい現実に直面して後退をよぎなくされたことは、第1節で述べたとおりである。

　もう一つは、多くの住民を雇用している工場という生産組織の存在が、末端職員による業務遂行の障碍となっていた点である。少なくとも、徴兵業務

を現場で遂行する末端職員は、そのように認識していた。一般に、工場の生産現場からいえば、兵役適齢期の若者を差し出すことは、ようやく仕事を覚え始めた、将来の生産工程を担う基幹労働力を失うことを意味し、さらに彼らが容易に代替できない技術や熟練を有する場合には、その影響はこの上なく大きかった。したがって、工場労働者の場合は、区・保を経由することなく、工場側から直接市政府に緩召申請が出されていたのであり、区・保はその詳細を把握することもできず、当然、彼らの徴集には直接関与することはままならなかった。楊浦区の会議記録においては、これでは現場の末端行政レベルでは「全般的な計画を策定することができず、徴兵業務に与える影響は甚だ大きい」と不満を述べ、上層部に改善を求めていた。末端行政の職員たちにとっては、管轄区内に立ち並ぶ工場の存在は、自らがその内部に手を突っ込んで、自由に権限を行使できない特権的な領域として意識されていたのである。

この点は、壮丁の把握や徴集という局面だけにとどまらない。たとえば、楡林区では、次のような事件が記録されている。1947年10月、同区第27保の保長が保隊附（保の自警団の責任者）や幹事などの職員とともに、管轄区内にある中紡公司第16工場を訪れて、兵役負担者に支給する優待金や慰労金の支払いを求めた。ところが、工場側は訪れた職員たちを口汚く面罵し、工場の雇用する警備員を使って暴力で威嚇して追い払った。これに憤った職員たちは、同区の区長に事件の概要を報告し、これをうけて区長はすぐさま区公所の警衛股主任を派遣して、工場側への事情聴取を試みた。ところが、面会さえ拒絶され、問題の解決にいたらなかったという[44]。戦時工業生産の維持と兵役負担の公平性という、同じく国家的要請を根拠とした2つの相容れない「正しさ」が、社会の現場でぶつかり合っていたのである。

2)「紹介人」問題と志願兵の質

第二に取り上げるのは、志願兵の徴集過程をめぐる問題である。「上海市徴集志願兵辦法」（上海市兵役協会が1947年8月7日に議決）によれば、志願

兵の応募には、本人の申請書とは別に、当該地域の保長・甲長が署名した身元保証書が必要であり、そこには「紹介人」（以下、括弧をはずす）の姓名、職業、住所を記載し、捺印をしなければならなかった[45]。その紹介人について、楊思区の会議記録によれば、同区第24保の保長は次のように述べている。

　　志願兵にはそれぞれ紹介人がいるが、紹介人と志願兵とは必ずしも密接な関係をもっていない。したがって、個々の志願兵の来歴や家族関係は、紹介人がよく知っているとは限らない。もしその他の部隊や軍事機関から逃亡した兵士が、機会に乗じ利益を求めて志願兵になっていても、対処することができない。このような事態が発生すれば、それによる無駄な損失は免れえないのである。

また、老閘区の検討会議の席では、議長自身が入営した志願兵に聞き取り調査を行なった結果、志願兵に支給されるはずの慰労金が紹介人によってピンハネされている事実があったことを報告している。同様の問題が頻発していることは、普陀区の会議記録の中でも記述されている。以上から浮かび上がってくるのは、志願兵の応募には、志願兵の身元や背景を確認しないまま、金目当てのために彼らを利用する悪質なブローカーが少なからず介在していたということである。

この問題は、必然的に志願兵自身の動機や質の問題と絡み合っている。閘北区の会議記録によれば、志願兵に応募する者は、「一般には生活に迫られた輩」であって、このために、上記のようなブローカーが壮丁を売買する事態も発生しやすく、前線の戦闘力に影響を与えることが危惧されていた。高橋区の会議記録においても、「志願して兵となる者の最大の望みは金銭にあり、本当に時局の困難に憤激し奮い立って従軍する者は多くはなかった」と記述されている。さらに、このような中では、江寧区の会議記録が指摘するように、志願兵の中に敗残兵やごろつきの類い（「散兵游勇、流氓地痞」）が紛れ込んでくるのは避けられなかった。このため、志願兵の徴集・移送、さらには

入営後においても、逃亡や不測の騒動が頻発した。

このような劣悪な志願兵を受け入れた部隊が直面した問題については、上海団管区司令陳天僑から市政府民政局に宛てた数多くの書簡が具体的な様相を伝えている。ある書簡によれば、同団管区が管轄する新兵第一大隊の第四中隊においては、一部の志願兵の素質が劣悪であって、1947年10月22日の夜、志願兵どうしの殴り合いが始まり、それが暴動にまで発展した事例が報告されている。幸い、暴動は鎮圧され、主犯は逮捕されたが、その直後、自らの兵員管理能力の不足を羞じた中隊長による自殺未遂事件が引き起こされている。同じ書簡は、志願兵の逃亡が相次ぎ、この時点で65人に達していた事実を伝えるとともに、これらの志願兵たちは、実は自発的な志願にもとづく従軍ではなく、機会をとらえて部隊内でもめ事を起こそうとしており、部隊の管理・訓練がすでに困難な状態に陥っているとして、志願兵の素質の改善を要請している[46]。

志願兵による逃亡の多発については、別の書簡では、上海市から従軍した新兵3000人のうち、10月31日までに逃亡兵が90人にまで達したことを明らかにしている。先ほどの書簡が挙げる数字と対照すれば、わずか10日足らずで、逃亡兵が25人増えていたことになる。この書簡の目的は、この多数の志願兵たちが持ち逃げした軍服の弁償を、志願兵の紹介人に負わせることにあった[47]。もちろん、志願兵が持ち逃げするのは、軍服だけではありえない。軍隊で支給された銃を使って逃亡兵が連続して犯罪を重ね、警察に逮捕されたという事件も上海市内で発生していた。同団管区は、犯罪者本人だけではなく、彼らの従軍を仲介した紹介人にも、その犯罪の責任をとらせるべきであると主張している[48]。翌1948年2月になると、同団管区から青年軍第二〇八師に引き渡された志願兵が上海に逃げ帰り、その数が212人にのぼっていたという。この数字は、前年10月末の2倍以上にもおよんでおり、これがどこまで増え続けたのか、確認することはできない。同部隊は、彼ら212人の逃亡兵の名簿を添付したうえで、彼らを捕らえ部隊に帰還させるように団管区に要求している[49]。

興味深いことに、高橋区の検討会議では、以上のような問題が生じた場合の賠償責任について議論が行なわれている。そこでは、法規にもとづけば、当然、紹介人が志願兵の保証人としての賠償責任を負うべきだと述べつつも、入営後に生じた問題については、志願兵を受け入れた部隊の管理責任であると主張している。たしかに、軍隊組織の腐敗はよく知られており、賄賂をとって逃亡を見逃す行為も発生していた[50]。そして、もし入営後の志願兵の行状にまで賠償責任を追及されるのであれば、紹介人の負担に限度がなくなってしまう。これによって彼らの協力を得られなくなれば、将来、志願兵確保の困難は一層大きくなるだろうというのである[51]。このような主張の中に、たとえ悪質なブローカーであっても、彼らに頼らざるをえない末端行政の現場の論理、あるいは苦悩を読み取ることができよう。

　さらに、1948年5月になると、新兵46人が所属部隊の上官数人を射殺し、共産党統治区に向けて集団脱走したという深刻な事件が、団管区の文書の中に記録されている[52]。戦場での劣勢が濃厚になるとともに、軍隊組織の紀律がますます揺らぎ、いよいよ崩壊の兆しを見せていたことを示す事件であろう。それにもかかわらず、同じ頃、団管区の上級機関である上海師管区の司

表1　上海市新兵1860名の構成（1948年6月）

①出生年次		②教育程度		③職業		④体格	
1923年	423人 (23%)	初小	758人 (40%)	農	700人 (38%)	甲等	938人 (50%)
		高小	400人 (21%)	商	425人 (23%)	乙等	761人 (41%)
1924年	320人 (17%)	初中	200人 (11%)	工	400人 (22%)	丙等	161人 (9%)
		高中	67人 (4%)	兵	155人 (8%)		
1925年	400人 (22%)	粗識	141人 (8%)	学	145人 (8%)		
		文盲	304人 (16%)	政	13人 (1%)		
1926年	300人 (16%)			警	3人 (－)		
				交通	1人 (－)		
1927年	405人 (22%)			電訊	1人 (－)		
				その他	17人 (1%)		

（典拠）『上海大公報』1948年6月28日。ただし、合計が正確に1860人にはならないデータもあるが、概要を示すためそのまま掲載した。百分比は筆者が算出。

令傅正模は、上海市から新たに入営した志願兵 1860 人について、新聞記者を招いて兵営生活を参観させ、「兵士の素質は全国第一」であると、胸を張って述べている[53]。上述した団管区の文書が記録する諸事件と傅正模の評価との落差に驚かされるが、他の部隊の場合はさらに状況が劣悪であったということであろうか。ちなみに、このとき、新聞記者に公表された上海の志願兵 1820 人の統計データを掲げておく（表 1）。たしかに、農村部で徴兵された兵士たちと比べれば、都市部ならではの多様な職業構成をもち、学歴も比較的高い兵士が多く含まれていることがうかがえるが、それが兵士としての「質」を担保するわけではなかろう。

3）兵役負担者の援護と住民意識

次に、兵役負担者の援護をめぐる問題をとりあげよう。兵役負担者に支給される物的支援としては、入営時に一時金として支給される安家費、出征期間中に毎年出征兵士家族に支給される優待金があるが、とりわけ 1947 年度に末端職員を悩ましたのは、志願兵を対象とした慰労金（現物も含む。以下同じ）支給をめぐる問題であった。上述したように、上海市では、兵役負担者には安家費として 400 万元が市兵役協会から統一的に支給されることになっていたが、その額は上海市以外の各県よりも低額であった。そのため、志願兵の応募は滞り、市内各区にはその支給額の低さを補うために自主的な慰労活動に努めることが求められていた。つまり、安家費の支給額の高騰を抑制するために、問題の解決をそれぞれの区の役場に丸投げしたわけである。では、慰労活動の基軸になっていた慰労金の支給がどの程度の額であったのか。

後述するように、その額は区ごとに一様ではなく、上海市全体の統計も見当たらないため、ここでは、金額が示されている老閘区の事例を紹介しておこう。1 人当たりの志願兵に区慰労委員会から支給される慰労金は 600 万元、これに 200 万元相当の現物支給が加わる。さらに各保において 50 万元が準備され、志願兵の入営の際の歓送費用や入営後のこまごました必要物資の購入に充てられたという[54]。一事例に過ぎないが、老閘区の場合、慰労金の総額

は、市兵役協会が一律に支給する 400 万元の安家費に比べて 2 倍以上の額にのぼっていたことが知られよう。定額の安家費だけでは、志願兵が入営時に手にできる物的支援の全体は把握することはできないのである。そして、これらの金額の支給をめぐって深刻な問題が生じていた。

　各区でとくに問題になっていたのは、まず慰労金の支給額が地域によって不均等であって、それが兵役負担者の不満を招いていたことである。楊思区の会議記録によれば、同区第 1 保の保長は、この問題に関連して「上海の区・保は相互の貧富の格差があまりに大きすぎて種々の紛糾を引き起こしている」と述べ、同区第 7 保の保長は「（本保では ── 引用者）土地が辺鄙で民は窮乏しているために、慰労金の徴収が困難である」と訴えている。つまり、慰労金支給の不均等をもたらしていたのは、地域ごとの著しい貧富の格差にほかならなかった。とりわけ、商工業が発展している豊かな市街地と、辺鄙な郊外の貧しい地区との格差の大きさが強調されている。大場区の会議記録は、「郊外と市街地における住民の財力の隔たりに注意が払われていない。郊外の住民はみな極度の困窮を抱え、市街地住民の金持ちとは全く異なる。今後は等級に分けるべきである」と主張している。このほか、邑廟区の会議記録によれば、同区は日本占領期に多くの難民を受け入れた「難民区」であったという特殊な地域的事情に配慮するように求めている。同区の場合、「現在の住民のほとんどが以前の難民であって、商店・工場の数はわずかで、その規模も極めて小さく、資力も不足している」。このため、同区の経済状況は全市各区のなかで最も困難を抱え、これ以上の住民負担を強いることはできないと述べている。

　以上のように、志願兵への慰労金支給の不均等には、地域ごとの社会経済的事情の相違がかかわっていたのであるが、この問題にことさらに執着して紛糾を引き起こしている志願兵たちの側にも眼を向けておかねばならない。たとえば、楊思区の会議記録によれば、同区 14・15 両保では、「志願兵たちは慰労金に加えて、さらに慰労品を求め、貧しい保はさらなる支給はできないので、彼らは保長や担当者を告訴しようとしていた」。この問題は、一部で

は現場の末端職員に対する告訴事件へと発展しかねない様相を呈していたのである。上述したように、志願兵の従軍動機は、国家への忠誠心や名誉心というよりも、主に経済的理由にあったために、彼らは物的支援の格差に対して、より敏感にならざるをえなかった。このような形で顕在化・先鋭化する志願兵の権利意識に直面して、末端職員は手を焼き、対応に窮していたのである。

　他方、兵役負担者援護の費用徴収を滞らせていたのは、貧富の格差や地域固有の経済事情ばかりではなく、地域住民の意識や行動にも起因していた。多くの区の保長たちを悩ましていた深刻な問題として、兵役に関する住民意識の低さが強調されている。彼らの目から見れば、一般住民は「利己的な観念」[55]が強すぎるため、慰労金をはじめとした兵役費用の負担に対して積極的に応じようとはしなかった。

　たとえば、高橋区の会議記録によれば、「住民の兵役に対する認識は十分ではなく、現場職員の対応を難しくしていた」。「慰労金の徴収時にはとりわけ困難が多く、ある者は支払いを拒否し、ある者は支払わないばかりか、末端職員に悪態をついた」という。真如区の保隊付も、「多くの不良分子が口実を設けて責任逃れをして慰労金の徴収に応じず、再三諭しても効果がなく、保では対処できない」として、上級政府が有効な対策を講じることを求めている[56]。

　つまり、安家費や優待金ではなく、慰労金の徴収がとくに問題となった背景には、それが「募金的な性格」（「勧導楽捐性質」）にとどまっていたという事情があった[57]。慰労金の場合、安家費や優待金とは異なり、地域の自主性に依拠した曖昧さが混乱を招いていたのである。そのため、住民の支払い拒否に対する有効な制裁もできず、強制的な徴収を可能とする法規も整備されていなかったのである。事実、北四川路区では、「保内の現役軍人、公教人員、無知な保民が金を出さず策略を巡らしており、相当有力な方法で制裁をしなければ、兵役行政の進展に与える影響はきわめて大きい」と主張している[58]。とはいえ、1948年以降になると、住民による支払い拒否の風潮は、慰労金だ

けではなく、法的強制力をもった安家費や優待金の徴収においても波及していくようになる。しかも、住民による暴力をともなう事件も多発していく[59]。

　このほか、適齢壮丁の身元調査においても、末端職員は住民の妨害に直面していたことが、個別案件に即した行政報告から確認することができる。たとえば、提籃橋区第45保の幹事は、身元調査を拒絶する適齢壮丁を説得しようとして、逆に集団的な暴力に遭遇して怪我を負った[60]。また、洋涇区第47・48保の保隊附はやはり身元調査の際に住民と激しく対立し、傷害事件には至らなかったものの、群衆に取り囲まれ辛辣な侮辱・中傷を受けている[61]。これらの事件もまた、兵役費用の支払い拒否と同じく、兵役行政に対して激しい敵意を向ける住民意識の一端を示している。

第3節　末端行政の逸脱行為と新たな兵源

1）逸脱行為の蔓延とその構造

　以上、各区の徴兵検討会議の会議記録を主な素材にして、末端行政職員の視点から徴兵をめぐる現場の問題点を整理してきたが、ここにはほとんど触れられていない、もう一つの重要な問題が介在していたことを見落とすわけにはいかない。それは、区・保の職員自身による違法な逸脱行為の蔓延である。各区の徴兵検討会議の参加者は彼ら自身であり、会議で自らの不正行為を公然と検討の俎上にのせて議論することはありえなかった。すなわち、自らの職務を忠実に遂行しようとする末端職員と、それを阻んでいる矛盾と汚濁に満ちた都市社会の現実という、二項対比的な「語り」を、そのまま素直に受け取ることはできないであろう。

　たとえば、保長がすでに適齢を超過した壮丁を違法に適齢壮丁名簿に組み入れたり、区長が組織ぐるみで安家費を着服して蓄財を図ったりといった事件が各地で発生し、区民代表会や市民個人によって訴えられている[62]。また、国民政府統治区で日中戦争期から継続する末端職員による壮丁の拉致や売買、あるいは「兵販子」（壮丁売買のブローカー）の暗躍なども、個別事案を記録

した公文書類をひもとけば、やはり珍しい事件ではなかった[63]。末端職員が、上層部からの徴兵ノルマ達成の厳しい圧力と住民による兵役負担の忌避・逃亡との板挟みになって、粗暴な逸脱行為に走るというのは、四川省農村を対象とした筆者の研究[64]ではお馴染みの構図であるが、戦後内戦期の上海でも観察されるのである。社会的混乱や住民の反発を招いていた原因の一端は、末端職員の側にもあったといわねばならない。

　その点で興味深いのは、繰り返し言及してきた「三七年度徴兵方式検討」という文書が、正規の徴兵を実施した場合に予想される弊害の一つとして、大筋、次のような見通しを記していることである。すなわち、保という行政単位は徴兵ノルマが割り当てられる最末端の組織であるが、そこには保長のほかに事務を司る幹事が1人いるだけであり、保隊付（保の自警団の責任者）もまた3つの保に1人しか配属されていなかった。一方、徴集対象となった壮丁が期日通りに自発的に集まることなどあり得ず、大多数は強引に連れてこないとやってこない。保に十分な人員配備がなされない以上、壮丁が故意に入営時期を引き延ばせば、司法機関に訴えて法的に処罰しなければならない。これを急げば住民の怨みを買い、遅らせば職員自らが処分を受けたり、わずかな瑕疵で法網の餌食となる恐れがある。これが正規の徴兵を行なった場合の必然の趨勢であるというのである[65]。ここには、保という最末端レベルにおける行政組織の脆弱な現実、そして、行政執行能力の裏付けとなる十分な人員配置さえ与えられていない職員たちが追いつめられ、粗暴な逸脱行為へと駆り立てられていく構造が端的に示されている。

2）収容された避難民・游民の利用

　以上のような矛盾に満ちた兵役行政が限界を露呈する中で、新たな兵士の供給源として眼を付けられたのが、収容された避難民および游民の利用であった。

　当時、内戦の進展にともなって大量の避難民が上海に流入し、市内の街頭には安定した生計手段をもたない避難民や游民が満ちあふれていた。比較的

経済状況が良かった 1946 年 9 月の段階でさえ、市内の失業人口は 25 万人、無業者は 135 万人に達していたといわれる。その後、戦局の悪化や経済の衰退が進むなかで、その数はますます増加していった。こうした中で、上海市政府は警察局に路上の游民や物乞いを捕らえさせ、社会局が運営する収容施設や民間の慈善団体に引き渡していたが、早くも 1946 年 2 月には、各施設の収容能力は限界に達し、路上の游民や物乞いの拘束・保護を中断せざるを得なかった。その後も、彼らの保護・収容に向けて一定の努力は払われたが、市政府にも、民間の慈善団体にも、有効な手段をとることができる余力は残されてはいなかった[66]。

さて、こうして収容された避難民・游民を政策的に従軍させていた事実については、上海游民政策に関する近年の先行研究のなかで、「戦争は上海の游民処理に一つの新たな道筋を提供した」として、ごく簡単ながら、しかし、きわめて明解に言及されている。それによると、発端は、日中戦争の緒戦において蔣介石が上海市長に電報を打ち、「無職の游民と失業した壮丁を集めて部隊を編成し、道路の修築や運搬などの業務に当たらせる」ことを要求した例にさかのぼる。蔣介石は、これによって「後方の治安を強化し、漢奸・土匪を少なくできる」と考えていた。上海市もこの電報を受けて、数百人程度の游民を国防部と淞滬戒厳司令部の両方に送り出した。ところが、その多くはすぐさま逃亡し、同時に游民を前線に送ったため、難民収容所では若干の騒動も引き起こされていた。ただし、これらの事件は、まもなく日本軍によって上海が占領されたためにうやむやになったという[67]。その後、上海で収容された避難民や游民を徴兵対象にする動きは、戦後内戦期の 1948 年、すなわち、上海の徴兵ノルマが急増し、その達成がほぼ不可能になった時点で再開される。前述したように、1948 年末段階における徴兵不足数は 7000 人に達し、翌年度には実現の見込みもないまま、新たな徴兵割当数として 3 万 7000 人という過大な目標が 1 月に提示されていた。

管見の限りでは、最初は、上海市社会局が所管する救済院習芸所に収容されている避難民の側から従軍志願が行なわれたようである。すなわち、1948

年3月に2人、7月に51人の避難民が従軍志願を申し出て、その名簿が習芸所長李志祥から社会局に提出されている[68]。ただし、7月の51人の内、志願兵としての条件（年齢・体格など）に合格した者はわずか12人に過ぎなかった。彼らは徴兵ノルマの達成に苦慮していた上海市嵩山区公所の要請に応じて、同区の徴兵実績に組み入れる形で入営することになった[69]。

その後、10月には、市政府民政局は社会局を経由して、救済院習芸所に対して収容されている「無業遊民・難民等」を本格的に徴兵対象にすることを提案し、12月には上海市長呉国楨もこれを了承した。そこでは、「兵源が非常に欠乏して徴集が難しい」なか、習芸所には500人もの遊民が「何もしないで公金を無駄に使っている」とし、彼らを兵役に就かせれば、「財政支出を減らし、国力を増強できる」と、あからさまな表現で提案の正当性を説明している[70]。この過程で、習芸所の所長は、民政局から派遣された職員に対して、所内の実情からいえば50人から100人を従軍させることが可能だと答えるとともに、現行の安家費の額では収容者を従軍させるのは簡単ではないとして、その増額を求めている[71]。ここでも、従軍者を確保するためには、金銭による十分な代償が求められていた。

さらに、1949年1月6日付けの社会局に宛てた民政局局長の公函は、上海市が必要とする兵員数は極めて多く、習芸所に収容されている避難民・遊民からの従軍は、「多ければ多いほどよい」と述べている[72]。しかし、最終的に習芸所から何人の従軍者を出したのかという点は、上述の先行研究においても、筆者が閲覧できた当時の上海市政府各部門の公文書においても、確認することはできない。そして、彼らの従軍がすべて彼ら自身の自発的な意志によるものかどうかも不明であるが、よるべのない彼らに拒絶の自由があったとは考えにくい。もしそうだったとすれば、これは上海市政府が政策的に遂行した、労力や手間のかからない、形を変えた「壮丁の拉致」にほかならない[73]。

このほか、上海市以外の太倉県や嘉定県から習芸所に志願兵調達の依頼が届いていた事実にも触れておく必要があろう。習芸所が収容している避難

民・游民は、他県からも徴兵ノルマの数合わせの手段として狙われていたのである。事実、太倉県の要請に対しては、32人の収容者を志願兵として送ったという記録が残っている[74]。

おわりに

　本章では、日中戦争後の国共内戦下において中国最大の都市、上海で導入された徴兵制について検証を進めてきた。ここから浮かび上がるのは、住民の把握や管理を容易にすり抜けてしまう都市社会の流動性の高さであり、戦時工業生産のための労働力保護を掲げて兵役負担を合法的に忌避する工場組織の厚い壁であり、ときには暴力行使をも辞さず、末端行政職員の説得を執拗にはねつける住民たちの根強い非協力であった。そして、こうした社会的現実を声高にかこつ末端行政職員の側においても、壮丁の拉致や売買、兵役対象者名簿の偽造など、様々な違法な逸脱行為が広く蔓延していた。後者の点では、日中戦争下の農村地域で実施された徴兵制の光景と何ら変わるところがない。

　末端行政職員からすれば、脆弱な行政執行能力しか与えられていない中で、上から割り振られた徴兵ノルマを達成しようとすれば、逸脱行為に頼るしかない現実があったからである。こうした構図の延長線上に、すでに保護・収容されている避難民や游民を兵士として動員するという酷薄な行政命令も理解することができる。国民政府は正規の徴兵制を通じた国民秩序の育成という理念に一貫してこだわり続けたが、実際には、上海社会の現実に直面する中で、暫定的な譲歩策として志願兵の徴集によって急場をしのぐ選択をするしかなかった。

　一方、内戦下の避難民の大量流入や社会経済の疲弊により、当時の上海には仕事にありつけない過剰人口が溢れ、志願兵の徴集には有利な条件も生じていた。しかし、その多くは、国家への純粋な忠誠心や軍人としての栄達を望む名誉心というよりも、主に経済的な動機にもとづいていた。そのため、

志願兵は従軍の代償として受け取る経済的支援には極度に敏感となり、その支援額に格差や問題があれば、徴集過程においても、入営後においても、不測の騒動や脱走が頻発し、軍隊内の士気や紀律を内側から掘り崩していた。これには、志願兵の身元や背景を確認しないまま、金目当てで応募を仲介する悪質なブローカーの暗躍も大きな影を落としていた。都市における過剰人口の膨張も、住民の相対的な知識水準の高さも、兵士の動員を軌道にのせるうえで、国家が期待するような効果をあげることはなかったのである。

　このような都市社会の現実を、管理や統制が隅々まで行き届いた強靭な戦時秩序に作りかえていくためには、いったい何をすべきなのか。その実現が都市住民にとって望ましいか否かは別にして、国民政府を打倒して新たな上海の統治者となった中国共産党が、この問いに対する回答を求められることになる[75]。革命後も、中国は朝鮮戦争をはじめとした緊迫した国際環境のもとに置かれていたからである。

《注》

1) 笹川裕史・奥村哲『銃後の中国社会 —— 日中戦争下の総動員と農村』岩波書店、2007年、笹川裕史『中華人民共和国誕生の社会史』講談社選書メチエ、2011年、同「戦後中国における兵士と社会——四川省を素材に」（奥村哲編『変革期の基層社会——総力戦と中国・日本』創土社、2013年、所収）、など。

2) 吉田裕『アジア・太平洋戦争』シリーズ日本近現代史⑥、岩波新書、2007年、104-105頁。

3) 原田敬一「アジア太平洋戦争下日本の都市と農村 —— 総力戦体制との関わりで」、奥村編・前掲書、37頁。

4) 越縹「今日不宜兵役制」『文萃』（第3期）1946年10月15-16日（上海市檔案館所蔵各種新聞雑誌記事 D2-0-808-89）。

5) 日本上海史研究会編『建国前後の上海』研文出版、2009年、11-12頁。

6) 『上海大公報』1946年10月17日。

7) 同上、1946年10月26日。

8) 同上、1947 年 4 月 22 日。

9) 同上、1947 年 5 月 21 日。

10) 同上、1947 年 6 月 5 日。

11) 上海市商会→上海市参議会、快郵代電、1947 年 6 月 4 日、各種商業・工業同業公会（83 公会の連名）→上海市参議会、呈、1947 年 6 月 2 日、上海市檔案館所蔵上海市参議会檔案 Q109-1-349。

12)『上海大公報』1947 年 6 月 7 日、12 日。

13) 同上、1947 年 7 月 8 日。ただし、同年 8 月 7 日に市兵役協会が第一次常務会議で議決した「上海市徴集志願兵辦法」では、志願兵の対象年齢は「満 20 歳から 30 歳まで」に変更されている（市長呉国楨→上海参議会、公函、1947 年 8 月 21 日、上海市檔案館所蔵上海市参議会檔案 Q109-1-349）。

14)『上海大公報』、1947 年 7 月 18 日。

15) 同上。なお、日中戦争期の知識青年従軍運動については、笹川裕史「日中戦争期の知識青年従軍運動に関する一考察——抗日ナショナリズムの光と影」（『近きに在りて—近現代中国をめぐる討論のひろば』第 49 号、2006 年 5 月）、参照。

16)『上海大公報』、1947 年 8 月 22 日。

17) 同上、1947 年 9 月 6 日、11 日。

18) 同上、1947 年 10 月 15 日。

19) 同上、1947 年 6 月 12 日。

20) 同上、1947 年 7 月 12 日。

21) 同上、1947 年 9 月 9 日、11 日。

22) 同上、1947 年 7 月 25 日。

23) 同上、1947 年 8 月 6 日。

24) 上海市長呉国楨→上海市参議会、公函（密）、1947 年 11 月 24 日、上海市参議会議長潘〇〇（ママ）→上海市政府、公函（密）、1948 年 3 月 13 日、ともに上海市檔案館所蔵上海市参議会檔案 Q109-1-353。

25)『上海大公報』1948 年 3 月 1 日。

26) 同上、1948 年 3 月 15 日、3 月 24 日。

27) 同上、1948 年 3 月 15 日。
28) 同上、1948 年 3 月 24 日。
29) 同上、1948 年 3 月 14 日、3 月 15 日。
30) 同上、1948 年 3 月 18 日。
31) 同上、1948 年 3 月 24 日。
32) 同上。
33) 同上、1948 年 3 月 26 日。
34) 同上、1948 年 3 月 28 日、3 月 31 日。
35) 同上、1948 年 7 月 8 日。
36) 同上、1948 年 7 月 12 日。
37) 同上、1948 年 9 月 30 日。
38) 同上、1948 年 12 月 1 日。
39) 同上、1949 年 1 月 18 日、4 月 18 日。
40) 当時、各地の参議会や地方長官などが徴兵停止を呼びかけ、立法院でもこれをめぐる議論が行なわれていた。『上海大公報』は、こうした動向を逐一報道するとともに、社説ではこれを歓迎する立場を表明していた（「社評・蘇息民力、保全地方」『上海大公報』1949 年 2 月 10 日、「社評・停止徴兵、蘇息農村」同上 1949 年 3 月 2 日）。
41) 筆者が確認したのは、以下の 17 区の会議記録である。①「上海市真如区 36 年度首次徴兵得失検討会記録」(1947 年 10 月 14 日)、②「上海市洋涇区 36 年度首次徴兵検討会会議記録」(同年 10 月 14 日)、③「老閘区 36 年度首次徴兵検討会記録」(同年 10 月 16 日)、④「上海市提籃区 36 年度首次徴兵検討会会議記録」(同年 10 月 16 日)、⑤「楊浦区公所 36 年度徴兵検討会会議記録」(同年 10 月 17 日)、⑥「上海市盧湾区 36 年度徴兵検討会議記録」(同年 10 月 18 日)、⑦「上海市高橋区 36 年度首次徴兵工作検討会議記録」(同年 10 月 20 日)、⑧「上海市北四川路区 36 年度首次徴兵検討会記録」(同年 10 月 24 日)、⑨「上海市呉淞区 36 年度首次徴兵検討会記録」(同年 10 月 25 日)、⑩「江寧区徴兵検討会会議記録」(同年 10 月 28 日)、⑪「(上海市大場区)徴兵検討会検討結果」(同年 10 月 29 日付呈文に添付)、⑫「閘北区 36 年度兵役検討会議記録」(同年 11 月 2 日)、⑬「上海市普陀区公所首次徴兵検討会会議記録」(同年

11月6日)、⑭「邑廟区36年度首次徴兵検討会記録」(同年11月7日)、⑮「上海市静安区首届徴兵検討会議記録」(同年11月11日)、⑯「上海市江湾区区公所兵役検討会議記録」(同年11月14日)、⑰「上海市楊思区徴兵得失検討会議記録」(同年12月14日)。いずれも、上海市檔案館所蔵上海市民政局檔案Q119-4-6に収められている。以下、「〇〇区会議記録」と略称する。

42) 前掲「三七年度徴兵方式検討」。

43) 同上。

44) 上海市楡林区区長孟新民→上海市民政局局長張、代電、1947年10月14日、上海市檔案館所蔵上海市民政局檔案Q119-4-67。

45) 上海市長呉国楨→上海市参議会、公函、1947年8月21日、上海市檔案館所蔵上海市参議会檔案Q109-1-349。

46) 上海団管区司令陳天僑→上海市政府民政局張局長、快郵代電、1947年10月29日収、上海市檔案館所蔵上海市民政局檔案Q119-4-64。

47) (上海団管区司令)陳天僑→上海市政府民政局張局長、快郵代電、需服字第2468号、1947年(月日は判読不能)、同上檔案。

48) (上海団管区司令陳天僑)→上海市政府民政局張局長、快郵代電、僑法字第2683号、1947年(月日は判読不能)、同上檔案。

49) 上海団管区司令陳天僑→上海市政府民政局張局長、快郵代電、(37)僑二元字第3564号、1948年(月日は判読不能)、附件「青年陸軍第208師上海新兵逃亡姓名冊」(1948年2月作成)、同上檔案Q119-4-60。

50) たとえば、上海市新成区区長王剣鄂→局長張、呈、1947年11月5日、同上檔案Q119-4-64。

51) 「高橋区会議記録」。

52) (上海団管区)司令陳天僑→上海市民政局、代電、1948年5月31日、上海市檔案館所蔵上海市民政局檔案Q119-4-60。

53) 『上海大公報』1948年6月28日。

54) 「老閘区会議記録」。

55) 「高橋区会議記録」。

56)「真如区会議記録」。

57)「高橋区会議記録」。

58)「北四川路区会議記録」。

59)たとえば、北四川路区区長唐天恩→上海市民政局、呈、1948 年 5 月 22 日、上海市檔案館所蔵上海市民政局檔案 Q119-4-118、上海市提籃橋区区長呉英→上海市民政局局長張、呈、1948 年 6 月 23 日、同上檔案 Q119-4-125、洋涇区区長王義賡→(民政)局長張、呈、1948 年 6 月 26 日、同上檔案、上海市江寧区区長呉忠達→上海市政府、呈、1948 年 7 月 19 日、同上檔案 Q119-4-118、等。

60)上海市提籃橋区区長呉英→市長呉、呈、1947 年 7 月 30 日、同上檔案 Q119-4-67。

61)洋涇区区長王義賡→市長呉、呈、1947 年 9 月 3 日、同上檔案。

62)市民朱振権→上海市参議会、呈、1947 年 9 月 14 日、上海市檔案館所蔵上海市参議会檔案 Q109-1-1239。上海市静安区区民代表会主席楼允梅→上海市参議会、呈、1948 年 7 月 20 日、同上檔案。

63)たとえば、嵩山区区長杜維垣→(民政)局長張、呈、1947 年 11 月 3 日、上海市檔案館所蔵上海市民政局檔案 Q119-4-176、上海市参議会議長→上海市民政局、公函、1948 年 3 月、同上檔案 Q119-4-65、閘北区区長王治平→上海市民政局局長張、呈、1948 年 6 月 22 日、同上檔案、老閘区区長李汝椿→民政局局長、呈、1948 年 7 月 19 日、同上檔案、等。

64)笹川裕史「貧者とよそ者をねらえ——壮丁拉致の行動原理」(笹川・奥村前掲書、第 4 章)。

65)注(24)と同じ。

66)阮清華『上海游民改造研究』上海辞書出版社、2009 年、61-63 頁。

67)同上書、63-64 頁。

68)上海市救済院習芸所所長李志祥→上海市社会局局長・副局長、呈、1948 年 3 月 27 日、上海市檔案館所蔵上海市社会局檔案 Q6-9-953、上海市救済院習芸所所長李志祥→上海市社会局局長・副局長、呈、1948 年 7 月 26 日、同上檔案。

69)上海市救済院習芸所代理所長周先錬→上海市社会局局長・副局長、呈、1948 年 8 月 30 日、同上檔案。

70）上海市民政局局長張暁崧→上海市社会局局長、代電、1948 年 10 月、同上檔案。上海市長呉国楨→上海市社会局、訓令、1948 年 12 月 8 日、同上檔案。
71）上海市救済院習芸所代理所長周先錬→上海市社会局局長・副局長、呈、1948 年 12 月、同上檔案。
72）上海市民政局局長張暁崧→上海市社会局、公函、1949 年 1 月 6 日、同上檔案。
73）なお、日中戦争下の成都市においても同様の事が行なわれていた。成都市参議会の議員の一人は、これを議場の場で憤りを込めて暴露している（笹川・前掲書、210 頁）。
74）上海市救済院習芸所代理所長周先錬→上海市社会局局長・副局長、呈、1948 年 1 月 6 日、上海市檔案館所蔵上海市社会局檔案 Q6-9-953。嘉定県県長周明星→上海市社会局局長、代電、1949 年 4 月、同上檔案。
75）このような課題の探究が、1949 年革命を超えて執拗に継続していたことについては、笹川裕史「朝鮮戦争期中国基層社会における兵役負担者の援護 ── 四川省西部地区を素材に」『歴史学研究』第 906 号、2013 年 6 月、同「中国の総力戦と基層社会」（久保亨・波多野澄雄・西村成雄編『戦時期中国の経済発展と社会変容』慶應義塾大学出版会、2014 年、所収）を参照。

第3章
華北農村社会と基層幹部
―戦後内戦期の土地改革運動―

三品 英憲

はじめに

　戦後内戦期の土地改革は、中国共産党（共産党）の勝利の大きな要因として位置づけられてきた。研究の進展によって、「要因」の持つ意味は「地主の土地を分配することによって貧農の支持を取り付けた」といった「建国神話」に類するものから「土地の没収分配を農民自身の手で行わせることにより、共産党との『共犯関係』に巻き込んだ」という政治的な効果を重視するものへと変化したが、その歴史的なインパクトの大きさは自明であった。

　しかし近年における研究のさらなる進展は、土地改革の歴史的インパクトそのものに対する疑念を生じさせている。たとえば高橋伸夫は、「共産党が勝利するためには、国民政府の力を相対的に上回りさえすればよかった」としつつ、「紅軍の勝利に基づく実力の誇示と、党を困惑させた機会主義的な農民大衆の打算と、これまた党が意図しなかった『散漫な』党組織という要素が出会ったところに党による動員能力が大幅に向上する可能性」があったとする[1]。また阿南友亮も「1946年以降の共産党軍の急速な拡大は……中国の社会に多く存在した傭兵、自衛団体、匪賊などの既成の武力と共産党との関係という視角から改めて検討する必要」があると述べている[2]。

　これらの見解は1930年代の共産党に関する研究成果から敷衍されたものであるが、華北の土地改革を直接扱った研究の中でも、内戦期の土地改革が共産党の支配に与えた影響について相対化あるいは疑問視する見解が現れて

いる。たとえば角崎信也は、土地改革はそれによって獲得された財物が貧困農民に軍へ参加する経済的インセンティブを与えた点に意味があったとし、村レベルにおける党の権力を強化したのではないとする[3]。河野正は1950年代半ばまでの河北省における農村変革について検討する中で、基層社会が大きく変わったのは集団化時期であるという見通しを立てている[4]。このように戦後内戦期に華北で行われた土地改革が共産党の支配にどのような影響を与えたのかということについては、評価が分かれつつある。

　本章はこのように新たな論争点が形成されつつあるということを念頭に置いて、戦後内戦期、とりわけ全面的な国共内戦が始まった1946年7月から、共産党の中央指導部が全国土地会議を開催した1947年夏までの時期を対象として、共産党が華北において行った土地改革はどのような経過をたどったのか、そしてそれはなぜなのかといった問題を明らかにすることを目的とする。1946年5月の「五四指示」で、漢奸・悪覇に対する闘争（反奸清算闘争）も「反封建闘争」であるとして階級闘争の中に含めた共産党は、本格的な内戦が始まると土地改革を正面に掲げ、党組織を挙げてそれを実現すべく注力した[5]。しかし1947年7月から開かれた全国土地会議はこの間の土地改革が不十分であったとし、最終的には10月に地主の土地所有権の停止・所有地の分配などを規定した中国土地法大綱を決定することになる[6]。この決定はその後の「乱打乱殺」や「中農」利益の侵犯など運動の過激化の原因となったが、なぜそのような決定がなされたのかという問題は、以下に述べるような厚い研究史のなかでもまだ十分に説明されていない（なおこの時期の共産党の公式な用語でいえば「中農」とは自作農のことである。同様に「貧農」は小作農を、「雇農」は農業労働者を意味する[7]。ただし本章で見るように、少なくとも晋察冀辺区においては「中農」と「貧農」の語は財力に基づく相対的なものとして使用されていた可能性が高い。以下、煩雑となるため「　」は省略）。

　大陸における共産党史研究の第一人者である金冲及は、農民は長期にわたって地主による「封建的抑圧」を受けており、地主を打倒し土地を手に入れたいという彼らの欲求が共産党の土地政策を突き動かし急進化させたとし

ている[8]。しかしこの説明は、華北平野部では自作農が中心であったという客観的な事実と符合しない。また生産力の低い地域では「分種制」と呼ばれる刈分小作も見られたが、そこでは地主と小作農との距離が近く、双方が土地と労働力を提供しあう「合夥」と認識されていた[9]。このような関係が存在する中で「地主の土地を奪う」闘争を小作農が積極的に展開することは考えにくい。

またたとえば日本における土地改革研究の一つの到達点である田中恭子『土地と権力』は、第4章で、土地改革の進展に伴って「分配すべき土地の不足」が明らかとなったが、そのことが党指導部に基層幹部（とりわけ村幹部）が土地を多く取得したり隠したりしているのではないかという疑念を生じさせ、最終的には貧雇農による基層政権の再編と土地の絶対均分に行かざるを得なくさせたとする[10]。この説明は「農民の闘争性」を前提としていない点、また共産党の内部を中央レベルの指導者と基層幹部に分けて捉えた点で画期的であったが、これと同じ章の中で「中共指導者たちは、農村人口に対して耕地が足りないことを知らなかったわけではない」[11]とするなど一貫した論理で説明していない。中央レベルの指導者たちは、華北農村において土地改革が「無理筋」の政策であると知ったうえであえて強行し、さらに急進化へとアクセルを踏み込んだのだろうか。

台湾では陳耀煌『統合与分化』が、戦後内戦期の共産党の土地政策は「由上而下」の統制である「組織領導」と、群衆に党組織を超える正当性を与える「放手発動群衆」の間を揺れ動いたとし、1946年から47年にかけての展開については、1947年前半に土地改革が不徹底であることに強い危機感を抱いた劉少奇らが、進捗しない原因は党員・基層幹部の「不純さ」にあると捉え、土地改革の急進化を決断したとしている[12]。しかし陳の説明は、劉少奇らの認識と華北農村の客観的現実との関係を論理に組み込んでいない点で不十分である。土地改革不振の原因を党員・基層幹部の「不純さ」に求めるということは、逆にいえば彼らは土地改革自体は華北農村社会に適合的であると考えていたことになる。こうした認識と華北農村社会の客観的な現実との関係から展開を説明する必要があろう。

【地図】晋察冀辺区（1946年後半）

《凡例》
-·-·- 省境
──── 分区境
---- 標高200m

※分区の領域はおよそ管轄範囲を示したものであり、実効支配していた領域を示すものではない。
《出所》『中国共産党組織史資料　第4巻（上）』511・525・583・761頁の記述に基づいて、光岡玄編訳『星火燎原　第5巻（下）』（新人物往来社、1972年）および河北省社会科学院歴史研究所ほか編『晋察冀抗日根拠地史料選編　下冊』（河北人民出版社、1983年）の附図を参考に、三品が製作した。標高200m線については『河北省地図冊』（中国地図出版社、2014年）を参照した。

　このように戦後内戦期土地改革に関する国内外の主要な研究は、いずれも華北農村社会の構造や社会関係を踏まえた説明になっていない点に問題がある。田中や陳耀煌の議論は共産党内を層化して捉えている点で研究を新たな

次元に押し上げたが、華北農村社会の客観的な現実や社会関係のあり方と関連づけて党内各層の認識と行動選択を説明できれば、これらとは異なる新たな歴史像を提示することができるだろう。こうしたことを踏まえ、本章は共産党内を中央レベル・地方（辺区・県・区）レベル・基層（村）の三層で捉え、それぞれの認識と行動を、華北の農村社会や経済構造と関連づけながら説明する。

最後に使用する資料と考察する地域について言及しておく。本章が主として依拠するのは晋察冀中央局の機関紙（日刊）であった『晋察冀日報』である（したがって本章でいう「華北」とは直接的には晋察冀辺区を指している。晋察冀辺区には冀晋区・冀中区・冀東区・察哈爾省が置かれていた。地図参照）。同紙は1937年に『抗敵報』として発刊してから1948年6月に『人民日報』に合併されるまで、同時期の共産党の主要な支配地域の一つであった晋察冀辺区の情報を掲載する重要なメディアであり続けた（1940年1月に『晋察冀日報』と改称）[13]。その記事からは編集していた晋察冀中央局の認識を読み取ることができる。以上から本章では『晋察冀日報』を主要資料として丁寧に読み込んでいきたい。

第1節　華北農村社会と各種闘争

1) 1946年7月以降の華北農村における対地主闘争

1946年5月4日に党内に対する秘密指示として出された「五四指示」は、前述のとおり反奸清算闘争を反封建闘争として位置づけ、それによる土地の没収・分配を是認するものであった。実際に同年7月以降の『晋察冀日報』には、反奸清算闘争によって土地を没収・分配したとする記事が見られる。たとえば7月11日付「徹底摧毀敵偽残余勢力　冀東人民清算復仇高漲」は、冀東区では「4月から敵偽残余悪覇に対するさらに大きくさらに徹底的な控訴清算闘争が始まっている。……遵化県の4・5区では、6月前半の統計によれば群衆闘争は59回、獲得した食糧は1万5000石、土地4千畝で、参加人数は3万人余に達し、敵偽残余勢力に重大な打撃を与えた」という（引用文中の

……は引用者による省略。以下同じ)。また11月15日付「五台定襄新解放区清算復仇運動獲勝」は、「7月以来、五台・定襄の新解放区では……有史以来空前の清算復仇反汚職反悪覇闘争が行われた。たとえば五台新区の105村では、闘争を発動した村は89村に達し、新区の8万1567人のうち闘争に参加したものは総数の64％に達した。……悪覇・漢奸・特務は人民の面前に頭を下げ、受けるべき懲罰を受けた。群衆は土地2244畝……を獲得した」とする。

しかし党の中央指導層が望んでいたのは地主に対する階級闘争の実現であった[14]。このような対地主闘争は、日中戦争中は統一戦線への配慮から、また終戦後は国民党に内戦発動の口実を与えないために封印されていたが、1946年7月に全面的な内戦が始まると抑制する必要がなくなった。夏以降、『晋察冀日報』上には「土地改革」の名のもとに様々な理由で地主と闘争したとする記事が見られるようになる。

たとえば1946年7月24日付「熱中群衆清算復仇　蒙漢団結把身翻」は、タイトルには「清算復仇」とあるが、記事自体は「赤峯1区の文登子・大三家・西南地一帯の群衆は、聯合して当地の地主・李恩栄、王峨らに対して減租減息・退租・退息・清算増資の聯合大闘争を行った。数日間で20数人の地主に理を説き、勝利を獲得した」と述べており、農民が地主に対して「聯合闘争」(複数の村が聯合して1人の地主と闘争する形態の闘争)や「説理闘争」(地主に「労働しないものが搾取によってよい暮らしをすることは不当である」などの道理を説いて搾取したものを差し出させること)を展開して勝利したことを伝えるものである。またたとえば12月16日付「在緊張的自衛戦争中　冀東完成土地改革」は、冀東区では土地改革が基本的に完成し「300万の農民が178万畝の土地を獲得した」が、「地主に対して残された土地は、中農以上の経営を維持するに十分であり、彼らの生活は一般の農民にくらべて充足し富裕である」とも述べ、対地主闘争が実現していたことを報じている。

しかしその一方で、同時期には地主との協調を強調する記事も存在する。1946年10月10日付「土地改革獲得勝利　易県人民踊躍参戦」は次のように報じている。「9月1日から、易県全県の442の村の農民は轟々烈々とした反

漢奸・退租・負担の返還闘争を開始し、10日間で数千年来の封建搾取を徹底的に消滅させた。……しかし農民は寛大であり各階層の人士に対してそれぞれ配慮した。一般の中小地主に対しては富農や富裕中農の生活を保全した。たとえば易県城内の地主である冷近臣には30畝の良い土地が残された」。また11月5日付「有地種什麼都不怕」は、「全村で78軒、地主の3軒が全村の土地の3分の1を占有している」繁峙県小砂村で農民が組織され地主に対して闘争したところ、「この村の地主である陳述孔と陳銀はこれを知ってすぐに群衆に対して謝り、自分の土地205畝を差し出した。陳銀もまた、149畝、布6丈、白洋62元を差し出した」とする。いずれの記事も地主との協調を肯定的に描いている。

　こうした比較的「穏健」なイメージで報道された闘争とは対照的に、その激しさが正面から伝えられたのは反奸清算としての対地主闘争であった。1946年9月5日付「興和広大農民翻身後　突撃圧青二万余畝」は、「興和農民の減租清算闘争はすでに全面的に展開している」とし、「たとえば3区の古営盤村は、全村87戸のうち佃戸〔小作農〕は74戸を占めていた。群衆の生活は極めて貧困であった。闘争に勝利し、全村の農民は全て土地を得た。44戸の赤貧戸は上昇して中農になった」と述べ、対地主闘争が行われたように記述している（引用文中の〔　〕は引用者による注。以下同じ）。しかし、この村の事例を含む記事のまとめとしては「3・4・7の3つの区、25ヵ村の漢奸悪覇は、すでに相継いで人民に頭を下げ、搾取略奪した血の債務を賠償した」としており、闘争対象となった地主が闘争された理由は、彼が地主であったからではなく、「漢奸悪覇」だったからであることを窺わせている。9月27日付「五台新解放区　清算闘争遍四十村　閻偽悪覇償還血債」も同様である。記事は冒頭で「五台では全地域が解放された後、広大な群衆は漢奸悪覇汚職分子に対して清算闘争を行うことを要求し、反動地主によって奪われた血と汗と土地を奪還した」と総括しており、「反動地主」が土地を没収された理由は彼が「漢奸悪覇」だったからであるとしている。さらに「黒地」（隠し田）に関する闘争も、戦時負担を転嫁したことに対する反奸清算の一つとして位置

づけられる。8月26日付「遵化二次発動群衆　貧農中農団結獲勝」は、次のように報じている。「7月の1カ月間に10の区の群衆が闘争に参加し、82の村が140回あまりの闘争を行った。査黒地清算を中心とし8135人が参加した。……今回の闘争の目標は比較的明確であり、貧農と中農が一家族であり、一致団結することを理解し、反動地主の破壊・流言・威嚇を打ち破」った（遵化）。

　なお、先に「対地主闘争を伝える記事」として挙げた10月10日付「土地改革獲得勝利　易県人民踊躍参戦」も、注意深く読めば地主制の下での搾取者と被搾取者との間の闘争であったとは言えないことがわかる。記事は「闘争においては中農も参加し、勝利の果実を獲得した。4区の30の村の統計によれば、闘争に参加した1200余りの家のうち中農が547軒で、全体の45％を占めた」と報じているからである。この参加者の45％を占めるという「中農」が共産党の規定通り自作農を意味するのであれば、闘争対象との間に小作関係は存在しないだろうし、仮に富裕度の表現としての「中農」であったとしても、小作関係が彼らの家計に大きな位置を占めていたとは考えにくい。闘争への参加動機は「当該地主による搾取」以外の被害（戦時負担の転嫁など）を被ったことによるものであった可能性が高いのである。

　こうした点を踏まえると、土地改革の成功を謳う記事の中に闘争対象が地主であったと明示していない記事が存在していることが注目される。たとえば1946年12月2日付「三分区各県　土地改革猛烈展開」は、冀晋区の「井陘・行唐・完県・霊寿・平山などの県の6つの典型村の不完全な統計によれば、合計で2030畝の土地を解決し、554軒の農民が土地を獲得した」とするが、闘争対象については明記していない。12月4日付「冀中八分区五県土地改革十七万人捲入闘争」は、冀中八分区の南部（献県・建国・交河など）では「農民の翻身運動」によって「5つの県の51の村の統計によれば、新たに土地1万2071畝1分が獲得され、使用権を所有権として確定したのは3963畝である」とし、全体の3分の1が地主的土地所有に関わるものであったことを間接的に述べているものの、そのほかの土地については地主的土地所有に関わるものであったか疑わしい（なお、ここで挙げた「土地改革の成功」を伝える記事

が 1946 年 12 月のものであることに注目しておきたい)。

　以上からは、1946 年夏以降も、晋察冀辺区では階級闘争としての対地主闘争は依然として低調だったことが分かる。そしてこの点については平地と山地、北部と南部の別がなかったことを地図で確認しておきたい(以下、本章では地図上の標高 200m 線以東・以南を便宜的に「平野部」と表現する。標高 200m 線以西は 1000〜2000m 級の山が連なる太行山脈に向かって急激に斜度が上がる。なお平野部以外にも盆地や平野が存在するが、本章ではこれらを便宜的に「平地」と表現する)。反奸清算の記事として取り上げた遵化・定襄は平地にあり、五台は山地にあった。地主との協調が見られる記事として取り上げた易県は平野部にあり、繁峙は山地に位置している。さらに反奸清算としての対地主闘争を描く記事として取り上げた興和は北部の山地に、また五台は南部の山地に位置し、遵化と易県は平野部にあった。全体として晋察冀辺区で盛んに行われていたのは反奸清算闘争であった。

2) 他地域の「成功」事例と晋察冀辺区

　晋察冀辺区のこのような状況は中央指導部も認識していたと考えられる。このことは、『晋察冀日報』と共産党中央の機関紙として延安で発行されていた『解放日報』が、土地改革の「成功」事例をどのように扱っていたのかというところから推測することができる。

　『解放日報』は 1946 年 12 月 14 日、この年の土地改革を総括し各地方党組織に対して翌年の春耕までに土地改革を完了するよう求める社説「争取春耕前完成土地改革」を掲載した。この社説は「土地改革がうまくいっている場所では、愛国自衛戦争への群衆の参加はますます決然としたものになり、勝ち戦も次第に多くなっている」とし、そのことを証明する「成功」例として、蘇皖・晋冀魯豫・山東の各解放区の事例を取り上げているが、晋察冀辺区については冀東区の一例に触れるのみであり、本章で紹介してきたような各地の諸闘争には言及していない。しかも同日の同じ紙面には「自衛戦争力量的源泉　蘇皖千五百万農民獲地」と題し、蘇皖辺区ではすでに 1500 万人の農民

に土地が分配され、周辺地域での戦闘に延べ20万人近くの農民が参軍したと伝える記事が掲載されている。1946年秋以降、共産党中央指導部が土地改革の「成功」例として特に注目し、報道において特別な扱いを受けていたのは、社説で言及された3解放区のうち長江北岸（江蘇省北部）に広がっていた蘇皖辺区であった。以下、この蘇皖辺区の「成功」例の報道のされ方を手がかりとして、共産党中央指導部が晋察冀辺区の状況をどのように評価していたのかについて考察しておきたい。

蘇皖辺区の土地改革の情報は、12月14日付の『解放日報』によって初めて晋察冀辺区にもたらされたわけではない。『晋察冀日報』上でも9月・10月・11月に蘇皖辺区の「成功」に関する記事が掲載されているからである。このうち10月と11月の記事内容は12月14日付『解放日報』社説の内容と一致している。すなわち、『晋察冀日報』10月27日付「土地改革与自衛戦争結合的経験」は「蘇皖1分区の……泰興××区は、全県で土地改革を非常に徹底的に完成させ、参軍ももっとも活発である。正規軍に参加したものは943人を突破し、さらに民兵が800人いる」と報じ、同11月10日付「各解放区翻身農民武装保衛闘争果実」では「泰興新街区は土地改革を完成したあと、5000余りの雇農・貧農は1軒当たり平均で3畝あまりを獲得し、自衛戦争の中で奮起して参軍し土地を守っている」と報じている。これに対し12月14日付『解放日報』社説は、「農民が翻身した後、参戦の情緒は十分高まった。泰興新街区の5000余りの雇農や貧農が、1軒当たり平均で3畝あまりを獲得した後、直ちに940人が自発的に参軍した。そのほかに800人が民兵に加入している」としているのである。『晋察冀日報』と『解放日報』とで各項の数字がほぼ一致していることが分かる。

12月14日の『解放日報』社説で大きく称揚されることになる蘇皖辺区の「成功」例が、このように同年秋に晋察冀辺区で報じられていたことは偶然ではないだろう。このことは、先に挙げた10月27日付『晋察冀日報』記事「土地改革与自衛戦争結合的経験」とまったく同じ文章の記事「土地改革与自衛戦争」が、同日の『解放日報』上にも掲載されていることからも分かる。この

ような一致は、『晋察冀日報』が蘇皖辺区の「成功」例の記事を掲載することについて予め中央から指示を受けていたことを強く示唆するものである。また9月13日付『晋察冀日報』記事「蘇皖実行土地改革中　多方注意吸収中農」は、「当社特派記者の司馬龍」の報告として「蘇皖辺区第5分区の塩阜区土地改革運動は、既に初歩的成功を納めた」と報じるものであるが、晋察冀日報社が9月の時点で蘇皖辺区に「特派記者」を送り込んでいたのも偶然ではないだろう。この時点ですでに蘇皖辺区は土地改革の「成功」例として党内の注目を集めていたのである。

　こうした蘇皖辺区の扱いは、1946年夏以降、晋察冀辺区で激しく闘争が行われていたにもかかわらず変化しなかった。そのことを示すのが『晋察冀日報』12月6日付「進一歩集中力量　迅速貫徹土地改革」である。この記事は、冀晋区の党委員会が11月の自区の土地改革運動を検討し、一部の地域では群衆を本当に発動することができていなかったと自己批判したうえで「蘇皖や山東・雁北の成功の経験を研究し学習しなければならない」と総括したことを伝えている。蘇皖辺区は地方党組織においても「成功」例とされていたのである。このように46年夏以降に土地改革の「成功」例として高い評価を受けていたのは蘇皖辺区であった。中央から見て晋察冀辺区の状況は不十分であり蘇皖辺区に学ばせる必要があったのである。このことが『晋察冀日報』が9月の時点で蘇皖辺区に特派員を送った背景であり、10月・11月に中央が『晋察冀日報』に蘇皖辺区の詳細な情報を掲載させた理由であった。

　なお、この時期の晋察冀辺区指導部は、「土地均分政策は中農の保護と両立する」として土地改革を積極的に推進しようとしていた中央の認識とは大きく異なり、「土地均分政策は中農の保護と衝突する」と認識し、その推進には慎重な姿勢を見せていた[15]。そもそも「五四指示」の受け入れも大幅に遅れ、内戦開始後のことであった[16]。こうした点からも、中央にとって晋察冀辺区の状況は極めて大きな不満を覚えるものだったと考えられる。中央が土地改革の「成功」事例の情報を積極的に伝え報道させることは、晋察冀辺区指導部の姿勢を根本的に覆すために必要な措置であった。晋察冀辺区には、土地

改革という対地主階級闘争を実現するように中央から大きな圧力がかかっていたのである。

3）華北農村の社会・経済構造と闘争

では、なぜ晋察冀辺区では地主的土地所有を理由とした闘争が低調だったのだろうか。その理由について筆者はかつて論じたことがある[17]。このときの考察対象時期は1945年後半から46年前半であったが、「五四指示」以降も運動の内容が変化していないのであればその理由も同じであろう。晋察冀辺区の平野部においては農村の社会構成が自作農中心だったこと、また自然条件が厳しい西北部や山間地では土地生産性の低さのために寄生地主制が成立せず、地主と小作人の距離が近い「分種制」と呼ばれる形態が地主経営としては一般的だったことが、地主的土地所有を理由とする闘争を低調にしていたのである。このことは、本章で先に触れたような、反奸清算闘争を主に行っていた地域には平地と山地、北部と南部の別がなかったということにも対応していよう。したがって問題は、「対地主闘争によって土地改革を実現せよ」とする中央指導部の認識と指示が、華北（特に平野部）農村の現実から乖離していたということにあった。この点についても別章で明らかにしているので[18]、ここではその概略を述べておきたい。

共産党中央指導部が土地改革の実行を指示したとき、彼らがその政策が有効であることの根拠としたのは、1930年代前半に毛沢東が江西省で行った農村調査であった。その一つである興国調査では、農村の階層構成と土地所有状況について大略次のような数字が示されている。すなわち、人口では地主・富農6〜8％、中農20％、貧雇農61％であるにもかかわらず、所有地の面積では地主・富農が80％を占め、中農は15％、貧農は5％を占めるに過ぎない[19]、と。この数字は1947年10月決定の中国土地法大綱に示された数字と近似している。中国土地法大綱はその冒頭で次のように述べている。「農村人口の10％に満たない地主・富農が70〜80％の土地を占有し残酷に農民を搾取している。農村人口の90％以上を占める雇農・貧農・中農およびその

第3章　華北農村社会と基層幹部

他の人民は、合計でも20〜30％の土地を占有するにすぎず、一年中労働しても衣食が不足している」[20]、と。農村の階層構成と農地の所有状況がこのようであれば、地主・富農の所有地を10〜20％に抑え、没収した60％分の土地を中農・貧雇農に与えれば人口で90％を占める中農・貧雇農が80〜90％の土地をもつという状況を実現できる。土地改革はこうした農村の社会・経済構造を前提としてその有効性が期待される政策であった。華北（特に平野部）の現実との間に齟齬が生じるのは当然だったのである。

　このように中央指導部の持っていた農村社会認識と華北農村の現実との間にギャップがあったことは、掲載に際して辺区レベルの指導部の検閲を受けたはずの『晋察冀日報』記事にも痕跡をとどめている。そうした例の一つとして挙げられるのは、「貧農」と「佃農」が別のカテゴリーになっている記事である。たとえば1946年11月9日付「完県曲陽城関農民　従闘争中獲得土地」は、完県と曲陽では「今回、『耕者有其田』が実行されることを聞き……佃戸・労働者・貧農は自発的に地主を探して清算した」と記している。12月6日付「晋県六示範村　完成土地改革」も同様である。この記事では、晋県の「翻身運動に参加したのは農民（雇農・佃農・貧農・中農）のうち92.8％を占める」と記述されている。完県・曲陽・晋県はすべて平野部に位置する県である。さらに1947年1月9日付「熱河土地問題大部解決　転到深入複査階段」も、「土地分配において佃農や貸借関係にあった農民の得た利益は多く、雇用労働者や貧農の得た利益は少なかった」と表記する。これらの記事では、共産党本来の用語でいえば「貧農」に含まれる「佃農」を別のものとして扱っていた[21]。このような表記は「佃農ではない貧農」が相当数存在したことを示唆している。

　またこうした推測を裏づけるものとして、「貧農」を単に「貧しい農民」という意味で使っている記事が存在していることが挙げられる。たとえば1946年10月26日付「山東人民用血汗　建立起幸福的生活」は、土地改革の結果「赤貧が上昇して中農・貧農になった」とするが、同時に「全ての農民が耕作する土地を持っている」としており、「貧農」も耕地を所有しているとして

いる。ここでの「中農」「貧農」の区分は貧富の差として捉えられている。12月10日付「房山等地経土地改革　参軍献金頓形活躍」も同様である。この記事は房山（現北京市内）で反奸清算闘争の結果「赤貧で上昇して貧農になったものは11軒」と表記している。「赤貧から上昇して貧農になった」ということは「地主から土地を借りる小作農になった」という意味ではないだろう。この「貧農」もまた、地主的土地所有とは無関係な文字通りの「貧しい農民」の意味として使われているのである。

　このように平野部を扱った『晋察冀日報』の記事には「貧農」を「貧しい農民」の意味で使っているものが確実に存在していた。平野部では自作農が中心であったことに鑑みれば、こうした「貧農」の用法は彼らが持っていた実感に沿うものであったと解釈できる。つまり1946年に華北農村（特に平野部）で主に展開されていたのは、「貧しい農民（自作農）」が「恨まれている農民（自作農）」を反奸清算闘争の論理で攻撃する、という形の闘争であった。闘争者と被闘争者との間の差は相対的な貧富の差でしかなかったのである。

4）県・区・村幹部と社会関係

　しかしながら、自作農中心であった華北（特に平野部の）農村では地主に対する階級闘争ではなく反奸清算闘争が適合的であったとしても、必ずしもそうした闘争が一つの村で繰り返して行われ、その都度盛り上がりを見せていたわけではない。たとえば1946年12月1日付「平漢戦役解放的清苑新区群衆怎様発動起来？」は、反奸清算闘争で「漢奸特務」をどのように処理するかについて、村幹部には「成分〔中農であること〕を強調して罪の軽重を問わないという過ちが存在しているが、罪の軽重を重視するべきである」と述べている（清苑）。これは、反奸清算闘争ですら村幹部には村内の闘争を回避しようとする傾向が存在したことを示唆している。このような村幹部の姿勢を指摘する記事はほかにもある。

　たとえば1946年11月24日付「緊急備戦中如何発動群衆」は、おそらく大同県城内の様子を記事にしたものであるが、この記事は、村幹部に闘争を指

導させる場合、最初から村幹部自身の「街」で闘争することは難しいので、聯村闘争を組織して他「街」で経験を積ませたうえで自分の「街」で闘争を指導させるとうまくいくと述べている。最終的には自「街」で闘争を指導することにはなるものの、この記事は、村幹部には最初の段階では自「街」民を闘争対象にすることを躊躇する傾向があったことを教えている。また「他人の土地・財産を奪う」ことに対する抵抗感が幹部たちのなかでも強かったことを伝える記事もある。1946年12月7日付「土地改革中什麼阻碍幹部大胆放手」は、平野部から山間部に及ぶ青県・平定・五台・定県の経験を総括するものであるが、県・区・村幹部には、村内の封建搾取を消滅させるという重大な意義を軽視し、土地改革の対象を大地主・大悪覇・大漢奸に限定する傾向があること、また幹部自身に「土地所有権に関する正統思想」が存在しているため、闘争で地主に同情・配慮したり、ひどい場合には群衆闘争を制約することがあると述べている。ここでの「正統思想」とは、土地の所有者が正当な手続きを経て手に入れた財産を略奪することへの抵抗感のことであろう。他人の土地・財産を奪うことに対する抵抗感は大きく、ましてその対象が日頃から関わりのある「隣人」であればなおさらであった。

　こうした心理は一般村民においても同じであった。たとえば1946年12月27日付「史家橋区幹部『当婆婆』　錯定闘争対象致失敗」は、清苑で区幹部によって動員された人々が地主の家に清算に行ったところ、地主の妻と子供が泣くのをみて発言を控えたり後ろから逃げたりし、最初の200人が最後には40人になったという。また1947年1月18日「望都路東解放区　農民『旧脳筋』打開了」は、望都の群衆には「本村の者はあえて本村の人と闘争せず、外村の者と闘争する時には少し肝が太くなる」傾向があると指摘している。同姓村の場合はさらにこうした傾向は強くなった。2月3日付「打掉家族観念的金箍咒　詹荘発動群衆的経験（殿鈞）」は、244軒中210軒が詹姓である徐水県詹荘の状況を述べる中で、この村では「みんなは一家であり一人の祖先の子孫である」という意識が強く貧乏人への圧迫が糊塗されていたという。以上で挙げた清苑・望都・徐水はいずれも平野部に位置しているが、自立的

経営を行う農民が多かったと考えられるこれらの地域でも、同村民を対象とした闘争は村民にとって心理的ハードルが高かったのである。村幹部も同様であった。

もちろん、これらの記事に登場する村幹部も共産党によって幹部と認められている以上、かつて何らかの闘争において「積極分子」として現れた人びとであったことは間違いない。その際には個人的な恨みをバネとして闘争対象を打倒し「闘争の果実」の分配を受けたはずである（闘争対象は、同村民である場合も、聯合闘争のように村幹部にとって村外者である場合もあっただろう）。したがってここで問題となっていたのは、彼らが村幹部となって以降の村内の闘争のあり方であった。すでに個人的な恨みを晴らした村幹部にとって、次の（しかも同村民の）闘争対象と闘争することは深刻な葛藤を引き起こしていたのである。

このように、華北村落の住民にとって日常的に顔を合わせている「隣人」は特別な意味を持っていた。ここで華北村落における社会関係について補足しておきたい。中生勝美は華北農村において住民同士が世代の呼称で呼び合う「街坊之輩」について検討し、村民同士は互いの世代のランクを明確に認識しており、村落の中の既存の世代ランクに位置づけられることが「本村人」の条件であったと指摘している[22]。華北平原では、村という枠組みは互いに知悉している人々の集合として意味を持っていたといえよう。また筆者が『中国農村慣行調査』に基づいて考察したところによれば、1940年代初頭、華北村落の社会秩序は、顔見知りの間柄にある住民たちが互いに「他人の面子を傷つけず、自分の面子を損なうような行為をせず、自分の面子を損なう相手とは付き合わない」という意識を持って行動することによって保たれていた[23]。土地売買を仲介してくれた人の面子を潰さないという意識が取引でのトラブルを未然に防ぎ、紛争の調停に立った人の面子を傷つけないという意識が紛争を訴訟になる前に終息させていた。借金や小作契約においても、仲介した人の面子を損なわないという意識が金銭や土地の貸借に一定の信用を与えていた。

もちろんこうした面子意識に基づく規範を蔑ろにすることは可能であった。面子を傷つけたことに対する制裁は、それ以後、村内に土地取引の仲介や紛

争の調停を行ってくれる人がいなくなるというだけで直ちに物理的な制裁が与えられるわけではなかったからである。そのため生活に窮している貧者ほど面子を蔑ろにした行動をとる可能性が高かった。また面子を強く意識する相手は自分の生存戦略との関係で任意に決定されており、必ずしも同村民という枠組みと一致するものでもなかった（日常的に村民の面子には配慮していないように見える貧者でも、自分の生存にとって欠かせない相手〈たとえば土地を借りている地主〉の面子は強く意識して行動していた）。したがって、村落を超越する人的ネットワークを持ち、その人的ネットワークこそが生存・上昇戦略にとって重要な人（広域で活動する富裕者や、県政府などとの繋がりを社会的資源とする有力者）は、貧者とはまったく異なった動機で自分が居住する村落社会内の面子関係に配慮する必要性が相対的に薄くなった。『中国農村慣行調査』のなかには、こうした富裕者や地域の有力者が村落内の貧者を「手先」として使い、村落の住民を食い物にしてさらに富裕化していく事例が記載されている。

　このような華北農村の社会関係のあり方を踏まえれば、村落の住民（村幹部を含む）が「隣人」と闘争することに大きなストレスを感じていたことは容易に理解できる。日ごろから何らかの付き合いのある人の土地を没収し分配することは、自分自身の村落社会内のネットワークに対して大きなダメージを与える可能性があったからである。しかも闘争を担った「積極分子」は、闘争の結果、土地・財産を取得して生業の中に農業の占める比率が大きい村民へと転身していた。このことは彼をいっそう村落内の人的ネットワークに配慮しなければならない立場に立たせることになったと考えられる。これが、1946年後半の『晋察冀日報』が伝える村幹部のふるまいの理由、すなわち仮に彼が「積極分子」として出現した際の清算闘争は激烈であったとしても、その闘争が終わった後は他の闘争対象（となる可能性がある人物）に対する闘争には消極的だった理由であった。逆に、日常的に村落を超越する領域で活動していた人を闘争対象とすることは、確かに彼が地域の有力者であることは一定の恐怖を感じさせたであろうが、心理的な負担は日常的に面子を意

識してきた相手を対象にするよりは軽かったと推測できる。複数の村が参加して共通する「大悪覇」と対決する聯合闘争が盛り上がりを見せるのはこのような社会関係の現れとして理解できよう。

しかし、村よりも上級の幹部である県区幹部の事情は村幹部とは根本的に異なっていた。1946年12月18日付の記事「霊邱検討領導英模中的偏向」が「県区幹部はみな異動が多く、新旧の引き継ぎをせず、新幹部は英雄が誰であるかを理解せず、養成を助けることができない。ひどい場合には流言に惑わされて英雄に打撃を与えている」とするように、彼らは異動を常とする外来者であり、必ずしも管轄する基層社会の住民たちの面子に配慮して住民たちと人的ネットワークを結ぶ必要がない人びとだったからである。彼らは村幹部とは異なり、村落住民同士の闘争を促し、闘争の実現を最優先で考えることのできる人びとであった。

また村落社会内には、こうした県区幹部に呼応し、自らの「恨み」を晴らそうとする、あるいは自分の面子を蔑ろにしても物質的な利益を得ることを優先しようとする貧者が確実に存在したはずである。「次」の闘争を実現したい彼らにとって、闘争の継続を要求する県区幹部とは利害が一致していた。そして中央レベルの指導者は、「広範な地主的土地所有の展開と地主による農民支配」という農村像を念頭に華北の村落内における土地の没収と分配の実現を確実視していた（しかも広大で多様な共産党支配地域の中には、蘇皖辺区のように実際に「実現」させた（と見なされていた）地域も存在した）。この中央の認識と姿勢は、村幹部ではなく県区幹部と貧民に正当性を賦与するものであった。村幹部は、このように「次の闘争」をめぐって「上」と「下」からの圧力を受けていたのである。

第2節　土地改革の展開と村幹部

1) 土地改革運動初期における対地主闘争と村幹部

以上、1946年後半における基層社会での闘争のあり方とそれを指導する村

第 3 章　華北農村社会と基層幹部

幹部の姿勢について見てきた。以下では、国共内戦と土地改革運動の具体的な展開の中で、上述のような姿勢を見せていた村幹部はどのような扱いを受けたのか、土地改革政策を実施するうえで想定されていた「現実」と華北農村の客観的現実との間のギャップはどのように解決されたのかといった諸問題について明らかにしていきたい。

　1946 年 7 月から全面的な国共内戦が始まったことを受けて、7 月末ごろより「献地（献田）運動」が展開された。献地運動とは自発的に所有地を献上して貧民への分配に供することである。7 月 28 日付「宣化県長李鋒献地百余畝」は、中共晋察冀中央局・辺区委員会・察哈爾省委が献地の呼びかけを行った結果、宣化県長が献地して模範を示したことを報じている。また 7 月 30 日付「察南察北等地区　献地模範継続湧現」は察哈爾省の党員の間で献地が活発化したことを報じ、8 月 2 日付「遵化実業科長于更新　自動献田八十畝」も実家が地主である党員が献地したことを伝えている（遵化）。このように初期には主として党員や幹部によって盛んに献地が行われた。

　こうした動きに続いて『晋察冀日報』上では地主や富農が献地したとする記事が増えていく。7 月 28 日付「忻県参議員宿殿□　自動清算額外剥削」は地主である忻県参議員が「自発的に」献地したとし、8 月 3 日付「献地運動継続拡展」も宣化で不在地主や在村地主が献地したことを伝える。また 8 月 28 日付「辺区各地　献地者仍極踊躍」は、天鎮と延慶で党員に混じって「開明地主」も献地したと報じている。こうした動きの背景には群衆闘争の広がりや激化があった。8 月 28 日付「懐来群運開展神速　由於領導上大胆放手」は、「悪覇」に対する群衆闘争を見て恐怖した富農が献地したと率直に描き（懐来）、9 月 27 日付「五台新解放区　清算闘争遍四十村　閻偽悪覇償還血債」も群衆運動の展開を見て地主が献地したと報じている（五台）。前者は「富農のなかに政策に対する誤解が生じている」ことを伝える文脈で書かれたものであり、後者は群衆運動の威力を称揚する目的で書かれたものであるが、いずれも群衆闘争が強い圧力となっていたことを伝えている。「自発的な献地」と「強制的な献地」との境界は曖昧であった。なお、ここで挙げた宣化・懐来・天

103

鎮・延慶は察哈爾省に位置し、比較的大規模な経営が見られた地域である。「広大な土地を所有する地主が貧民に農地を分配する」ことが実現しやすい地域であったといえよう。

　しかしここで注目しておくべきことは、この時期の『晋察冀日報』はこうした献地を好意的に描いていたという点である。たとえば前掲の7月28日付「忻県参議員宿殿□　自動清算額外剥削」記事は次のように叙述している。「忻県参議員で2区田家堰の地主・宿殿□先生は、自ら佃戸に願い出て、過去の行き過ぎた搾取を清算した。……宿殿□先生のこうした開明的な態度は、群衆の熱烈な賛同を広く獲得した。このため清算大会は、和気藹々とした雰囲気の中で進んだ」。上で紹介したその他の献地記事も同様に融和的な雰囲気を伝えている。

　こうした『晋察冀日報』の姿勢は、9月中旬に紙面に「土地改革」という単語が出現して以降も変わらなかった。以下に見るように地主との協調は是認され、11月ごろまでは献地によって実現した土地の取得と分配を土地改革の成果として誇っていたのである。たとえば10月10日付「土地改革獲得勝利　易県人民踴躍参戦」は、次のように述べている。「9月1日から易県全県の442の村の農民は轟々烈々とした反漢奸・退租・負担の返還闘争を開始し、10日間で数千年来の封建搾取を徹底的に消滅させた。農民は主人になり、開明的な地主は自発的に献田した。……農民は寛大であり、各階層の人士に対してそれぞれ配慮した。一般の中小地主に対しては、富農や富裕中農の生活を保全した。たとえば易県城内の地主である冷近臣は、30畝の良い土地を残された。陳紫蓬は家族3人で60畝余りの土地を残され、長工を雇って富農の生活をしている」。また9月25日付「山東濱海区四県　展開耕者有其田闘争」は山東省発の情報を掲載したものであるが、ここでも土地改革で地主に大幅に譲歩したことは肯定的に伝えられている。「濱海解放区の莒県、竺庭、日照、臨淄の4県では数十万人の農民が『耕者有其田』〔耕作者がその土地を所有する〕を達成するために闘争している。……小作農の地主に対する譲歩は非常に大きく、たとえば日照県の山子河村で地主鄭徳路を清算した結果は……僅

かに20万元を清算しただけであった。また彼には土地22畝と家屋の全てを残しその生活に配慮した」。11月26日付「山東達到『耕者有其田』 千余万農民獲得土地」も同様である。「山東解放区ではすでに一千万余りの農民が『耕者有其田』に達した。……運動においては、一般の中小地主の多くは政府の仲裁によって合理的に解決し、そのまま残された田は中農に比べて3分の1から1倍多く、裕福に暮らしている」。先に見た12月14日付『解放日報』社説で「成功」例の一つとして位置づけられていた山東解放区の紹介記事ですら、地主との協調や地主への配慮・譲歩は肯定的に語られていたのである。

ところで、このように地主との関係が融和的であることが許されるのであれば、党が村幹部に対して地主との階級闘争の実現を過度に求める必要性は低くなるだろう。実際、この時期の晋察冀辺区の上級党組織は村幹部に対して厳しい目を向けていなかった。むしろ農村工作成功の鍵は村幹部が握っているとする認識さえ示していたのである。

たとえば1946年8月28日付「懐来群運開展神速 由於領導上大胆放手」は、「懐来の群衆運動がかくも迅速に展開したのは、主として指導の面で大胆に放手したからである」とし、具体的には「一面では、群衆と村幹部を信じて依拠し、また一面では思想面・政策面で指導を強化した」ことが「減租清算闘争」が成功した要因であったとする。一般に「指導面で放手した」という表現は「村幹部に群衆を抑制することをやめさせた」という文脈で使われることが多いが、ここでは「群衆と村幹部に依拠した」ことを指しているという点が特徴的である。同様に11月22日付「冀晋各地土地改革 完成示範全面展開」は、冀晋区で従来の運動がうまく行かなかった理由について以下のように分析している。「×県は『左』を防ぐために特に下級が上級に服従することを強調した。こうした『左』をおそれる思想は良くないことである。それによって、幹部、特に村幹部を信じず、群衆を信じず、村幹部や群衆が手足を縮め……という状況を作り出してしまった」。ここでも、「村幹部」は「群衆」と同列のアクターとして闘争の成否のカギを握る存在とされている。

以上みてきたところをまとめると次のようになろう。すなわち、1946年11

月ごろまでは、鋭い階級対立や激しい対地主闘争を経なくても、土地を取得・分配できさえすれば肯定する姿勢が晋察冀辺区の中にはみられた。地主に対する融和的な姿勢も許容された。またそうした状況を背景として、農村闘争において上級党組織が依拠すべき人びととして「群衆」と並んで「村幹部」も挙げられていた。この時期、上級党組織から見たときの社会内諸アクターは、「県・区幹部／村幹部・群衆」という枠組みで括られていたといえる。

2) 土地改革運動の展開と村幹部に対する疑念

しかしこのような状況は 1946 年 11 月以降大きく転換する。『晋察冀日報』上に土地改革が順調に進んでいないことを指摘する記事が出現し、その原因として「村幹部」が挙げられる傾向が強まるのである。たとえば 11 月 17 日付「幇助農民自己翻身　寧晋獲得初歩経験」は次のように述べる。

> 辛荘の地主は積極的に農民のご機嫌を取り、物を贈り、自発的に土地を与えている。村幹部に対してはよりいっそう明確である。10 月初めに城内の新寧村……などで翻身闘争が始まると、地主階級は農民の威力のもと続々と「献地」を申し出て闘争を逃れ、自分の罪悪を隠そうとした。ある者は村幹部に贈賄して闘争を破壊した。しかしすべて農民の翻身の炎によって粉砕された（寧晋）。

11 月 21 日付「及時解釈糾正偏差　孔荘子群衆発動得好」も同様である。固安県の県区幹部が孔荘子村を訪問したところ群衆は冷淡であったが、それは「悪覇地主」が権勢を張っていたからであった。彼は清算復仇の闘争対象になることを免れるために「立場が不安定な区・村幹部を買収した」。記事は、当時村で闘争を指導していた「楊助理員」を県区幹部が更迭したところ農民は闘争を始めたとする。

また、村幹部が地主に操縦されていたために闘争が逸脱したとするのが 1947 年 1 月 12 日付「領導上忽視小村土地改革　尼馬村地主倒打一耙」である。

晋県5区の尼馬村は30軒の小村である。……この村の村幹部は中農に対して清算を進行した。情報が区幹部の耳に達すると区幹部は急いで行って群衆大会を開き、政策を説明し、止めようとした。しかし既に3軒の中農を清算してしまっていた。

区幹部がこの間の事情について情報収集したところ、「事変前に1頃以上の土地を持っていた」田小懐によって「村長・治安員は仲間に引き入れられて」おり、「村幹部は田小懐の操縦の下に中農を清算した」ことが分かったという。

やがて、村幹部が闘争に消極的な理由をその階級的出自に求める記事も出現する。1946年12月28日付「開展翻身大検査中　領導思想的我見（賈夢月）」は、1946年12月、冀晋区党委が同区の土地改革が徹底されていないという認識に基づき管轄下の各地に実施を指示した検査運動を批評したものであるが、そこでは区村幹部には「封建的搾取を消滅させることへの決心の低さ」という問題が存在するとして次のように述べている。

現在、確かに一部の同志は封建的搾取を消滅させることに対して決心がない。特に一部の地主や富農出身の同志はそうである。彼らは地主に対して無自覚な「憐みの心」を持ち、総じて彼らがすでに「だいたい」闘争され、「何も持っていない」と感じている。彼らに対する群衆の厳しい革命的な行動を見ると、……群衆が「行き過ぎ」であると恨み、地主に同情する。

12月29日付「選積極分子当村長　唐県南関闘争獲勝」も同様である。

闘争に消極的で、金持ちを優遇する富農の村幹部を更迭し、積極分子の工会主任を選挙して村長にし、唐県南関の土地改革は勝利を獲得した。県区工作組が行った時、一部の幹部は次のように言った。「材料が

ない！　何を闘争するのか！」「群衆は右傾しており発動できない。混乱した状況になるのを恐れる！」と。しかしひとたび深く入って調査すると、これらの村幹部が言っていることは、全て群衆の状況ではなく、実際には彼ら自身が恐れているのであり、それであえてやろうとしていない〔ということが分かった〕。……群衆の要求のもと、彼を更迭し、積極分子の工会主任を村長にした。村幹部の状況が変化すると、11月23日に悪覇王老建を打倒した。

このように、1946年11月ごろから村幹部に由来する障害のため辺区内の土地改革は不十分であるとする報道が現れていた。とすれば、前の時期の記事に見られた「県・区幹部／村幹部・群衆」という枠組みは維持できなくなるだろう。実際に12月以降、『晋察冀日報』には「県区幹部・群衆／村幹部・地主」という枠組みでの説明が出現するのである。

たとえば12月10日付「土地改革由翻心着手」は、粛寧では地主が村幹部に賄賂を贈って群衆を脅かそうとしていたと述べたうえで、次のように報じている。

かつて発動が不徹底だった村、あるいは経済的には土地を獲得したが政治的には翻身覚悟のなかった村に対しては〔県区幹部が〕継続して深く入って群衆を発動し、闘争を進行している。現在、県区幹部は……村ごとに責任を持ち、深く群衆の中に入り、理解と掌握を行っている。

ここからは、県区幹部が直接村に入り、村幹部を飛び越えて群衆と直結する形で闘争を起こそうとしていたことが分かる。12月10日付「安国二十五村土地還家　窮光蛋全変了中農」も区幹部が直接群衆を指導したことを次のように伝える。

〔安国県〕2区の土地改革の中では、指導において1村ずつ掌握して清算するという方法を採用し、村内の全ての問題を徹底的に解決した。この区は特務・漢奸がはびこり人民に与えた苦痛も最も深かった。区幹部は群衆を指導してこの問題を解決することに特に注意し、広大な群衆は非常に素早く発動された。

このように県区幹部が群衆と直結して運動を展開するのであれば、「土地改革を妨げていた村幹部」は排除されることになる。12月13日付「静海当灘頭農民翻身　発動三次才取勝」は、大地主が長期間支配していた静海県当灘頭では、群衆も区幹部も大地主と闘争しようとしなかったが、県幹部が粘り強く工作したところ群衆発動に成功し、「農民たちは地主の尻尾だった×村長を解職し、闘争指導者を選挙して村長にした」と報じる。先に同姓村における闘争の困難さを指摘する際に挙げた1947年2月3日付「打掉家族観念的金箍咒　詹荘発動群衆的経験（殿鈞）」も同様に、県区幹部が入って群衆に直接働きかけた結果、「この村の農民闘争はすでに勝利を獲得し、まさに村の指導を改造し、組織を整理している」と述べ、「思想が右傾し」地主との闘争を避けてきた村幹部が更迭されたとしている（徐水）。

もちろん、すべての村幹部が土地改革の阻害要因として疑われ排除されたわけではない。たとえば1946年12月23日付「任邱労働英雄組翻身隊　幇助隣村闘争」は、土地改革が完成した村の幹部が翻身隊を組織して他村の運動を支援したことを伝えている（任邱）。しかしこの記事では同時に「該村〔支援を受けた村〕の村幹部は彼ら〔翻身隊〕を軽視したが、彼らは気を抜かずに深く入って工作したところ、該村の群衆は発動された」とされており、支援を受けた側の村の村幹部は、発動できる群衆を発動しなかった「不熱心」な幹部として描かれている。村幹部に問題があるとする説明の枠組みを逸脱するものではない。

以上のように『晋察冀日報』は、11月以降、農村における土地改革は不徹底であり、その原因は村幹部にあるとする報道へと大きく転換した。この時

期に、晋察冀辺区指導部の姿勢が変化したのである。しかも注目すべきは、村幹部の「問題」を指摘するこれら（寧晋・固安・晋県・唐県・粛寧・安国・静海・徐水・任邱）の記事がいずれも平野部の事例を記したものだったという点である。こうした地域では社会・経済の構造から共産党中央指導部が想定する形での対地主闘争が困難だったことは前述のとおりである。

なお、このように村幹部と地主との結託が問題視される状況の下では、前の時期には肯定的に捉えられていた献地も「闘争を妨害する行為」として批判されるようになる。1946年11月5日付「霊壽検査土地改革中的偏向」は、「霊邱で最近行われた、土地改革を検査する模範村での工作では県区幹部の指導において以下の幾つかの偏向が発見された」とし、そのなかの一つとして「一部の地主は闘争対象であったが、風向きが悪いのを見て、機先を制して献地した。そのうち、本当に開明的であるものもいたが、開明を装うものもいた。しかし、我々は全て受け入れた。単純に土地を要求するだけで、群衆発動を軽視するこうしたやり方は、妥当ではない」と述べている。また11月17日付「幇助農民自己翻身　寧晋獲得初歩経験」は、村幹部に対する疑念とセットで地主の献地を否定的に伝えている。

> 辛荘の地主は積極的に農民のご機嫌を取り、物を贈り、自発的に土地を与えている。村幹部に対してはよりいっそう明確である。10月初めに城内の新寧村……などで翻身闘争が始まると、地主階級は農民の威力の下、続々と「献地」を申し出て闘争を逃れ、自分の罪悪を隠そうとした。ある者は村幹部に贈賄して闘争を破壊した。しかし、すべて農民の翻身の炎によって粉砕された。

さらに12月1日付「九地委全面検査土地改革」は、冀中区第九行政専員公署（清苑・定県・安国・安平などを所轄[24]）が11月15日に所属各県の県委書記聯席会議を開いて土地改革を検討する中で、「単純な経済観点と普遍的に存在する『献田』思想を克服した」という。これは「献地であったとしても、

地主の土地を取得し分配すればそれでよい」とする考え方を克服したということであろう。献地は今や地主が闘争を妨害する行為であった。

　このように、1946年11月以降、晋察冀辺区では地主との対決姿勢が明確になっていた。そうした姿勢の背後にあったのは、土地改革が不振であるという認識であり、その原因が村幹部の姿勢や階級的出自にあるとする認識であった。こうした変化を受けて、共産党支配地域にはこの時期「村幹部路線」という用語が生み出され、その克服が求められている（1946年11月10日付「冀南新解放区　初歩完成土地改革」）。「村幹部路線」とは、土地改革をはじめとする農村闘争を村幹部に丸投げし、彼らに全面的に依拠するという上級の姿勢のことである。このようにこの時期の上級党組織が認識していた主たる問題は、「分配する土地の不足」や「分配の不平等」などではなく、「継起しない群衆闘争」であり「土地改革の不徹底」であった。その原因としての村幹部批判だったのである。

　では、なぜ1946年11月にこうした転換があったのだろうか。それはおそらく内戦の戦況悪化と関連したものだったであろう。1946年7月に全面的な国共内戦が始まると当初の予想通り国民政府軍が共産党軍を圧倒し、夏以降、共産党支配地域に大きな打撃を与えつつあった。晋察冀辺区も深刻な危機にさらされており、辺区政府が置かれていた張家口市は9月に国民政府軍によって包囲され、9月29日から張家口防衛戦が始まっていた。そして10月12日には市内から共産党軍が撤退して防衛戦は終了し、同時に周辺地域からも共産党軍主力が撤退したのである[25]。

　ではなぜ、このように晋察冀辺区が大きな軍事的危機に直面していたことが、地主への対決姿勢の強化・村幹部への疑念に結びつくのか。それは、毛沢東が1946年10月1日の党内指示において「五四指示を断固として実行しなかったり、非常に遅れたり……口実を設けて土地改革を軽視した地域では農民は様子見の立場に立っている」としたように[26]、共産党内では土地改革の成否が軍事力の強弱を決定すると考えられていたからであった。前掲の10月27日付「土地改革与自衛戦争結合的経験」も、国民政府軍を何度も退けて

いた蘇皖辺区の事例を紹介して以下のように結論づけている。「これらはすべて土地改革を行って初めて人民は積極的に戦争を支援することができるということを説明している。群衆の思想の中では土地を獲得することと土地を守ることは不可分である。したがって……游撃戦争を発動する際には必ず土地を求め土地を守ろうとする群衆の思想を掌握し、両者を結合させなければならない。逆に土地改革が自衛戦争と孤立して進められるならばそれは絶対にダメである」

このように土地改革と「自衛戦争」とを因果関係で捉える主張は、その後1946年12月14日付の『解放日報』社説でより明確な形で述べられることになる。「5カ月余りの自衛戦の経験は以下のことを証明している。すなわち、土地改革がうまくいっている場所では愛国自衛戦争への群衆の参加はますます決然としたものになり、勝ち戦も次第に多くなっている」。このように社説では、群衆を立ち上がらせて土地改革を行うことは「自衛戦争」の維持・発展に必須であるという理解が示されていた。これを逆から言えば、晋察冀辺区の戦況が悪化したのは土地改革が不十分だったからであり、また土地改革の不十分さを戦況の悪化が証明しているという解釈が成立することになる。その結果、晋察冀辺区ではこの時期に地主との対決姿勢が強化され、村幹部が「土地改革に積極的ではなく、むしろ運動を妨害している」として批判されたのである。1-1)で指摘したように12月以降「土地改革が成功している」とする報道が増えたのは、こうした転換を反映したものであった。

3）土地改革の点検と全国土地会議

1946年後半の戦局の悪化と張家口市の失陥、さらには土地改革の徹底度と戦況を因果関係で説明する認識の提示は、晋察冀辺区にとって大きな圧力になった。さらに1947年2月1日には、中共中央から全党に対し土地改革の覆査（点検）を命じる指示が出された（1947年2月1日「迎接中国革命的新高潮」[27]。執筆は毛沢東）。これを受けて晋察冀中央局は、2月4日から18日まで冀晋区党委・冀中区党委・察哈爾省委などを招集して土地改革彙報会を開

催し、この間の土地改革を総括した。そこで確認されたのは、中央の指示のとおり未完の地域において土地改革を徹底的に実行することであり、さらにすでに土地改革を終えたとされた地域に対する「覆査」(点検)であった。会議を主宰した劉瀾濤は、今後の課題は土地改革のさらなる推進であり、そのためには徹底した覆査が必要であると特に強調している(1947年3月21日付「中央局召開彙報会議　初歩総結土地改革」)。この方針は、延安が3月19日に陥落するなかで直ちに実行された。その結果、3月以降の『晋察冀日報』には覆査の結果を報じる記事が掲載されていく。そこでの論調は、土地改革が完了したと思われていた地域では多くの問題があり、それは村幹部に起因するというものであった。

　たとえば冀晋区の渾源県5区の豊台舗村では、「最近、□〔文字不鮮明。「県」か？〕幹部がこの村に行って土地改革を検査したところ、統累税の不公平や、金持ちが巧みに悪い土地を献上して良くて近い土地を保留するなどの問題が発見され」、村民による選挙によって村政権を改造したという(1947年3月27日付「検査土地改革清理村財政中　豊台舗等村政権獲改造」)。4月8日付「大同覆査経験」も同様である。「大同県の翻身検査の中で発見された主要な問題は、一部の地主悪覇が網から漏れ封建勢力が徹底的に打倒されておらず、群衆はまだ十分に発動されていないことであり、少数の村では勝利の果実がまだ群衆の手中に分配されていないことである。……これはかつて幹部が庇っていたためであり、地主が網から漏れたのである」

　5月には覆査の結果を総括する段階に入ったが記事の論調は変わらなかった。5月8日付「領導機関親自下手　十七地委下郷覆査　青西某些地主土地未動」は、冀東区の青西県で行われた覆査について次のように述べる。「3月初め、地委が自ら青西に赴いて3つの村で覆査の模範提示を行ったところ、土地改革が極めて不徹底であり、多くの地主の土地が依然として動いていないことが発見された。たとえば大×村の3軒の地主の600畝の土地は、去年、口では農民によって清算されたとしたが、一部の村幹部の庇護の下、地主は『自発的に』献地したものの、いまだに農民には返されておらず、地主たちは

大部分の土地を留保している。……一部の村では村政権はおろか農会までも地主の手中に掌握されている」。冀中区任河（任邱・河間）3区での覆査を伝える5月24日付「任河大高荘子土地複査　掲穿仮闘争算倒奸地主」も同様である。「当村〔大高荘子〕は去年の土地改革のとき、村長と一部の幹部が地主によって篭絡され、立場が不安定であったため偽闘争を展開した。……村幹部は区に『我われの村の民衆はすべて翻身した』と報告した。真相が発覚したあと村長は更迭されたが、その他の多くの幹部は依然として地主に篭絡されたままであり、工作において重大な強迫命令をしたり、大いに飲み食いしたりするなど群衆から離脱した。……覆査が進む中で、まず以上の状況に基づいて村幹部に対して教育を行い、悪い幹部を取り除」いたとする。1947年春に行われた覆査は、「土地改革は不徹底であり、その原因は地主と癒着した村幹部にある」という、当初の見込みの「正しさ」を再確認するような報告を多数もたらしたのである。

　なお、このように1946年夏以降の土地改革の「不徹底」の責任を村幹部に負わせることは、より上級の幹部にとっておそらく必要なことであった。というのは、中央レベルの指導者のなかには、同時期、土地改革不徹底の原因は村幹部を指導する県区幹部にあるとする認識が存在していたからである。延安陥落後、国民政府軍の追撃により陝西省から山西省への逃避行を続けていた劉少奇は、1947年4月に山西省（晋綏区）の農村で土地改革の現状を視察した。その視察を踏まえて劉少奇が「晋綏同志」に宛てて出した手紙（1947年4月22日「劉少奇関於徹底解決土地問題給晋綏同志的一封信」[28]）には、次のように記されている。

> 途中では、多くの我われの幹部が群衆を信用せず群衆の自発性と運動の自発性を恐れる例を聞いた。幾つかの地方では群衆は地主や悪霸と闘争しようとしたが、我われの政府や幹部は各種の"理由"をつけて群衆の闘争を許さず群衆の行動を阻止した。……我われの幹部は群衆を信用せず……群衆の意見を尊重せず傾聴せず、群衆の自覚と自発性に

依拠せずに群衆運動を指導したが、これがあなた達がここで多くの群衆運動に失敗した原因である。このほか各種の組織のなかでは地主と妥協する傾向があり、ある人は陰に陽に群衆運動と土地改革を故意に阻害したり破壊しようとする傾向が非常に重大であった。

ここで劉少奇が「我われの幹部」と呼んでいるのは、次の引用でも確認できるように、村幹部だけではなくより上級の県区幹部などを含んでいる。劉少奇は晋綏区の党員全体に対して「地主と妥協する傾向」や「土地改革を故意に阻害する傾向」があり、そのために土地改革を行いたいとする群衆の行動を抑圧していると非難しているのである。したがって、劉少奇によれば、土地改革を推進しようとすれば群衆にストップをかけている「悪い幹部」を排除しなければならない。「手紙」は続けて次のように述べている。

この問題に対しては、原則的な解決は以下のようである。すなわち、一面では、我われのいかなる幹部も、各級の責任者を含めて、すべて群衆の切実でまったくおざなりではない考察と鑑定を受けなければならない。群衆は、我われのいかなる幹部でも批判し更迭する完全な権利と自由をもっている。……群衆が我われのいかなる幹部・いかなる過ちや欠点でも暴露し批判することを些かでも阻止してはならない。なぜなら群衆の民主的権利を保護し、群衆が村・区・県などの各級の責任ある幹部－人民自身の勤務員である－をあえて批判し、暴露し、更迭する積極性と勇気を保護することは、我われの一部の幹部を愛惜することに比べてずっと重要だからであり……

もっとも、この「手紙」は「晋綏同志」に対して出されたものであり、7月25日付で毛沢東が「この手紙をすべての地域に送れ」と指示しているところから見て[29]、4月の時点で晋察冀辺区をはじめとする他の辺区の指導者がその内容を知っていたとは考えられない。しかし、たとえば冀中区が同年4月

1日付で「五四指示」以来の自区の土地改革の不徹底さを「1942年の減租政策を堅持する立場から、群衆運動を極左であると認識した同志の多くは……農民の真の要求を受け止めることができず……1942年の減租政策を冀中の具体的な状況の中で具体化することができなかった」と自己批判し、「全ての幹部は毛主席・劉少奇同志の群衆路線に関する報告の精神を学ばなければならない」としていることからは、この時期に「晋綏同志」と同様の圧力が他の地区の指導者にもかかっていたことが窺えよう[30]。

一方、中央にとってもこの問題は重大であった。彼らの認識では土地改革の成否は「自衛戦争」の行方に直結するものだったからである。現在の軍事的劣勢を跳ね返すためには土地改革を徹底しなければならない。そのための方策を議論する場として設定されたのが、1947年7月17日から9月13日まで河北省平山県西柏坡村で開催された中国共産党全国土地会議であった。この会議では、土地改革を阻害する要因をいかにして取り除くかが議論の焦点となった[31]。そしてその結果決定されたのが、下記の条文を持つ中国土地法大綱であった。

中国土地法大綱（中国共産党全国土地会議1947年9月13日通過[32]）
第15条　土地改革中の一切の措置が絶対多数の人民の利益と意思に符合することを保障するため、政府は人民の民主的権利を切実に保障する責任を負い、農民及びその代表には各種の会議の上で、各方面・各級の一切の幹部を自由に批判する全権を有すること、また各種の相当の会議において政府や農民団体のなかの一切の幹部を自由に更迭したり選挙する全権を有することを保障する。上述の人民の民主的権利を侵犯するものは、人民法廷の審判および処分を受けなければならない。

このように中央指導部は、人民（群衆）の力によって「土地改革を阻害して

いる要因」である各級幹部を排除し、土地改革を推進することを決定した。以後、貧民は既存の基層幹部（とりわけ村幹部）をターゲットにした闘争を「土地改革」の名のもとに展開することになるだろう。土地改革という政策が前提としていた社会・経済構造と、現実の社会・経済構造とのギャップは、村幹部の身上で解決されることになったのである。

おわりに

　以上、本章で述べてきたことを要約すると次のようになる。すなわち、華北農村社会の客観的現実と中央指導者の頭の中にあった「現実」との間には乖離が存在した。それゆえに1946年後半以降の土地改革は想定されていたようには進行しなかったが、中央レベルの指導者たちが「現実」認識を堅持したため、晋察冀辺区と分区の指導部に大きな圧力がかかった。彼らは、1946年11月ごろから土地改革不振の原因が村幹部にあるとする説明を展開して上級からの問責を回避した。中央レベル指導者もこの説明を共有し、土地改革を推進するための「処方箋」を作成した。それが、土地改革を阻害する一切の幹部に対する人民の批判を是認する条文を持つ中国土地法大綱であった。以上である。

　では、このような展開は共産党の支配体制にどのような影響を与えたのだろうか。客観的現実と「認識された現実」とのギャップに由来する問題の責任を村幹部に負わせたことは、共産党の支配体制の基盤を揺るがせたのだろうか。―否である。詳細は別稿[33]に譲るが、結果的にはこうした展開は社会に対する共産党の統治能力・操作能力を向上させた。その理由は以下のとおりである。土地法大綱の呼びかけに応じた貧民が既存の村幹部や恨みに思う富裕者を打倒したとしても、被闘争者が共産党本来の指標に基づく地主でない限り、覆査を受ければその闘争は「行き過ぎ」とされ、場合によっては「偽革命によって革命陣営を撹乱・分断しようとした階級敵」とされる可能性があった。土地法大綱のもとで既存の幹部や富裕者を打倒した貧民が安泰でい

られたのは、彼らの行為が「土地改革（革命）である」と認定されている間だけであった。実際には土地改革としての内実に乏しい以上、自分がいつ、打倒した既存の基層幹部と同じ立場に立たされることになるかわからなかったのである。「隣人」を攻撃した人びとを周囲の怨嗟の目から守るのは、共産党による「彼は革命者である」という認定しかなかった。逆説的ではあるが、共産党の社会に対する統治・操作能力は、客観的現実とズレのある政策を強引に実行させたからこそ向上したのである。

　それにしても、なぜこのような展開が可能になったのだろうか。共産党は、なぜ既存の秩序や社会関係を破って「隣人」と闘争する人びとを獲得することができたのだろうか。この問題を解くのは「社会に巣くう声」の存在である。それは、日中戦争中、華北社会に日本軍から課せられた有形無形の徴発を担い命じた人びとに対する鬱積した憎悪であった。

　といっても、ナショナリズムの発露としての「対日協力」への反発ではない。負担を転嫁したこと、徴発の際に私腹を肥やしたこと、日本軍の威を借りて横暴なふるまいをしたこと、こうしたことへの憎悪が、共産党の呼び掛ける反奸清算闘争に呼応して「隣人」と闘争する人びとを一定の規模で存在させていたのである。本章は先に「反奸清算闘争は華北農村社会に適合的であった」と述べたが、それは、こうした条件があってのことであった。華北農村社会の住民にとって「階級敵」は実感できなくても、「自分を苦しめた人物」ならば容易に実感できた。共産党はそうした農村住民の感情を刺激して社会に生じていた亀裂を広げ、それによって自らの統治力を強化することに成功したのである。

《注》

1) 高橋伸夫『党と農民』（研文出版、2006 年）、169-171 頁。

2) 阿南友亮『中国革命と軍隊』（慶應義塾大学出版会、2012 年）、445 頁。

3) 角崎信也「新兵動員と土地改革」（『近きに在りて』57、2010 年）。

4) 河野正「朝鮮戦争時期、基層社会における戦時動員」(『中国研究月報』70-4、2016年)。
5) 三品英憲「戦後内戦期における中国共産党の革命工作と華北農村社会－五四指示の再検討」(『史学雑誌』112-12、2003年)、および三品英憲「国共内戦の全面化と中国共産党－再考・1946年」(『史学研究』251号、2006年)。
6) 陳永発『中国共産革命七十年（上）（修正版）』(聯経出版事業公司、2001年)、434-443頁。
7) 今堀誠二『毛沢東研究序説』(勁草書房、1966年)、138-139頁。
8) 金冲及『径折年代－中国的1947年－』(生活・読書・新知三聯書店、2002年)。
9) 前掲、三品「戦後内戦期における中国共産党の革命工作と華北農村社会」。
10) 田中恭子『土地と権力』(名古屋大学出版会、1996年)、216-218頁。
11) 前掲、田中『土地と権力』、185頁。
12) 陳耀煌『統合与分化』(中央研究院近代史研究所、2012年)。
13) 藤田正典編『中国共産党　新聞雑誌研究』(アジア経済研究所、1976年)、47頁。
14) 前掲、三品「戦後内戦期における中国共産党の革命工作と華北農村社会」。
15) 三品英憲「近現代中国の国家・社会間関係と民意」(渡辺信一郎・西村成雄編著『中国の国家体制をどうみるか』、汲古書院、2017年、所収。第7章)。
16) 前掲、三品「国共内戦の全面化と中国共産党－再考・1946年」。
17) 前掲、三品「戦後内戦期における中国共産党の革命工作と華北農村社会」。
18) 前掲、三品「近現代中国の国家・社会間関係と民意」。
19) 1931年1月26日「興国調査」(竹内実編『毛沢東集　第二巻』、北望社、1971年)、201-203頁。
20) 1947年10月10日「中共中央関於公布中国土地法大綱的決議」(中央檔案館編『解放戦争時期土地改革文件選編』、中共中央党校、1981年、84頁)。
21) なお、同様の例は陝甘寧辺区の情報として『晋察冀日報』に転載された記事の中にも存在する。1947年2月9日付「陝甘寧辺府副主席劉景範　総結試行徴購土地経験」は、陝甘寧辺区政府副主席劉景範が土地徴購に関する総括報告をした際、「現在耕している耕地を基礎として徴購を行う」という規定では「非佃戸の貧雇農」は土地を獲得することができず、実際に新堡では無地少地の農民で土地を獲得できない者がい

たと述べたと伝える。

22) 中生勝美「華北農村の社会関係」(三谷孝ほか編著『村から中国を読む』、青木書店、2000年)。

23) 以下、本段落と次段落の内容については、三品英憲「近代華北村落における社会秩序と面子―『中国農村慣行調査』の分析を通して」(『歴史学研究』870、2010年)。

24) 中共中央組織部ほか編『中国共産党組織史資料 第4巻 (上)』(中共党史出版社、2000年)、597頁。

25) 中国共産党編年史編委会『中国共産党編年史1944-1949』(山西人民出版社・中共党史出版社、2002年)、1491頁。

26) 1946年10月1日「三個月総結」(『毛沢東選集 第4巻』、人民出版社、1991年)、1208頁。

27) 1947年2月1日「迎接中国革命的新高潮」(『毛沢東選集 第4巻』)、1215-1216頁。

28) 1947年4月22日「劉少奇関於徹底解決土地問題給晋綏同志的一封信」(『解放戦争時期土地改革文件選編』、64-65頁)。なお、同文書は「毛沢東対劉少奇関於徹底解決土地問題給晋綏同志的一封信的批語」(1947年7月25日)の付録として掲載されている。

29) 前掲、1947年7月25日「毛沢東対劉少奇関於徹底解決土地問題給晋綏同志的一封信的批語」(『解放戦争時期土地改革文件選編』、61頁)。

30)「中共冀中区党委執行中央『五四指示』的基本総結(節録)」(華北解放区財政経済史資料選編編輯組ほか編『華北解放区財政経済史資料選編 第1輯』、中国財政経済出版社、1996年)、807頁・818頁。

31) 1947年9月5日「中共中央工委関於徹底平分土地問題的報告」(『解放戦争時期土地改革文件選編』、81頁)によれば、「討論は、最初は党内問題及び農民組織と民主問題に集中した」という。なお、同文書は「中共中央対中共中央工委関於徹底平分土地問題的報告的批示」(1947年9月6日)の付録として掲載されている。

32) 前掲、1947年10月10日「中共中央関於公布中国土地法大綱的決議」(『解放戦争時期土地改革文件選編』、87-88頁)。

33) 前掲、三品「近現代中国の国家・社会間関係と民意」。

第4章
中国知識人の「社会像」
― 1930 〜 40 年代の王造時・章乃器・費孝通を素材として―

水羽 信男

はじめに

1）本章の課題と分析視角について

　これまで筆者は個別の知識人を取り上げながら、リベラリズムという問題を中国の近代政治思想の中に位置付けようとしてきた[1]。その過程で多くの批判を受け、さまざまなことを学んだが、基層社会研究会の中心メンバーである奥村哲からは、筆者に対する名指しではなかったが、政治思想研究に対して厳しい批判を受けた[2]。いわく「エリート史観」に基づく従来の国民国家形成史は、国民国家的統合が困難な基層社会を論理の基軸から外してしまい、「社会を深層から捉えようとしなかったことが、全体を見えなくしている」。

　因みに基層社会とは奥村によれば、「面積や人口で圧倒的多数を占める農村・農民」[3]であり、今日の中国の諸問題を理解するためには、中国の構造変動を政党や知識人などの表層レベルで論じるのではなく、深層＝民衆レベルから全面的に捉え直さなければならない。とはいえ当時の知識人の政治的発言は、現実社会との対話のなかで深化していった。すなわち個々の思想家は彼・彼女らなりの中国社会像を構築したうえで、変革主体の形成の具体的方法および変革論を構築し、それに対する社会からの反応に基づき、新たに現状を分析し直し、改めて再構築した変革論を社会に問うという、真摯で終わ

りのない知的営為を繰り返したのである。その社会分析が今日から評価すれば拙いものであったとしても、当時の歴史の文脈のなかで、彼らの思想を問うことの意味があると筆者は考えている。

つまり基層社会をどう見るのかは、政治思想史を研究する上でも非常に重要なテーマなのである。しかし筆者を含め、これまではリベラリズムや憲政思想という具体的な政治思想、政治体制論に関心が向きがちで、知識人の中国社会論について本格的で十分な分析はなかったともいえ、批判されてしかるべきところがあった。本章では、個別の知識人の中国社会論を取り上げながら基層社会史研究との対話を目指したい。

ところで基層社会研究といっても、現在の日本では奥村・笹川らをはじめとする基層社会史研究会とは問題関心を別にする研究グループがある。その成果の一つが高橋伸夫編『救国、動員、秩序：変革期中国の政治と社会』（慶應義塾大学出版会、2010年）であろう[4]。笹川らの研究会と高橋らとの最大の相違点は、前掲、高橋『救国、動員、秩序』が「理念化された近代西欧社会像」を参照し、中国社会の「未熟」さへと議論を収斂した点や、1949年の「劇的な体制変革の意味や位置づけ」を直視できなかった点だとされている。笹川らは総力戦前後の「非連続」にも着目しているのである。

とすれば、両者の差異の根底にあるものは、①現状認識の問題として現代中国と前近代とが連続しているとみなすのか否かという分析軸と、②中国の救国・建国の処方箋として近代的・普遍的な価値と、中国固有の価値とのいずれを重視するのか、という分析軸とによって区分される、次の4つのマトリックスに分類できる。

　Ⅰ　伝統中国との連続性を承認／中国固有の価値の継続を重視
　Ⅱ　伝統中国との連続性を承認／近代的な普遍的な価値の導入を重視
　Ⅲ　伝統中国との断絶を承認／中国固有の価値の復活を展望
　Ⅳ　伝統中国との断絶を承認／近代的な普遍的価値のさらなる導入の追求

因みに高橋たちの研究はⅡに、笹川たちの研究は中国社会固有の特質を直

視することを議論の前提としているが、Ⅳにあたるといえよう。その他、中国と日本の社会の違いと中国社会の連続性を強調しつつ、中国社会の特質に根付いた近代化の努力に着目する田原史起一連の研究は、強いていえばⅠにあたるといえようか[5]。

こうした基層社会をめぐる研究の諸潮流のなかで本章を位置づければ、筆者の問題関心は近現代中国を貫く思想的課題の検討であり、彼らの中国文化へのまなざしもまた検討の対象となる。すなわち、あるものは西洋起源の物差しで中国を批判し、あるものは中国の独自性に着目することで、新たな視座を獲得しようした。また本章は1949年革命の成功の原因を直接に追求するものではないし、高橋たちの立場とは異なるが、「連続面」をより重視するものではある。ただし、その連続する思想的課題にとりくむ知識人の成果と課題を、そのときどきの国内外の政治状況のなかで位置づけたいと考えている。その意味では、本章は初歩的な言及にとどまらざるを得ないとはいえ、将来的には分析軸そのものを検討することを目標としている。

2) なぜ3人なのか

章乃器・王造時と費孝通とは、1920年代の政治運動に直接関わったか否かにおいて違いがあり、世代論的にいえば、費孝通は章乃器や王造時の初期の「学生」にあたる。以下、3人のプロフィールである。

章乃器（1897-1977）[6]は浙江省生まれ。1913年、浙江省立甲種商業学校に入学。1918年の卒業後は、浙江実業銀行に練習生として採用された。北京で五四運動に遭遇し、同世代のエリートに対する屈折したコンプレックスを後に回想している。浙江省実業銀行では副経理に就任し、中国国民党（国民党）左派の宋慶齢らとともに、民族武装自衛運動に関わった。日中戦争中は安徽省で省政府の一員として民衆動員を行い、やがて重慶で商工業者とそのイデオローグが組織した民主建国会の指導的メンバーとなり、1949年革命を積極的に支持した。中華人民共和国では糧食部長となったが、1957年の反右派闘争、1966年からのプロレタリア文化大革命（文革）で迫害された。

王造時（1903-1971）[7]は江西省生まれ。1917年、清華留美予備学校に入学。1919年に五四運動に参加し、1925年渡米、ウィスコンシン大学に入学して、政治学を学んだ。1929年、同大学大学院で博士号を取得した。同年に渡英、ロンドン・スクール・オブ・エコノミクス（LSE）で英国労働党左派のイデオローグだったハロルド・ラスキに学ぶ。1930年、帰国して上海の光華大学政治系主任などに任じた。また宋慶齢らとともに人権保障同盟に参画してもいる。日中戦争時期には江西省で『前方日報』を発行するなど抗日活動に従事するとともに、国民参政会員となる。1949年革命に際しては、大陸にとどまることを選択したが、反右派闘争、文革で迫害され、獄死。

　費孝通（1910-2005）[8]は江蘇省生まれ。燕京大学で社会学を学び、1935年に清華大学大学院に進学、シロコゴロフと呉文藻に学ぶ。1936年からはLSEに留学し、マリノフスキーのもとで博士論文を執筆した（*Peasant Life in China, 1939.* 漢訳は『江村経済』）。日中戦争中に帰国し国民党統治下で教育と調査・研究を始め、1943年には米国に渡りさらに研鑽を積み、中国に本格的に文化人類学を導入した学者である。その一方で、1945年に中国民主同盟に参加し積極的に民主化を求めて国民党のブラックリストにのり、1946年の訪英もそのためだといわれる。中華人民共和国の成立を積極的に支持し、1950年代は思想改造に取り組んだが、反右派闘争、文革では厳しく批判された。その後、1970年代の終わりに復活し精力的に活動した。

　本章で章乃器と王造時を取り上げるのは、彼ら2人がともに1920年代に政治活動を始め、1936年10月には蒋介石により逮捕された救国会運動の指導者であり、国民党とも中国共産党（共産党）とも異なる第三勢力の代表的な論者とみなされてきたからである。かつては第三勢力の源流を1927年の国民党左派に求めるか、1930年代半ばの救国会運動に求めるかで論争的な局面も生まれたが、今日では国民党左派系の動きが1930年代に救国会運動へと発展してゆくことが広く認められている[9]。前述のように章乃器・王造時の2人も国民党左派との関わりが深かった。

　また章乃器は1935年に上海の光華大学へ招聘され、中国経済学社の上海分

社第 7 期理事（1936-37）にも就任している[10]。海外留学はおろか国内の大学での教育も受けたことのない章乃器が、"一流"の学者に列せられ、王造時と同じ大学に所属したのである[11]。その意味でも当時の第三勢力＝国民党左派と密接な関係を持つ知識人の代表とみなして間違いなかろう。

とはいえ彼ら 2 人はともに救国会運動から離れてゆく。その理由のひとつとなったのが、1941 年の日ソ中立条約の締結であり、章乃器と王造時は、この条約はソ連の中国に対する裏切りだと批判した。それに対して、他の救国会のメンバーは周恩来の説得を受け入れ、ソ連の行動をファシズムに勝利するために必要なことであり、中国人も支持すべきだとし、両者の溝は深まった。それ以後も、王・章の 2 人は日中戦争を積極的に支え、中国の民主化を求める第三勢力の一員ではあったが、救国会を含んで 1944 年に成立した民主同盟とは、一貫して一線を画し続けた。

章や王からほぼ 10 年遅れて、費孝通の政治的な発言は活性化する。そして彼の政治活動の母体となったのは、2 人が政治的な距離をもった民主同盟であった。彼には国民党左派の政治的な影響も深くはみられない。彼は留学を通じて欧米の資本主義国で発展した新たな学問を学び、それを活用しながら中国社会とは何かを論じた。費孝通は学歴的には王造時と同じように、留学を経験した「高級知識人」であるが、他方で調査を通じて農村社会を現実的に理解しようとした点において、章や王と異なっていた。1940 年代の知識人の社会像を費孝通に即して検討する所以である。

以下、本章では 3 人の議論の共通点とともに相違点に着目しながら、中国知識人の社会像について検討してゆく。まず第 1 節では章乃器と王造時の議論を当時の思潮のなかに位置づけるために、社会史論戦での議論と比較する。次いで第 2 節では王造時や章乃器が論じなかった問題について、王先明らの研究によりながら検討を加え、費孝通の議論の意味を問う。そして「おわりに」で、1930-40 年代の知識人にとって基層社会のもった意味について仮説的に検討し、今後の研究課題を明らかにして、本章を終える。

第1節　社会史論戦と章乃器・王造時の中国社会論

1）社会史論戦の概要

　この論争について共産党員・何幹之は、論争のピークが過ぎた1939年になって「思想界の盛事」であり「歴史的な価値を有する論争」で、上滑りでない人は「深く理解する必要がある」と指摘した[12]。何幹之の理解を通説とする向きもあるが、それは共産党を革命の指導者として一面的にその正しさを顕賞してきた、かつての「革命史観」の学術版ともいえ、こうした点を批判的に論じる議論も今日の中国では現れている。

　たとえば陳峰は共産党に所属しなかったマルクス主義者をも含めて、学術の問題として中国社会論を扱うことを強調している。彼は学術研究にあれかこれかの二者択一的な議論を持ち込むことを峻拒し、当日の唯物論者のなかにあった公式主義の問題点を直視しようとした[13]。また魏本権は陶希聖の議論に新たな光を当てようとしている。この点は陶希聖が、1930年代初めは国民党左派として健筆を振るいながら、やがて蒋介石の『中国の命運』の実質的な執筆者となり、長く批判されてきたことを踏まえれば、その重要性が理解されよう[14]。さらに王先明は商業誌である『東方雑誌』や商業新聞『益世報』で展開された農村社会をめぐる議論も含めて、広く中国社会をめぐる議論に着目する必要があると主張している[15]。

　しかし、他方で1930年代の知識人の間では、社会と歴史を総合的に解き明かす方法論としてマルクス主義が流行し、史的唯物論的な解釈を拒否していた歴史学者でさえ、それを考慮に入れざるをえなくなった、とも指摘されている[16]。実際、章乃器や王造時が社会史論戦に直接関わった形跡はないが、以下で論じるように両者の社会論にはこの論争との共通点も多い。そこで行論に関わる範囲で、筆者のこれまでの議論とも重複するが、簡潔にこの論争についてまとめておく[17]。

　1924年から国共両党は第一次合作をおこない、「民族資産家階級」[18]・小ブ

ルジョワジー・労働者・農民の聯合戦線を指導して、反軍閥反帝国主義を掲げる国民革命を進めた。この革命は国民党左派や共産党など（本章では広義の意味で、左派と総称する）からみれば、1927年に蔣介石の反共クーデターを「民族資産家級」が支持したことにより挫折した。そのことによって、左派にとっては中国の変革論を再構築する必要性が生じ、「民族資産階級」の変節という事実を前にして、その要因を中国社会の特質に求め、新たな革命戦略を構築するために、中国社会の現状とその歴史的来歴を問うこととなった。

この論争は、周知のように1920年代後半の国際共産主義運動内部における中国革命の指導権をめぐるスターリンとトロツキーの対立を背景とし、アジア的生産様式をめぐる論争とも関連しながら[19]、日本共産党に対するコミンテルンの「二七テーゼ」や「三一テーゼ」を契機とするアジアにおけるマルクス主義歴史学の発展にも影響されたといわれる[20]。具体的にいえば、1930年春ごろから「中国社会性質論戦」と「中国社会史論戦」が相互に関連しながら本格化し、34年からは「中国農村社会性質論戦」も始まったのである。

それゆえこの論戦には、共産党中央や「左翼反対派」（いわゆる「トロツキー派」）、さらには国民党の改組派・新生命派などさまざまな思想的背景をもつ左派が参加した。1930年代のなかばに定説化したのは、一言でいえば中国とは「国際帝国主義の支配下にある半ば植民地化した半封建主義な社会」というものだが[21]、その議論の核心部分は、次の3点にまとめられよう[22]。

①帝国主義は、中国経済の命脈を握り、その中国における統治権を維持するために封建勢力と結合し、農村経済を破綻に導くとともに、「民族資本主義」の発展を阻止している。

②中国農村においては、封建的な搾取と生産方式が主導的な位置を占め、帝国主義は封建軍閥および封建勢力と密接に結びついている。

③したがって、革命勢力の指導下にある労働者や農民（あるいは「平民」）を基礎する民主独裁政権を樹立して、反帝国主義反封建主義のブルジョワ民主主義革命を実現する必要がある。

先にも指摘したように、上記の定説を批判し続けた「左翼反対派」を無視

してよいわけではないし、上記の総括におさまらない非共産党系知識人の社会論にも、相応に着目する必要がある。また、これらの議論の論壇への影響力についても、考察しなければならない。さらにいえば、日本の学界ではすでに 30 年以上前に「半植民地半封建」社会論を否定しており、分析方法としては当時の論戦に今日的な意義はない、ともいえる。だが当時の人々の中国社会論に与えた影響を過度に高く評価することはできないが、全く否定することも誤りである。

　この論争については、今日ではもう一つの側面にも光が当てられている。すなわち論争の主要な舞台となった『読書雑誌』への着目である。この雑誌を発行していた神州国光社は、当時、陳銘枢がオーナーとなっていた。陳銘枢は1932年の第一次上海事変で一九路軍を率いて激しく日本に抵抗し、蔣介石と厳しく対立してゆくことになる軍人である[23]。陳の思想的立場は、「平民革命」を目指した鄧演達らの国民党臨時行動委員会（「第三党」）に近いと言われており、反蔣的立場から自らの政治資本として知識人の支持を得ようとしていたのである。そのために陳銘枢は『読書生活』の発行をバックアップし、その発行元である神州国光社から多数の左派の著作を出版した。左派の一部は政治面でも生活面でも陳銘枢の力に頼っていたのである。

　ここにおいて『読書雑誌』を媒体とする左派知識人の緩やかな連携が実現され、陳銘枢は知識人を自らの政治的資本として組織してゆく。1933 年 11 月に陳銘枢が抗日のために反蔣が必要だとして引き起こした福建事変は、思想史の文脈のなかで位置づければ、中国社会をめぐる論争のさなかに、陳銘枢のブレーンたちが自己の社会認識を背景に試みた闘争であった。福建事変には第三党も積極的に参画して、抗日と民主主義を標榜する政府を樹立した[24]。だが、実際にはこの運動そのものは、中国の統一を乱すものと捉えられ、また共産党との連携にも成功せずに、僅か 2 カ月で崩潰する。なお福建事変には、国民革命に参加した日本人の左派である田中忠夫も関わっていたといわれる[25]。

　王造時は福建事変に際して福州へ出向いている。たしかに、最終的に王は

第 4 章　中国知識人の「社会像」

福建側の内部の人間関係の複雑さを嫌うなどして参加しなかったといわれるが [26]、「為閩変忠告当局」（1933 年 11 月 20 日、王造時『荒謬集』自由言論社 1935 年）などを著し、事変には極めて同情的な態度を示している。彼が『読書雑誌』誌上の諸論文に影響を受けていたことは間違いないだろう。一方、章乃器の福建事変に対する対応については、現在のところ定かではないが、上述したように章乃器も国民党左派との関係が王と同様に深く、以下で論じるように彼の社会論には当時の論戦の影響が大きい。

2）章乃器と王造時の社会論①：対外認識

　1927 年の反共クーデターは蒋介石がワシントン体制に参入したことを意味し、英米の支持を受けながら、中国の経済建設は進んだ。こうした状況を変えはじめる起点となったのが、1931 年の満洲事変で、日本は 1933 年にリットン調査団の報告書を批判して連盟を脱退した。

　こうした状況のもと、章乃器は 1934 年に次のように対外的な侵略の問題の重要性を指摘している [27]。

　　高層に巣くうのは国際帝国主義で、低層においてひどく圧迫されているのは半封建的な農村社会で、そのあいだに都市の買辦階級がおり、買辦階級に寄生しているのは民族資本と農村のブローカー、そして軍閥・官僚の政治組織である。

　さらに章乃器は自由主義や個人主義が帝国主義の中国侵略に役立っているとみなし、中国が学術界を含めて「植民地化」されつつあるとの強い危機感を示した [28]。

　他方、王造時も 1930 年代にはいると、帝国主義の侵略の影響力の大きさを強調しはじめ、1935 年に次のように指摘した [29]。

　　帝国主義は中国に産業革命を迫るが、かえって残忍な蹂躙を加え、健

129

全な発展をできなくさせた。ここにおいて中国経済はさらなる悲惨に遭遇し、今日に至るまで出口はないのである。……中国の労働者は一面では生活の困難に迫られ経済的地位の改善を要求せざるをえず、一面では外国資本家の圧迫を受け、帝国主義に反抗する運動に従事せざるを得ない。さらには本国の政治の腐敗および自身がこの腐敗した政治の苦しみを受けることに鑑みて、それを取り除くすべを講じざるをえなくなった。このため中国の労働運動は経済的であるだけでなく、政治的でもある。

王造時がかつては胡適と同質の対外認識 ── 中国の積弱の要因は「帝国主義」の侵略以上に、自らの諸問題にこそあるとの認識 ── をもっていたことと比較すれば、この変化は大きかった[30]。

両者の対外認識は、日本の東北侵略を機に深まった帝国主義への批判の深まりに対応して形成された。それは「中国社会史論戦」における帝国主義批判と問題関心を共通にしていた。両者は社会史論戦における左派の「半植民地」論と同じ立場に立ち、その通俗的な語りを通じて、相応の影響力を持ったと考えても間違いないだろう。

3) 章乃器と王造時の社会論②：対ブルジョワジー認識

1930年代は国民政府のもとで順調に中国の資本主義が発展し、そのことにともなう労資の対立もまた増大してゆく時期であった。章乃器は次のように「民族資産階級」の性格を描き出、その階級としての成熟度の低さを強調している[31]。

この微弱な民族資本は、帝国主義の軍事力がコントロールする対外貿易港に集中しているがゆえに、中国が対外的な闘争を開始するとき、それは必然的に敵〔帝国主義、以下、〔 〕内は筆者注〕との妥協を求め、甚だしい場合には敵に投降し、自己の資本の利益を守るのである。

また章乃器は国民政府による工業建設は、鋏状価格差（Schere）による農村の収奪であり、植民地化だと批判した[32]。

王造時も1934年には中国における「民族ブルジョワジー」の形成を「帝国主義の侵略」の結果とし、階級的に成功することはできないと指摘した。それは国際資本主義の圧迫と国内の政治権力による破壊に起因すると考えられた[33]。

章乃器と王造時の対内認識は、帝国主義の中国侵略によって中国の資本主義発展は極めて低い水準にあるとして、その「半封建」性を強調するものであった。その意味で、左翼反対派が中国の資本主義の発展を高く評価し、中国革命の課題をプロレタリア革命とみなす議論とは異質で、帝国主義と国内のその追随者＝半封建勢力を打倒するブルジョワ民主主義革命を課題とする立場に立っていた。

ただし後述するように、農村が都市によって収奪されている、という認識を章乃器は王造時よりも強くもっていた。

4）章乃器と王造時の社会論③：対農業・農村認識

1930年代に入ると中国にも世界大恐慌の影響は及び、農村の疲弊についての関心は高まった。それは1932年1月に『東方雑誌』でパール・バックの『大地』の翻訳の連載が始まり、その解説に次のように書かれたことからも明らかである[34]。

> 中国は苦労して働く三億人の農民が集まってできた国家である。中国の生活の中心は農村に置かれるべきで、都市にあるのではない。中国の農村は内戦、兵災、水害と干害、そして帝国主義の侵略によって破壊されている。貧しさ、無知と痛切な痛みの生活にある農民の呻きともがきとは、我々が注意するに値するものである。

章乃器は「植民地の経済のなかで農村経済が間違いなく主役」だとして、中国における農村問題の重要性を説明した[35]。章は農村問題の焦点である貧困の要因を、1934年に次の5点にまとめている。①「国際資本主義」の工業製品・農産品の流入による中国の農村手工業・農業生産の破壊、②帝国主義が背後で糸を引く内戦、③国内「民族産業」の生産する工業品の流入、④天災、⑤苛捐雑税。彼は特に①から③を資本主義による搾取とし、他の2つも資本主義との関係が深いと見なした[36]。

　王造時も1933年の段階で次のように農村問題を総括している[37]。

　農村の破産はすでに全国の普遍的な現象となっている。農村の復興は当然、人民の最も切迫した要求となっている。……社会の情勢に明るい人は、誰もが農村社会の［困窮の］根源が帝国主義の経済侵略と政治の腐敗であることを知っている。……農民は低価格の原料を高貴な外国製品と交換し……養蚕や茶摘み、製糸、紡績などの手工業は、さらに破壊されて跡形もない。

　さらに翌年の評論では次のように説明した[38]。

　農民に対する圧迫は多層的である。上には土豪劣紳がおり、そのうえには貪官汚吏、さらに軍閥政客、最上階には帝国主義がいる。……内地にいたれば農民は一人苦しみ、それを告げる相手もいない。一切の圧迫階級の侵略にゆだねられ、内戦になれば生贄の羊となるだけである。

5）章乃器と王造時の中国文化論

　1920年代の中国社会論をめぐる議論では、マルクス主義者によって経済面からの議論が進められるとともに、それに対抗する意味合いをもちながら、先にも触れたように胡適が中国社会・文化の後進性を問題とした[39]。中国社

第4章　中国知識人の「社会像」

会論は東西社会・文化をどうとらえるのか、という視座とも密接な関係をもって展開していたのである。

章乃器は断片的ではあるが、西洋対東洋という「二元哲学」に基づき、「東方は精神文明」とみなす立場は誤っていると指摘し、「一般の唯物論者」の「東方文明」に対する軽視を改めさせるべきだと主張している。章乃器は全面的な西欧化論者とは異なり、「科学的な方法で文化遺産を整理する」ことの重要性を説き、「表面上は欠陥があり不完全な東方文明のなかに、重大な科学的価値が潜んでいる」と述べている[40]。彼は中国文化の内在的な活力を議論の前提としていたように思われる。

他方、王造時は帝国主義の侵略が、それ以前には曲がりなりにも安定していた中国文化を鎔解し、社会を混乱の極致に導いたと理解した[41]。たしかに王造時は西洋文明の絶対的な優位を前提とはしてはいないし、東西文化の融合を模索してもいる[42]。だが王造時は現実の国民性を「私利私欲、偽善、付和雷同」、そして「虚勢、メンツの重視、猜疑心と陰謀」などの言葉で表した[43]。こうした文言から判断すれば、彼が守るべき中国伝統文化の具体像を描いていたとは思えない。

目の前にある中国社会の分析においては、ほぼ共通の立場にたった王造時と章乃器だったが、東西文化に対する態度においては、決して小さくない違いを示していた。筆者はそのことが、両者の主体形成をめぐる議論の違いにも連なってゆくと考えている。

6) 主体形成論をめぐって

章乃器は当時の論壇の主流となった「半植民地半封建」社会論に立ち、共産党が指導する農民闘争について同情的な態度を示した[44]。同時に当時、彼なりに自由主義や個人主義を批判している。だが、章乃器には唯物史観に基づき階級分析をおこなった形跡はない。使用したあれこれのマルクス主義的術語に関わらず、彼は強烈な対外的なナショナリズムに導かれて、「半植民地半封建」論を受容したといえまいか。

いずれにしても、ナショナルな危機観は中国伝統への相応に高い評価ともあいまって、抗戦開始直後の章乃器に、農村の伝統的な社会的結びつきを抗戦に役立つものとして肯定的にとらえさせている[45]。その意味で彼の「反封建」的な姿勢は脆弱であった。

それとは異なり、王造時は階級としての労働者・農民ではなく、リベラルな価値を担う主体へと陶冶された存在を変革主体と位置づけた。彼が主体形成の方策としたのは、統制経済を行う強力な行政府による「社会主義」の実現だった。ただし彼にとっての「社会主義」は、ソ連の一党独裁とは異質なるものとイメージされていた。彼はソ連では「人民のための政治」が実現されたとはいえ、「人民の人民による」政治が実現されていないことを批判的にとらえたのである[46]。

王造時が民主的で強い行政府による上からの平等の理念の実現を志向したのは、彼が中国の民衆の政治的レベルの低さの要因を、社会の基礎である農業の低生産性に求めたことにかかわっている。つまり彼にとって、貧困こそが中国人が公共性を担えない根本的要因であり、それは国民性・民族性に起因する問題ではなかった[47]。こうした認識が生産力の向上を必須の課題としてゆくのは論理的に当然で、彼は統制経済に基づく「社会主義」の実現を通じた農村復興を展望したのである。当時のリベラリストの「反封建」的な変革論のパターンの一つであろう[48]。

しかしながら、愛国的でなおかつ平等の理念を実現する民主的な権力の創出と維持の方法について、王造時は十全な答えを出してはいない。1930年代半ばまでの王造時の思想と行動には、当該時期のリベラリストがかかえた課題が端的に示されている

第2節　1930年代の言説空間と40年代の新たな展開

1) 2人が語らなかったこと①　農村内部の社会編制について

上記の紹介で明らかなように章乃器も王造時も、農村の具体的な階級分析

は行っていない。共にマルクス主義的な用語やロジックを使用しているが、1920年代から論じられていた農民層分解も、中国の地域間の相違などついても、全く言及していない。その結果、農村は一方的に搾取される受動的存在として描かれることになる。それは彼らが農村の問題を社会科学の分析対象としてではなく、帝国主義による中国侵略の犠牲のいわばシンボルとみなして、農村の悲劇を描いていたことを意味しているように思われる。そのため結局は、農村に即した問題の改善策ではなく、外部環境の変革の重要性を強調することになった。

　そのことはたとえば農村の共同体的な社会編成への言及のなさにもつながっている。清末の梁啓超たちは、周知のように「郷紳」＝地方エリートの自治能力に、中国の民主化推進の期待をかけた。だが清末新政期に多発した民衆の抵抗運動以後、次第に地方エリートの負の側面が強調されはじめ、1920年代の農民運動の進展のなかで、民主化のためには「土豪劣紳」の打倒が必要という言説が、共産党だけでなく、国民党や国家主義派からも発せられるようになり[49]、王先明によれば人口に膾炙するようになった[50]。それは清末新政以後、郷村におけるエリートの役割が変化してゆくこと（Scholar-gentryからPower-gentryへ）に対する民衆の反発や、新たな知的エリートが旧来のエリートからヘゲモニーを奪うために行った反対キャンペーンなどに起因したといわれている。

　とはいえ農村に即した変革を目指した人々もいなかったわけではない。梁漱溟は中国農村の疲弊を直視したがゆえに、農村における教育を重視し、新たな秩序を農村に根ざした中国文化の再生を通じて実現しようとした。そこには現実の農村の疲弊・混乱にもかかわらず、農村内部の主体的な変革へ向けての信頼があった。それは彼が新儒家とも呼ばれるように、中国の伝統文化に誇りをもっていたことに起因したといえよう（逆にいえば、外来の文化をそのまま移植することの不可能性と、その無理強いによる中国社会の混乱を危惧していたことを意味している）[51]。

　だが新儒家だけではなく、中国社会史論戦に参加した左派のなかでも、王

造時や章乃器と異なる農村復興案を提示した知識人がいた。それが国民党左派の陶希聖である[52]。彼は1930年代に自作農の創出だけでは中国の農業生産を発展させる問題は解決できず、合作社の組織化、すなわち中国農業の規模の拡大が必要だと強調している。さらに彼は農村が都市に従属している状況を直視し、都市が農村を破壊しているような関係を打ち破る農村復興の必要性を説いている。

　こうした経済の合理性を重視した議論も1930年代には生まれていた。だが、章乃器にも王造時にも、こうした展望はなかった。この点について項を改めて論じたい。

2) 2人が語らなかったこと意味②：都市・農村関係について
　王先明は1930年代の中国農村の崩壊をどのように説明するのか、という問いをたて、1930年代に特有の問題を議論すべきことを強調している。彼によれば、伝統的な「農民闘争」を語る方法で、当時の農村問題を理解することはできないと指摘し、同時に1930年代の農村調査がともすれば、事実の羅列に終わっている点を指摘して、当時の農村問題に固有の問題を、論理的かつ整合的に論じる必要を説いた[53]。

　そのうえで王先明が強調したのは、1930年代において都市が農村を収奪しており、その結果として農村が窮乏しているという問題であった。当時は農村の疲弊については、帝国主義の侵略、農村の土地制度等々、さまざまな要因が指摘されていたが、王先明によれば、時代の特徴を示しているのは、都市の発展に伴う、農村問題の発生という事態であった。まさしく周谷城が指摘するように「農村の加速度的な崩壊が、すなわち都市の発展を促して成就したのである」[54]。因みに周谷城は第三党に参加した知識人で、陶希聖らとの関係も深い新生命書局から書籍を出版している。

　すなわち都市による農村支配という問題をどれだけ自覚的に認識できるかが、議論の質を規定することになる、といえよう。都市・農村間の問題を解決しない限り、結局は中国の農村は救われないのである。その意味でいえば、

章乃器も王造時も都市の農村収奪について触れているが、それはやはり事実の羅列の一つに過ぎなかったようにみえる。というのは、彼らは農村の閉塞状況を生み出したものとして、究極的には帝国主義の侵略という問題をより重視しているからである。

先に指摘したように章乃器は断片的な指摘ではあるが、農村と都市との同時並行的な発展の必要性を強調しており、この点では王造時より以上に、王先明が強調する「農村と都市の乖離」問題に接近したとはいえよう。そして章乃器が日中戦争のための民衆武装に関して、共産党系の論者の批判にもかかわらず、旧来の農村の秩序を再建しようとしたことは着目される。章は日中戦争を戦うために総力戦体制を構築することの必要性に促され、陶希聖らとは異なるとはいえ、彼なりに農村の内部からの変革を志向するように認識を深化させた、ともいえよう。だが章乃器は、こうした認識を深めることはなかったように思われる。

他方、王造時は政府主導の上からの工業建設（これが彼にとっての「社会主義」だった）に付随して農村問題も解決できるとしていた。こうした構想は都市問題と農村問題が密接に関連しているという議論からは、ほど遠かった。

3）1940年代の新たな議論の登場：費孝通の場合

費孝通は1945年に米国を訪問し、その印象記において「科学と民主、あるいは自由と平等の間には、この時代においてはすでに齟齬が生まれ、……独占〔資本主義〕が立ち上がり、経済帝国の独裁のもとで、科学と民主とはほとんど矛盾し対立しているようである」と述べて、高度に発展した資本主義国における格差問題の厳重さを指摘していた[55]。

さらに彼は次のように述べている[56]。

> 独占企業の統制下においては、新技術と新組織がもたらすさらに大きな生産力の潜在的な力は制止されている。労働階層の生活は決して可

能な向上を得ることができない。

こうした議論には生産力と生産関係の矛盾から歴史の発展を捉える、マルクス主義の史的唯物論の影響が見てとれるだろう。
　同時に次のようにも指摘している[57]。

　われわれが西洋の「団体構造」〔「団体格局」〕社会の道徳体系を理解しようとするならば、決して彼等の宗教概念から離れることはできない。宗教的敬虔と信頼は彼らの道徳観念の来源であるのみならず、行為規範を支える力であり、団体の象徴である。団体を象徴する神の観念の下には、二つの重要な派生観念が存在する。一つは、各個人は神の前に平等であるということ、もう一つは、神は各人に対して公平だということである。

　ここには西洋個人主義と rule of law としての法治の前提である、絶対者の存在が的確に捉えられている。この点を理解することが、アジアの自由主義者にとって極めて困難であったことは容易に想像される。なぜならば、西洋社会は対等平等の個人が契約を通じて団体を組織し、その構成員が団体を公正に運営できるようにルールを定めることを（たとえそれが「建前」であったとしても）原則としていたからである。少なくとも、「私」を中心としてネットワークを形成し、「私」との関係性によって、道徳の内容も行動規範も代わることを「差序格局」と表現した費孝通からみれば、中国において西洋起源の individualism に基づく liberalism を理解し、定着させることは決してたやすい課題ではなかった。
　では彼が理解した「差序格局」とは、具体的にはいかなるものであったのか。この点についてはすでに岸本美緒や村田雄二郎、笹川裕史などにより、簡潔で要領を得た解説がなされている[58]。したがってここでは2・1)、2) で論じた、王造時や章乃器が語らなかった問題について、費孝通がどのような見

解を示しているのか、について確認してゆく。

まず農村の内部構造について、費孝通もまた当時の多くの人々と同様に、地主制を批判し、自作農の創出の必要性を認めている。だが、彼の議論の最大の特徴は、中国の土地の生産力に比較して人口は多く、土地の再配分を行っても、それだけでは農村の貧困を救うことは出来ない、と繰り返し明確に指摘している点である[59]。こうした議論は章乃器や王造時とは異なり、彼なりの農村社会分析を基礎としており、そのうえで彼は農村における小規模企業（郷鎮企業）の建設を進めることを提唱し、農村の側からの経済建設の必要性を強調したのである。1930年代の議論との対比でいえば、費孝通の議論は陶希聖の農業合作社の主張とも接点を持ちながら、単なる土地分配に議論を収斂させない経済合理性をもちえていたといえよう。

費孝通が郷鎮企業の必要性を指摘したのは、彼なりの都市と農村の関係についての理解に基づいていた。彼は上海を例として、次のように指摘している[60]。

> 工業はこのように落後している上海が、あれだけの人口を維持できていることを、我々はただ考えてみさえすればよい。上海は絶対に自給自足はできない。それは養われているのであり、郷村から搾取した富を用いて、外国へ行き工業品と交換し、「租界」で消費するのである。これが「開港場」の「都会」と異なる性格である。これが都市と農村の相互に制約する形式である。

ここには、1930年代の周谷城と同様に、都市が農村を収奪することを同時代に固有の問題として的確に捉えている費孝通の姿勢が示されていると言えよう。費孝通は日中戦争により、農村が都市と切り離されたことが農村に一息つかせたとさえ指摘している[61]。

また費孝通は中国の変革の具体的な方針については、明確なプランを提示しなかったが、中国の伝統社会においては、郷村レベルの要求が郷紳層を通

じて、中央レベルにまで到達していることを、中国における地方自治の伝統とみなした。皇帝の上からの支配に対して紳士の下からの力が並立している「双軌制」が機能してきたと主張したのである。

　この「双軌制」については、当時から批判も多かったが、費孝通は反批判をおこない、自分が伝統回帰を目指しているとか、餓えに苦しむ民衆を忘れていると誤解しないで欲しいと主張している[62]。費孝通がいう「双軌制」の当時における実現の方法は、憲政と民主的な選挙であり、現実の農村エリートの質にも費は不信感を持っており、彼らにかわる新たな自治の担い手を農村に移植ないし形成する必要があると強調している[63]。だがこの新たなエリートは、共産党が農村で闘争を通じて組織した基層幹部とは質的に異なる、知識人層を指していたことは論を待たない。

　この点にかかわって鶴見和子は、費孝通の立場を次のようなものだとみなして、「内発的発展論の原型」を示す存在だとした[64]。すなわち西洋と中国の文化とは併存し、相補することができるのであり、近代化には西洋の道だけでなく、多系的な発展の可能性がある。だが、これまでの議論からも理解できるように、費孝通にとって中国の伝統や「固有の文化」は、変革の方法を論じるための前提条件であるが、その保持が目的ではなく、彼はあくまで西洋を起源とする普遍的で近代的な価値の中国への定着を目的としていたといえよう。

　なお付言すれば、費孝通は討論を通じて、真実に至るという自由主義者の原則を守ろうとしていた。彼は自分が知っているはごく一部のことであり、あえて自分が全てを理解しているとは考えない、と強調している[65]。彼の中国社会論は教条ではなく、自由な討論に対して開かれた作業仮説であった。この点もまた彼の議論を評価する際に、見逃せないことである。

おわりに

　共産党員以外の「傍系」も含み、広義の社会主義思想の影響を受けた左派

としての章乃器・王造時の社会論を素描し、1930 年代に流布した中国社会論の一つの典型を確認した。そのうえで左派的言説から相応の影響を受けながらも、社会学や民族学を学んだ費孝通の社会論と 1930 年代の議論とを比較して、1940 年代の社会論の到達点の一例を検討した。費孝通が王造時らに比べてさらに透徹した中国社会像を提示できた理由については、さしあたり彼が 20 世紀の新たな人文科学の方法論を学んでいたこと、また日中戦争の開始にともない彼らが奥地へ移動する過程で、農村の実情を実見したことの 2 点は指摘しておくべきであろう。

また 3 者の位置関係を改めて確認しておけば、章乃器と王造時は帝国主義の侵略を強調し、農村社会の悲惨さに同情はできても、その内実にはなかなか踏み込めないという共通点があった。ただし章乃器は王造時よりは、都市による農村支配の問題に敏感で、農村の側に寄り添うことを目指しており、日中戦争開始前後の章乃器は地方エリートの農村指導に期待をかけたりした。その意味では、章乃器は費孝通の社会論を先取りする点もあった。章乃器と費孝通をつなげる要素は、中国の伝統的な文化や農村のエリートを、たとえば王造時よりも相対的に高く評価する点にあったように思われる[66]。

いずれにしても日中戦争のさなか、費孝通から提起された中国社会論は、①1930 年代の言説空間を越えて、中国の基層社会が都市によって収奪されていること、②その社会の原型は差序格局ともいうべきもので、欧米の社会とは質的に異なるものであり、伸縮自在な私的なネットワークによって構成されていること、③上からの権力の統制に対して、中国の基層社会は地方の利害を中央に反映させる力をもっており、中国の民主化の起点ともなりうることなどを、その内容としてきた。

たしかに彼の議論には中国の基層社会がなぜこうした特徴をもつようになったのか、についての明確な説明はない。さらにいえば、なぜ上記の②と③とが矛盾なく両立しうるのかも判然としない。しかし彼は中国社会の活力のようなものには信頼をもっていたようで、欧米と同じ社会にならなくても、中国は中国のやりかたで、自由も平等も実現できると考えていた。彼が「内

発的発展」論者といわれる所以であり、今日の欧米社会の実情に対する疑義が深まるにつれて、費孝通の議論への関心は増加しているようである[67]。

ただし、前述したように、筆者は費孝通の議論が彼なりの文化観に導かれていたことにより着目すべきだと考えている。すなわち彼にとって「文化」とは「手段」であり、それを用いる環境を離れては意味をなさいのである。文化の有用性は好悪の問題とは別である。つまり西洋の文化でも中国の文化でも使えるものは使えばよいし、中国の文化でも西洋の文化でも使い物にならなければ、価値はない。ということは、文化とは固定・不変のものではなく、状況とそれが求める課題によって、変化しうるものであった[68]。費孝通は前近代的な中国の伝統文化を墨守するためではなく、問題解決の困難さをリアルに理解し、解決策を模索するために、中国社会の現実を明らかにしたかったというべきであろう。

また、上記の点にかかわって付言しておけば、費孝通は「私はけっして『人民』を盲信していないため、何千年もの間専制政治の圧迫をうけてきた中国民衆の政治レベルが極めて低いことを認める」と述べている[69]。彼らがエリートに期待をかけた（それは既存の農村の支配層を全面的かつ無条件に肯定することを意味しない）背景には、共産党が革命勝利のために動員しつつあった中国の民衆への絶望があったのである。この点においては、たとえば章乃器も安徽省での実践のなかで、民衆の自発性を引き出すために、上からの指導が必要だと強調し[70]、王造時も抗戦中は江西で地方政治を担う農村幹部の指導性を強調している[71]。

したがって基層社会をどうみるのか、という点についていえば、どんなかたちであれ農村エリートに期待はかけられないと判断した人々は、別の道を模索することになった。たとえば王贛愚（1906-1997）は、費孝通とほぼ同じ世代の政治学者で、清華大学卒業後に渡米しハーバード大学で博士号を獲得し、日中戦争中は昆明の西南連合大学のスタッフとなったが、彼は農村ではなく、都市の自治を中国の近代化の基盤に据えようとした[72]。王贛愚らの構想が間違っていたか否かは別に議論する必要があるが、彼らは中国の基層社

会を理解できなかったのではなく、彼らなりに理解したがゆえに、農村の問題を副次的な問題として、議論を都市に集中させていたのである。

　農村を重視する費孝通らの変革コースと王贛愚らの構想との分岐点は、農村のエリートの政治力を焦点とする中国社会論の相違にあったが、中国の民衆の政治力への絶望と、あるべき存在としてのエリートの役割への期待があった、という点では彼らは共通していた。彼らのこうした意識の背景に、王造時が1933年に象徴的に示したエリート主義があったことは、指摘しておく必要があろう[73]。王によれば、中国における変革は修練を積み自己犠牲の精神によって精神的に純化され、徹底的に覚醒した指導者に担われざるをえないのである。最終的に彼らの議論が、それぞれ異なった道筋を通りながらも、都市の工業化を通じて中国社会の貧困問題の解決を求める変革コース——最終的には共産党も人民共和国政府を通じて基本的には実践した政策——を支持するようになった一因は、中国の民衆への不信感だったと筆者は考えている。

　農村のエリートへの期待が語られなくなった、もう一つの要因は国際情勢認識であろう。たとえば、1941年に日本が英米と戦争を始めたことによって、中国の勝利が展望できるようになると、中国の論壇では地政学に関心が高まった。東アジアにおける日本のプレゼンスが低下するなかで、中国が戦後世界でどういうポジションを作ることができ、またつくるべきなのか、という問題に関心が寄せられてゆくのである。そして、この課題はアメリカとの対抗関係の中で考えられていく。この点においては1940年代の雷海宗（1902-1962）の議論が一つの典型といえるが、費孝通たちも相応に地政学からの影響を受けていることは否定できない[74]。

　費孝通は中華人民共和国成立後、郷鎮企業については積極的に論じるが、一方で地方エリートを重視する立場を明確には示さなくなる。この点については、彼自身は共産党の弾圧を回避するためだったと述べている[75]。たしかに暴力をともなう土地改革を推進した共産党が費孝通的な農村社会論を認める余地はなかった。しかし他方で地政学的な発想に立つ費孝通らにとって、

米ソ冷戦に加えて中ソ対立が厳しくなるという国際情勢の推移は、国防を中心する重工業建設を重視するようにさせた、という側面もあるのではなかろうか。

　いずれにしても、後発国の知識人にとって、基層社会の問題をリアルにみつめ、国際情勢をリアルに認識すればするほど、何を第一義的に重要視すべきなのかは、極めて困難な課題となったといえよう。

《注》
1) 水羽信男『中国近代のリベラリズム』東方書店、2007年、『中国の愛国と民主』汲古書院、2012年など。
2) 奥村哲編『変革期の基層社会』創土社、2013年、3-4、24頁。
3) 奥村哲（書評）「久保ほか『現代中国の歴史』」『現代中国』83巻、2009年、160頁。
4) 本書に対しては、笹川裕史による書評（『中国研究月報』66巻3号、2012年）のほか、前掲、奥村編『変革期の基層社会』や本書にも執筆している山本真によるものがある（『史学』（三田史学会）81巻1号、2012年）。以下の叙述は、これら2編の書評による。なお竹中千春、高橋伸夫、山本信人編『市民社会』（現代アジア研究　2）（慶應義塾大学出版会、2008年）において、高橋は市民社会形成の可能性を全面的に否定しなかったが（53頁）、深町英夫編『中国政治体制100年：何が求められてきたのか』（中央大学出版部、2009年）では、市民社会未形成ゆえの政治混乱の可能性に言及している（106頁）。この評価のズレは、中国における市民社会形成の必要を感じ、それゆえにこそ、その実現にはほど遠い中国の現状に対して苛立ちを感じている高橋の混乱を示している、とも理解できよう。
5) 田原史起「村落統治と農民自治：伝統的権力構造からのアプローチ」天児慧・菱田雅晴『深層の中国社会：農村と地方の構造的変動』勁草書房、2000年、田原史起「村落自治の構造分析」『中国研究月報』55巻5号、2001年、田原史起『二十世紀中国の革命と農村』（世界史リブレット124）、山川出版社、2008年など。
6) 章乃器については、水羽「抗戦前夜の中国社会論とリベラリズム：章乃器を素材とし

て」(久保亨・嵯峨隆編『中華民国の憲政と独裁　1912-1949』慶應大学出版会、2011年)、前掲、水羽『中国の愛国と民主：章乃器とその時代』などを参照されたい。章乃器に関する本章の実証部分は、これらの先行研究に拠る。

7) 筆者の王造時理解については、本章の実証部分と重複する部分もある「1930年代中国における政治変動と政治学者：王造時を素材として」(村田雄二郎編『リベラリズムの中国』有志舎、2011年)を参照のこと。

8) 費孝通については、佐々木衛『費孝通：民族自省の社会学』(東信堂、2003年)、聶莉莉「費孝通：その志・学問と人生」(村田雄二郎ほか編『さまざまな戦後』(講座東アジアの知識人・5) 有志舎、2014年)、聶莉莉『「知識分子」の思想的転換：建国初期の潘光旦、費孝通とその周囲』(風響社、2015年)などを参照されたい。

9) 水羽信男「中国における民主党派史研究をめぐる幾つかの問題」『広島大学東洋史研究室報告』13号、1991年、水羽信男「中国革命の知識人：平野正氏の研究を手がかりとして」『広島東洋史学報』3号、1998年など。

10) 孫大権『中国経済学的成長：中国経済学社研究（1923-1953）』上海三聯書店、2006年、62頁。

11) ただし章乃器の赴任時に王造時は、中国民権保障同盟の活動ゆえに国民党の禁忌に触れ大学を追われていた。

12) 何幹之『中国社会性質・社会史問題論戦』生活書店、1939年、2頁。

13) 陳峰『民国史学的転折：中国社会史論戦研究（1927-1937）』山東大学出版社、2010年、陳峰「唯物史観的中国社会経済史研究之建立：以馬乗風『中国経済史』為中心的探討」『山東大学学報（哲学社会科学版）』2015年第4期など。

14) 魏本権「社会構造与郷村建設：論20世紀二三十年代陶希聖的郷村建設思想」『福建論壇・人文社会科学版』2014年11期。

15) 王明先「試論城郷背離化進程中的郷村危機：関於20世紀30年代中国郷村危機問題的辨析」『近代史研究』2013年3期、王先明・呉瑕「試析20世紀前期郷村危機的社会関懐：以《東方雑誌》為中心的歴史考察」『歴史教学』2013年2期、王先明「中国近代郷村問題的聚焦与導向：基於《東方雑誌》与《益世報》的比較分析」『福建論壇・人文社会科学版』2014年11期など。

16) G・バラクラフ、松村赳ほか訳『歴史学の現在』岩波書店、1985 年、27 頁。

17) 筆者の社会論戦についての理解は、前掲、水羽「1930 年代中国における政治変動と政治学者」や、前掲、水羽「抗戦前夜の中国社会論とリベラリズム」などを参照のこと。

18) 周知のように「民族資産階級」というタームは学術的なものというよりも、極めて政治的な意味合いの強い用語であるが、本章ではさしあたり中国人資本という意味で使用してゆく。

19) アジア的生産様式論争については、福本勝清『アジア的生産様式論争史：日本・中国・西欧における展開』（社会評論社、2015 年）や、石井知章『中国革命論のパラダイム転換：K・A・ウィットフォーゲルの「アジア的復古」をめぐり』（社会評論社、2012 年）などがある。

20) 古くは Benjamin Schwartz,"A Marxist Controversy on China" in *the Far Eastern Quarterly*,13-2, 1954 がある。

21) 前掲、何『中国社会性質・社会史問題論戦』1 頁。

22) 以下、社会史論戦については、中共上海市委党史資料徴集委員会編『三十年代中国社会性質論戦』（知識出版社、1987 年）、温楽群・黄冬婭『二三十年代中国社会性質和社会史論戦』（百花洲文芸出版社、2004 年）、前掲、陳峰『民国史学的転折』などを参照のこと。

23) 神州国光社および『読書雑誌』については、趙慶河『誌書雑誌与中国社会史論戦：一九三一～一九三三』（稲禾出版社、1995 年）、姜輝『出版与救国：神州国光社研究』（山東師範大学修士論文、2015 年）などが詳しい。日本語では古くは戴国煇「中国"社会史論戦"と『読書雑誌』の周辺」（『アジア経済』13 巻 12 号、1972 年）がある。

24) 福建事変は文化界にもさまざまな影響を与えたが、魯迅は 1933 年 12 月 2 日増田渉宛の手紙のなかで、「東南の方が少し騒いで居ます。骨を争ふ為めです。骨の立場から言へば甲の犬に食はれると乙の犬に食はれると、どちらも同じ事」だと、福建事変を批判している（『魯迅全集』13 巻、人民文学出版社、1981 年、548 頁）。

25) 日外アソシエーツ編『20 世紀日本人名事典』（日外アソシエーツ、2004 年）では「上海で国民党臨時革命行動委員会の宣伝活動に協力。[昭和] 8 [1933] 年福建人民政府

の名目上の顧問となる」とある。

26) 姜平・姜偉『愛国君子・民主教授：王造時』江西教育出版社、1999年、133頁。

27) 章乃器「中国経済的過去与今後」『新中華』1934年1月（章立凡編『章乃器文集』上、華夏出版社、1997年108頁、以下、〔　〕内は『章乃器文集』の頁数を示す）。

28) 章乃器「改造中国経済的正路与岐路」『新中華』3巻13期、1935年7月10日〔上：176-177頁〕。

29) 王造時『中国問題的分析』商務印書館、1938年第3版、1935年初版、206、225頁。

30) 前掲、水羽「1930年代中国における政治変動と政治学者：王造時を素材として」271頁。なお胡適の議論は「国際的中国」（『努力週報』22期、1922年10月1日）を参照のこと。

31) 前掲、章乃器「中国経済的過去与今後」〔上：112頁〕。

32) 前掲、章乃器「改造中国経済的正路与岐路」〔上：182頁〕。

33) 前掲、王造時『中国問題的分析』199-201頁。

34) 「『大地』記者附志」『東方雑誌』29巻1号、1932年、75頁。

35) 前掲、章乃器「中国経済的過去与今後」〔上：108頁〕。同時にここで章乃器が、「農村経済」に関する問題が当時論壇を賑わせていたことに便乗したのではない、とことさらに断っていることは、逆に彼が中国農村社会性質論戦を意識していたことを明確に示している、といえよう。

36) 章乃器「崩壊中的中国社会経済」『生活』8巻40期、1933年〔上：104-106頁〕。

37) 王造時「怎様復興農村？」『自由言論』8期、1933年、7-8頁。

38) 王造時「今日中国的社会階級層」『自由言論』23期、1934年、9頁。

39) 前掲、温ほか『二三十年代中国社会性質和社会史論戦』280頁。

40) 章乃器「『科学的内工拳』初版自序」（1928）および「『科学的内工拳』再版自序」（1935）〔下：33-34頁〕。

41) 前掲、王造時『中国問題的分析』175頁。

42) 王造時「我們的根本主張」『荒謬集』271-272頁。

43) 前掲、王造時『中国問題的分析』54頁。

44) 前掲、章乃器「崩壊中的中国経済社会」〔上：106頁〕。

45) 水羽信男「抗日戦争と中国の民主主義」『歴史評論』569 号、1997 年、31-33 頁。
46) 王造時「実行統制経済的先決問題」『荒謬集』226 頁。また湯本國穂「1930 年代前半の王造時」『千葉大学法学論集』12 巻 2 号、1997 年、28-32 頁。
47) 前掲、王造時『中国問題的分析』51 頁。
48) 前掲、水羽『中国近代のリベラリズム』82 頁など。
49) 田中忠夫・李育文訳『国民革命与農村問題』村治出版社、1931 年、71 頁。
50) 以下の叙述に際しては、王先明「歴史記憶与社会重構：以清末民初"紳権"変異為中心的考察」(『歴史研究』2010 年 3 期) を参照した。
51) 梁漱溟についてはさまざまな立場の研究者が議論を重ね、膨大な研究を蓄積している。が、さしあたり湯本国穂「新たな中国文明と社会の創造：梁漱溟」(『千葉大学法学論集』24 巻 3・4 合併号、2010 年) など、湯本の一連の研究を参照されたい。
52) 陶希聖の農村建設論については、前掲、魏本権「社会構造与郷村建設」を参照した。
53) 前掲、王先明「試論城郷背離化進程中的郷村危機」45 頁など。
54) 周谷城『中国社会之変化』新生命書局、1931 年、181 頁。
55) 費孝通「幸福単車的脱節」『初訪美国』美國新聞處、1945 年〔『費孝通全集』3 巻、内蒙古人民出版社、2009 年、447 頁〕。
56) 費孝通「後記　対於各家批評的総答復」『郷土重建』群言出版社、2016 年 (原著は観察社、1948 年) 269 頁。
57) 費孝通・鶴間和幸ほか訳『郷土中国』(学習院大学東洋文化研究所調査研究報告 no.49)、学習院大学東洋文化研究所、2001 年、27 頁 (原著は 1948 年に観察社から公刊されている)。
58) 村田雄二郎「20 世紀システムとしての中国ナショナリズム」西村成雄編『ナショナリズム：歴史からの接近』(現代中国の構造変動・3) 東京大学出版会、2000 年、岸本美緒「中国中間団体論の系譜」同編『東洋学の地場』(「帝国」日本の学知・3) 岩波書店、2006 年、笹川裕史「農村社会と政治文化」飯島渉ほか編『近代性の構造』(シリーズ 20 世紀中国史・2) 東京大学出版会、2009 年。
59) 前掲、費孝通「後記　対於各家批評的総答復」285 頁。
60) 同上、274 頁。

61）費孝通「郷村、市鎮、都会」前掲、費孝通『郷土重建』127 頁。また佐々木衛「アジアの社会変動理論の可能性」（『民族学研究』61 巻 3 号、1996 年）も参照のこと。

62）費孝通「中国社会変遷中的文化結症」前掲、費孝通『郷土重建』119 頁。

63）費孝通「再び双軌政治を論ずる」砂山幸雄編『世界冷戦のなかの選択』（新編原典中国近代思想史・7）岩波書店、2011 年、166-168 頁。また中村元哉『戦後中国の憲政実施と言論の自由 1945-49』（東京大学出版会、2004 年）もあわせて参照のこと。

64）鶴見和子「内発的発展論の原型：費孝通と柳田国男の比較」宇野重昭・朱通華編『農村地域の近代化と内発的発展論：日中「小城鎮」共同研究』国際書院、1991 年。

65）前掲、費孝通「後記　対於各家批評的総答復」264 頁。

66）水羽信男「リベラリズムとナショナリズム」飯島渉ほか編『グローバル化と中国』（シリーズ 20 世紀中国史・3）、東京大学出版会、2009 年、118 頁、前掲、水羽『中国の愛国と民主』215-216 頁。

67）前掲、佐々木「アジアの社会変動理論の可能性」364-365 頁など。

68）前掲、費孝通「後記　対於各家批評的総答復」268-9 頁。

69）前掲、費孝通「再論双軌政治」（邦訳：168 頁）。

70）前掲、水羽『中国の愛国と民主』の第 2 章「救国会運動と章乃器」などを参照されたい。

71）王造時講、陳超宇記「幹部教育与地方幹部応有的工作精神」『前方日報』1939 年 11 月 21 日。

72）王贛愚と彼も含む自由主義者については、水羽信男「昆明における抗戦とリベラリズム」（石島紀之・久保亨編『重慶国民政府史の研究』東京大学出版会、2004 年）、水羽信男「王贛愚の民主主義思想：「自由」論を中心として」（『中国：社会と文化』22 号、2007 年）、水羽信男「戦国策派と中国の民主主義」（久保亨・波多野澄雄・西村成雄編『戦時期中国の経済発展と社会変容』慶應義塾大学出版会、2014 年）などを参照されたい。

73）王造時「領袖的条件」（1933 年 3 月 10 日）前掲、王『荒謬集』148-150 頁。

74）水羽信男「リベラル派知識人の国際情勢観：1945 年前後を中心に」（波多野澄雄ほか編『日中終戦と戦後アジアへの展望』（タイトルはいずれも仮題、近刊））のほか、

祝小楠「費孝通国際観研究：以 20 世紀 40 年代為中心」（贛南師範学院、2009 年修士論文）を参照のこと。
75）「費孝通先生訪談録」『南方週末』2005 年 4 月 28 日。

第5章
戦時下日本における農村人口論争
―日中戦争〜アジア・太平洋戦争期―

高岡 裕之

はじめに

　日中戦争からアジア・太平洋戦争へと戦争が拡大する過程では、国内の思想・言論に対する統制が段階的に強化されていった。日中戦争期まで、なお論壇レベルでは許容されていたマルクス主義はもちろんのこと、「民主主義」・「自由主義」も排撃の対象となり、戦時下の言論空間は急速に狭隘化していった。とはいえ、戦時下日本の言論空間が権力的に一元化された訳ではない。戦時下の言論空間は、たしかに戦争遂行に向けた言説で満たされているが、ある種の問題をめぐっては深刻な対立をはらんだ論争が展開されていた。それらは総力戦下の日本社会における矛盾の所在を示すものにほかならず、その時代的文脈の復元がはかられる必要がある。本稿がとりあげる戦時下の農村人口も、そうした論争の焦点の一つであった。

　戦時下の農村人口をめぐる論争とは、日中戦争の初期において、「戦後」にめざされるべき日本の農業・農村のあり方をめぐって生じた農政論争の流れに、総力戦体制下の人口政策をめぐる論争が加わる形で展開したものであった。従来この論争については、もっぱら前者の論争が農業経済学の学説史の中で取り上げられてきたが[1]、筆者は戦時下の人口問題を取り上げる中で、2つの論争が交錯していたことを提示した[2]。

　しかし農村人口をめぐる論争には、一般的な意味での農業問題や人口問題

に収まらない言説がつきまとっており、論争の輪郭はいまだ不鮮明と考える。そこで本章では、さまざまな側面を含むこの論争を、農村人口減少論と農村人口維持論の対抗として捉え、それぞれの論理をその周辺を含めて検討することを通じて、論争の時代的文脈を読み解いてみたい。

第1節　日中戦争と農村人口減少論

　1937年の日中戦争勃発は、1930年代初頭以来、不況と「農村過剰人口」問題に苦しんで来た日本農村の状況を一変させた。農家経済は好転に転じ、大量の兵士の応召と軍需産業への労働力移動は「農村過剰人口」問題を解消した。かくして「事変前までは、農村における『過剰人口』、農村に於ける『余剰労働力』が主要な問題であつたのに、事変の発生以来一ヶ年を出ずして、農村に於ける人口の減退、農村における不足労働力の問題が生産力の問題と関連して現下の主要な問題として前面に現れ」[3]るようになったのである。

　こうした状況を前に、1938年3月、中央農林協議会は「戦後農村対策委専門員会」を設置し、日中戦争終結後を見据えた農業政策の基本方針検討に着手した。その具体案作成は、東畑精一、大槻正男ら7人からなる特別委員会に託されたが、そこでの議論は紛糾し、作成がめざされた「農業綱領」(「農村対策綱領」)は遂に未完に終わる。日中戦争期に生じた戦時農政論争の起点となったのは、この「農業綱領」をめぐる論者の対立であった。

　こうして開始された戦時農政論争の構図について、桜井武雄は、①「農業近代化論」、②「農本主義的小農保護論」、③「農本主義的中農化論」という3潮流の対立として整理し、その主要な対立軸を①と②③の間に見出している[4]。この区分は、本章で問題とする農村人口減少論と農村人口維持論に対応するものであり、「農業近代化論」が農村人口減少論、「農本主義」の2潮流が農村人口維持論にあたる。そこでここではまず、「農業近代化論」の論理について検討してみよう。

1）東畑精一の「農業近代化論」

　桜井も指摘するように、「農業近代化論」の主張は一様ではないが、その批判者の側から「農業近代化論」の理論的中心と目されたのは東畑精一であった。東京帝国大学農学部教授であった東畑精一は、ドイツ留学時にシュンペーターに師事し、中山伊知郎と共に日本におけるシュンペーター経済学の紹介者、「近代経済学」の本格的導入者として知られる人物である。この東畑が「農業近代化論」を提示したのは、1938年4月、「戦時及び戦後の農業経営問題」をテーマに開催された農業経済学会大会での報告[5]においてであった。

　東畑報告の特徴は、以下の4点にまとめられる。その第一は、総力戦の観点である。東畑は、「今回の支那事変による農業経営条件の変更は極く一時的のもの乃至は戦争継続中のことがらであつて、事変が済むと再びもとの状態に還元するといふ考へ方」を強く批判する。なぜなら、第一次世界大戦が示したように、「戦争の継続の間に新しき条件そのものに適応した形態の経済活動が行はれて戦前の形態とは異つたものが出来る」のであり、それは「戦争が永びけば永びくほど」顕著となる。こうして「戦争は平時に於て幾十年間に漸く成就されるやうな変遷を極めて僅少な時間内に経済社会に対して与へる」ことになるのである。明らかに東畑は、戦争が経済社会を大きく変化させるという総力戦の論理を自覚していた。

　東畑報告の第二の特徴は、「農業問題」を論じる理論的枠組みである。東畑によれば、従来の農業政策論は「農業の問題をただ農業の範囲内で解決しよう」、「小農民は飽く迄小農民として救済しよう」という「孤立的農業観」に基づくもの――いわゆる「小農維持政策」[6]――であった。しかし東畑は、農業問題は「孤立的農業観」によってではなく、「わが国現在の農業が全国民経済に於て如何なる位置を占めてゐるか」という観点から、具体的には「重工業的発展の途上に進まんとする日本の国民経済」との関連から検討されねばならないとする。東畑にとって、総力戦がもたらす最大の変化は、日本資本主義の「軽工業段階」から「重工業段階」への移行にほかならず、東畑報告とはこうした段階に照応した日本農業のあり方を論じるものであった。

東畑報告の第三の特徴は、その論理が全体として労働生産性の観点から組み立てられている点である。東畑は、日本農業がほぼ自給に近い「食糧のアウタルキー」を実現している一方で、有業人口のほぼ半分が農業に割かれていることを問題とする。なぜならこれは、「わが国民はその半ばの労力を投ぜねばその食糧を得ることが出来ない」ということであり、「実に驚くべき非能率」と言わざるを得ない。

　こうした日本農業の労働生産性の低さは、「社会的稀少性に富む農地そのものを基準として一定面積の農地から出来得る限り多量の農産物を挙げることに専ら注目し」、労働力の増投（労働強化）によって、ひたすら「土地生産力」の増大がめざされてきた結果である。しかし、「土地生産力の大のみを望むものは労働生産性を犠牲にせざるを得ない」のであり、こうした労働の限界生産力の低下が農家の労働所得水準低下の根本要因である。

　東畑によれば、このような日本農業の構造は、「土地は足らぬが之れと相対的に労働力が充満してゐる」という「過剰人口」状態の下で、「諸生産手段の経済均衡から云へば当然」のことであった。しかしこうした構造は、労働力不足という新たな事態の下で、変革されざるを得ない。なぜなら、「在来の公式的な考へ」に立てば、「労働力が不足すれば残りたる労働力を特に強化」するしかないが、「長期戦を考へ、日本人の永い発展を思ふものは、此の勤勉なるにも拘らず栄養の足らぬ農民に、更に其の労働を強化せよとは到底説き得るものではない」。それは、農民に「無理を強ひるもの」だからである。長期戦下で農業生産力を維持するためには、「正に人的資源とも云ふべき此の労働力、その再生産を極力愛護しなければならない」のであり、そしてそのためには、労働生産性を犠牲にして「土地生産力」の増大を求めてきた日本農業を、労働生産性を高める方向へと「大転回」しなければならないのである。

　このように生産力維持の観点から「人的資源」の保全を説く論理は、やはり長期戦下における生産力拡充との関連で「人的資源」保全の必然性を論じた大河内一男の「戦時社会政策論」[7]と類似する。工業労働力の保全を問題とした大河内が「社会政策」として論じた問題を、東畑は労働生産性の向上

として論じているのであり、その意味で東畑と大河内は同じ地平に立っていたといえる。

しかし、「土地生産性」重視から労働生産性重視への転換は、「人的資源」保全の観点からのみ必要なのではない。東畑は、戦時下の労働力不足が引きおこすであろう変化について、以下のようなビジョンを提示する。

> 労働力が不足するときに、単に今迄通りの生産方法を遂行するのなら其処に農業労働の粗放化があり、それは労働の限界生産力の上昇を意味する。それは農業労働収入の上昇と地価、地代の縮小の道を指示するものに外ならぬ。そこには農産物価格が低くとも尚ほ有利なるが如き農業経営の道が拓かれる。
> 　否、経済進展のロジックは之れだけでは終結し得ないのであります。蓋し斯様な状態に達すれば労働賃金水準の上昇が起り、当然に筋肉労働に農業機械器具が代替せざるを得なくなるし、従つて農業労働の生産力、生産能率が向上せざるを得なくなる。畢竟するに農業に於ける最も根源的な生産方法の改善、発展に至らざるを得ないであらう。一度機械が入るならば婦女子と青壮年との間に労働力単位の差をつけるを要しないであらう。
> 　また労働力の不足は結局のところ一労働単位当りの耕地の増大を来たす。だから土地のいはゆる過少の問題が解消し得る。否、一人当りの耕地面積の増大の可能性が拓かれる。今迄牛も馬も持ち得ないものも之れを飼育し得るであらうか。われわれが頭に描く農業らしき農業が茲に始めて開始され得る可能性があるのであります。

先にみたように、東畑は日本農業における諸問題の根源に、耕地面積に対する労働力の相対的過剰があると判断していた。しかしこうした条件は、日中戦争下の重工業化が農業労働力の減少をもたらしたことで一変し、ここに初めて、農業経営の粗放化、労働生産性の上昇、機械の導入、経営耕地面積

の拡大という展開、「農業らしき農業」実現の可能性が開かれつつあるという訳である。こうした展望に立つが故に、東畑は、日中戦争こそは、「日本の農業が今迄とは異なつた方向を辿り農民の生活が上昇し銃後の安定を促進するやうな千歳の好機」であり、「われわれ銃後にあるものは、正に斯様な道を現実に開拓すべく努力せねばならぬ」と論じたのである。このように総力戦がもたらす日本資本主義の変容（重工業化）との関連で、日本農業の構造改革を大胆に論じたところに、東畑報告の第四の、そして最大の特徴があったのである。

2)「農業近代化論」の政策論

　農業経済学会における東畑報告は、総力戦下において日本の農業・農政が進むべき道を大綱的に示したものであるが、報告自体の重点はむしろ「土地生産力」に固執する「小農維持政策」への批判に置かれていた。しかしやがて東畑は、自らの展望を具体化すべく、積極的な提言を行うようになる。それをよく示すのが、『日本農業年鑑（昭和十五年版）』（富民協会、1939 年）に掲載された「東亜新秩序の建設における日本農業」[8]である。この論文で東畑は、農業問題の解決なしには「東亜新秩序」もありえないとして、日本農業における「新秩序」への道を以下のように論じている。

　東畑によれば、日本農業の「旧秩序」を「新秩序」に転換する「第一段階」は、「個々の農業経営の規模の拡大以外にはない」。なぜなら、「旧秩序」における最大の問題は、日中戦争下に「低下の一途を辿りゆく限界生産力」であり、それを上昇させるためには「労働力の代替手段としての家畜や器具機械の適用」が必要であるが、「之等が経済的意味を持ち得るためには個々の農家の経営規模の拡大に依存せざるを得ない」からである。もちろん、農地が限られている以上、すべての日本農家にこれを求めることはできない。しかし、約 550 万戸の日本農家のうち、「農家らしき農家」は、牛馬飼育戸数や養蚕農家の生産規模から類推すると約 300 万戸に過ぎない。残余の 250 万戸の多くは低生産力の兼業農家であり、そこにおける農業はもはや「副業」としての

性格が強く、いわば「農家らしからぬ農家」である。それゆえ「新秩序の構成の第一段階は具体的には五百五十万戸農家を対象とするのではなくて、此の二百五十万戸を問題視すること」、具体的には、これらの「戸数を現実に減少せしめて、その残余のものの各々の経営規模を拡大」することでなければならない。このように、東畑は、日本農業の「新秩序」への第一段階を、農家の少なからぬ部分を占める「副業」的零細農家の政策的整理に求めていた。「農業らしき農業」の実現を目標とする「農業近代化論」は、その論理的必然として、農家戸数の減少を必要とするものだったのである。

このような論理をもつ東畑の「農業近代化論」は、その透徹した経済合理主義ゆえに、重工業化を基軸とする生産力拡充政策を担う「革新官僚」らに受容され、彼らによる農業再編成論の基調をなすこととなった。たとえば勝間田清一（企画院調査官）の農業統制論[9]は、「日本の人口の約半数が従事しなければ農業生産力を維持し得ざる程、日本農業が労働的集約経営の上に立つてゐる」ことが、「重化学工業への労働動員への桎梏となつ」ており、「重化学工業の発展は農業の現実の低位生産力を飛躍的に発展せしむる事なしには一歩も前進する事が出来ない」とする。そしてその打開の道が、「土地生産力」の増大ではなく、労働生産性の向上にあることは明らかであり、その具体化により「立遅れた農業の中から農業者を解放し、近代的な高度の国防経済を建設しなければなら」ないと論じている。

こうした「農業近代化論」の立場からする農業再編成論の集大成が、「高度国防国家」をめざす近衛「新体制」運動が展開されていた1940年10月、近衛文麿のブレーン集団である昭和研究会が発表した『農業改革大綱』であった。この大綱は、「遅れた産業としての農業」が「経済体制編成替の桎梏」となっている現状を、「農業生産力の飛躍的発展の達成」という方向で改革することをめざすものであったが、その基本路線とされたのは農業の「資本的高度化」により、農業における労働生産性を向上させることであった。大綱は、その具体策として、①「経営規模の適正化」、②「農用機械の採用」、③「農業労働の協同化、計画化、機械化」、④「農業における計画生産に関する諸制度の確

立」を挙げ、さらにこれらを実現する条件として小作料・地価の「適正なる引下げ」とその金納化にも論及している。また農村人口の減少についても、「重化学工業化を中心として国民経済の再編成を遂行し、その生産力の飛躍的発展をはからざるべからざる今日においては、農村よりの労働力吸引の要求は当然」であるとし、むしろ都市における労働条件改善と生活安定方策の実施により、「農村に残存せる消費人口をも都市に吸引せしめ」るべしと、農家戸数の減少に向けた方策が提言されている。

「農業近代化論」は、かくして「日本経済の再編成」を推進する「新体制」派の指導理論となり、「高度国防国家」の農業政策としてその具体化がめざされるようになったのである。

第2節　日中戦争と農村人口維持論

すでにみたように、日中戦争期に登場した「農業近代化論」は、戦時下における農業人口の減少を日本農業の構造改革の契機と捉え、その促進を通じて高い労働生産性を備えた「農業らしい農業」を実現しようとするものであった。こうした動向に対峙し、農村人口の維持を主張したのが、桜井のいう「農本主義的小農保護論」と、「農本主義的中農化論」であった。ただし、「農業近代化論」との関係に限れば、「農本主義的中農化論」の主張は「農本主義的小農保護論」に準拠したものであり、以下では「農本主義的小農保護論」についてその論理を検討してみたい。

1）大槻正男の農業人口維持論

「農本主義的小農保護論」については、東畑と同様、1938年の農業経済学会大会でなされた大槻正男（京都帝国大学農学部教授）の報告[10]がもっともよく知られている。大槻は、東畑とは異なる前提に立つことによって、東畑とは対極的な議論を提示した。

大槻が立論の前提に据えたのは、日本農業が「国家生活」の上に担当してき

第5章　戦時下日本における農村人口論争

た固有の「任務」である。大槻によれば、こうした日本農業の「任務」は、段階的に変化してきた。第一段階は明治初期から中期（19世紀末）に至る時期であり、農業が主産業であったこの段階では、農業は国民食糧の生産と共に、農産物の輸出によって国際収支改善の任務も担っていた。第二段階は、明治中期より大正中期（第一次世界大戦期）に至る時期で、商工業が発達したこの段階になると、国際収支改善の任務は漸次商工業が担うようになり、農業の主たる任務は国民食糧の自給となった。続く第三段階は、大正中期から現在に至る時期であるが、この段階においてはもはや、国際収支改善の任務も、国民食糧の自給も、日本農業の重要性を弁証するものではなったとされる。大槻はその傾向が「戦後」において一層加速するとして、次のように述べている。

> 我国民経済の発展は、戦後に於ては益々国際収支改善の任務は之を商工業に移流するをより経済的とする方向をとるでありませうし、また国民の食糧問題も、外地農業がより経済的に分担し得る部分が年々増加し、殊に戦後に於ては前述せる新政権下支那地域及び満洲国が参加し、之等が遙かにより経済的に分担し得る部分が増大することが予想せられるのであります。それ故に上述両任務の限りに於ては、戦後に於て内地農業を自然の推移に放置し、内地農業の資本主義化、粗放化を進行せしめても、国家生活上に何等の障碍が生じないと断じてよいと思ひます。……（傍点原文）

つまり、国際収支の改善という国民経済的任務のみならず、食糧生産の面においても「外地」（台湾・朝鮮）や満洲、さらには日本の勢力圏に加わる中国の農業が果たす役割が大きくなり、「内地農業」の任務はますます縮小せざるを得ない。こうした趨勢が放置されるならば、東畑が述べるような「内地農業の資本主義化、粗放化」が進行するであろうし、経済面から見る限りそのことは問題ではないという訳である。

ところが大槻は、上記のような論述に続いて、「内地農業」にはなお「他を以て代替し得ない重要任務」が残されているとする。それは「人口の再生産、拡張再生産」という「人口政策上の任務」であり、そして大槻はこの見地から、「内地農業の資本主義化、粗放化」を否定しただけでなく、「経済発展の勢ひに無暗につられて、減少しようとする農家戸数及び農村人口は凡ゆる手段、方策をつくして防止せらる可きである」と主張したのであった。

　以上のような構成をとる大槻報告には、しかし「人口政策上の任務」が農業政策の課題となる理由についての積極的説明がない。そこで大槻報告の趣旨を理解するため、この報告に至るまでの彼の農政論を検討してみよう。

　日本農業および農業政策固有の役割を「人口政策上の任務」に求める大槻の農政論は、農業経済学会大会に先だって『農業と経済』誌（1938年1月）に発表された論文「農業保険と農業政策の根本方針」で、初めて明示されたものであった。同論文において大槻は、農業政策とは経済政策であると同時に、「耕作農民の地位を向上し、その国家的任務を完担せしめることを企図し、永久的全体的な国家生活に資せむとするを目標とする積極的社会政策」であるという見解を示す。そしてこうした「積極的社会政策」の最大の任務を、「軍力に不可欠な強健敢為な壮丁、並に資本主義産業の発達に必要な有為な労働力の、永続的給源としての農村人口維持政策としての農業政策」であるとした。大槻によれば、このような「農村人口維持政策としての農業政策」の重要性は、農村が兵士・労働力の供給源であるという事実のみならず、「我が国の近年に於ける人口の増加、就中出生率の低下は、先進欧米諸国と同一経路を辿るものとして識者によつて深く憂ひられてゐる」という事情によって一層強まっている。日本人口の将来が懸念される以上、「人口の自然増加率、出生率の依然として大なる農村を、我が国人口の給源として培ふこと」は、「国家の永続的繁栄の見地よりみて極めて重要でなければならない」からである。

　このように、「農村人口維持」を農業政策の目標に据えた大槻は、農業の資本主義化については、それが導くであろう農業の企業化が小農経営に比べて単位耕地当りの労働消化率（「与労力」）が小さいゆえに「農村の人口包容力」

を減じ、農村人口の激減を招来することになると明確に否定する。これに反し、「我が国農業をして現在の小農組織を維持発展せしめる方向に導くときには、独り農村の人口包容力を増大するのみならず、……国家が農村民に担当せしめる重責を完全に担当し得る如き農村となる」のであり、それゆえ「我が国の農業政策はその根本方針として、必らず小農維持・発展政策の形を採らねばならない」。農業経済学会における大槻報告は、こうして組み立てられた「農村人口維持政策としての農業政策」論を前提としたものだったのである。

しかしながら、1935年までの大槻の論考からは、本来彼が農村人口維持論を必ずしも重視していなかったことがうかがわれる[11]。そうした大槻の農政論が、「農村人口維持政策」へと転回した背景には、2つの契機があったと考えられる。

その第一の契機は、「積極的社会政策」を必要とする認識の強まりである。大槻は1930年代に生じた農業危機を、植民地農業や農産物代替品工業（人造絹糸など）の発達を背景とする構造的なものと捉えていたが、1936年の二・二六事件後は、日本資本主義の「世界史上に無比なる飛躍的発達」に注目し、日本農業が歴史的岐路に立っていることを強調するようになる。

> 我邦商工資本主義の急速な発展の勢は……農業生産物の輸移入の増大によりて、我邦国民経済の、内地農業への依存度を減じ、蔬菜鶏卵等、特別な新鮮食糧農産物を除いては、内地農業にたよらずして我邦国民経済は今ややうやく立ちゆく段階に到達しつゝあるのである。我邦の商工資本主義は、英国に於けるそれの如くに、内地農業との依存的有機関係から解離せられて、一本立ちにて世界の資本主義の競争上裡に進出し得る段階に到達しつゝあるのでる。之を以つて、我邦の経済を進行するがまゝに自由に放任するときには、我内地の農業及び農村を潰滅に導きつゝ、商工資本主義は、暫らくは独り栄ゆるのを危険をもたらすのである。……おそらく今日が我内地農業を、農村を永く維持す

るか、又は英国の如く全然放棄するかの方向を決する境目に立つものであると云つてよいであらう[12]。

ここで参照されているイギリスの事例とは、18世紀後半から19世紀前半にかけてのイギリスで進行した農業の資本主義化・企業化が、農業人口の激減と伝統的農村の消滅をもたらした「農業革命」を指している。大槻によれば、日本資本主義もまた、かつてのイギリス資本主義の段階に到達しつつあり、このままでは日本農業もイギリスと同様の道をたどる。こうした中で、なお農業・農村を維持するためには、「国家的、民族的並に社会政策的見地」に立つ強力な「経済外の力、政策の力」[13]が必要である。大槻が農村人口保持の重要性に論及するようになるのは、こうした文脈においてであった。

しかし大槻の農政論が、「農村人口維持政策としての農業政策」に至るには、さらなる飛躍が必要であった。こうした飛躍の契機となったのが、高田保馬（京都帝国大学文学部教授）の人口政策論にあったと考えられる。

戦前日本を代表する社会学・経済学者の一人とされる高田は、大正期から「民族」と人口を基軸とする社会学を構想する中で、世界史上における諸民族の隆替の基礎に人口増加率の低下を見出し、真の人口問題とは「過剰人口」ではなく、文明の発達が人口減少に導くことであると論じたことで知られている[14]。このように「民族」的観点から人口の動向を重視する高田は、1930年代前半の人口問題研究により、第一次大戦後における日本の人口増加が、出生率の低下傾向にもかかわらず、それを上回る死亡率の低下があることで生じていることが明らかになると、「民族」人口増加の維持を目的とする人口政策の必要を主張するようになる[15]。その際に高田は、人口増加が農村の高い出生率によって支えられている事実に着目し、「農村の人口をなるべく一定の比率に於て維持すること、若し商工業の発達の為にこの維持が困難であるならば、此比率の急速なる減少をなるべくひとめる」必要を論じた。そして農業政策もまた「民族」の存続と発展という観点を前提とすべきであり、「此の意味に於て、農業政策は農業といふ一の産業に対する産業政策といふ

のに止まるべきではな」いと訴えたのである[16]。「農村人口維持政策としての農業政策」を唱えた先の大槻論文は、この高田論文が掲載された『農業と経済』誌における、高田への応答としての位置にある。大槻農政論における「積極的社会政策」＝「農村人口維持政策」の導入は、「民族の生命」として人口を重視する高田の人口政策論に呼応し、その論理を組み込む形で行われたものであった。

以上のように、大槻農政論における日本農業の「人口政策上の任務」という論拠は、日本農業保護のため、「経済外の力」を発動させるべく選び取られた「経済外」的論拠であり、その背景には、日本農業の現段階に対する強い危機意識があった。かくして「人口政策上の任務」を自らの農政論の中核に据えた大槻は、戦時下における農村人口維持論の中心的論客として、「農業近代化論」批判を展開していくのである。

2）人口政策グループの農村人口維持論

上述のように、農村人口維持を最大の課題とする大槻の「農本主義的小農保護論」は、高田保馬の人口政策論を踏まえて成立したものであった。しかし、大槻が日本農業保護の積極的論拠を「人口政策上の任務」に求めた1938年の段階において、大槻が論じるような「人口政策」が現実に存在した訳ではない。1930年代初頭以来、内務省社会局の所管であった人口問題は、1938年1月の厚生省設立後も同省社会局に引き継がれたが、それはなお非公式業務にとどまり、またその内容も、1930年代前半の「農村過剰人口」問題に対応した、人口問題を職業問題として捉える枠組みに沿う、工業労働力の需給調整であった[17]。つまり1938年段階の人口問題の焦点は、戦時下の工業化を円滑に進めることにあり、そこに大槻らが主張する「農村人口維持政策」の観点は、未だ存在していなかったのである。

このような「人口政策」の不在状況を変化させたのは、日中戦争の影響を反映する1938年5月以降の出生率が、大幅な低下を示したことであった。こうした事態を前にした厚生省は、1939年8月に人口問題に関する調査研究機

関である人口問題研究所を設立し、人口増殖を基本方針とする人口政策の立案に乗り出した。農村人口の人口政策的意義は、この人口政策の検討過程においてクローズアップされることとなる。

　人口政策の立案に携わったのは、厚生省と人口問題研究所を中心とする「人口政策グループ」であったが、その中で、いち早く農村人口の重要性に注意を喚起したのは、舘稔（人口問題研究所研究官）であった。厚生省の人口増殖政策のベースともなった舘の人口政策論の特徴は、戦争がもたらす最も重要な人口への影響は、戦闘での死亡や青壮年の動員による出生率の低下ではなく、戦争の必要によって促進される工業化・都市化の趨勢にあるとした点にある。舘は日中戦争以前から都市と農村の人口動態の実証的研究を行い、農村の人口増加率が都市の 2.5 倍におよぶことを明らかにしていた。こうしたデータを得た舘は、戦時下に加速しつつある工業化・都市化は必然的に人口増加率を低下させ、当時のヨーロッパ諸国が直面していたような人口停滞・人口減少の危機を日本にもたらすであろうと論じ、こうした危機を回避し、「民族悠久の発展の基礎」を確立するためには、「民族的要求」を戦時経済の要求に優先させるべきと主張したのである[18]。

　このような「人口政策グループ」の主張は、1940 年 10 月以降、「国土計画」に対する要求として具体的に示されるようになる。彼らにとって「国土計画」とは、「国防国家体制」の下、民族力を「劣弱化させるやうな社会的、産業的、文化的フアクター」を修正するため、資本主義の自由主義的・個人主義的性格に規制を加えるものであった[19]。こうした観点から彼らは、「国土計画」の方針として、①「過大都市ハ人口ノ質ノ低下、人口増殖力ノ減退ヲ導ク傾向顕著ニシテ国防産業及人口政策上其ノ膨張ヲ放任」できないので、「工業等ノ分散トノ関聯ニ於テ過大都市人口ノ膨張ヲ制限シ、更ニ其ノ積極的分散ヲ図ル」、②「内地ニ於ケル重工業ハ一定限度ニ止メ、逐次精密工業ヘ移行スル方針ヲ採リ、爾余ノ大部ノモノハ立地条件ヲ考慮シ、努メテ之ヲ大陸（朝鮮ヲ含ム）ニ移駐」させる[20]などと都市化・工業化の抑制を主張する一方、③農村については、「農業人口ハ一国人口増殖ノ根源タルト共ニ人口増加ヲ支

持スベキ食料ノ供給者タルヲ以テ内地ニ可及的多数ノ農業人口ヲ配置スルコトハ人口政策上極メテ肝要」とし、「許シ得ル限リ多数ノ農業人口ヲ保持」すべきであるとした[21]。農村人口の維持を方針とする人口政策構想は、ようやくこの段階において、「人口政策グループ」の「国土計画」論という形でその姿を現したのである。

　上記のような主張を伴う人口政策構想は、「高度国防国家」の建設をめざす第二次近衛内閣の下で、「基本国策」の一つとして取り上げられ、その具体化が図られることとなる。こうした人口政策の台頭により、農村人口維持論は「農業近代化論」に対抗する政治的基盤を獲得することとなった。かくして農村人口減少論と農村人口維持論の対立は、総力戦体制のあり方をめぐる一大焦点となったのである。

第3節　戦時農村人口論争の基底

　前述のような、農村人口減少論と農村人口維持論の対立は、政策レベルにおいては第二次近衛内閣における「人口政策確立要綱」の決定（1941年1月）と「農業政策要綱」の不成立、1942年の大東亜建設審議会における「大東亜建設ニ伴フ人口及民族政策」の決定（1942年5月）とそれを前提とした「大東亜ノ農業、林業、水産業及畜産業ニ関スル方策」の決定（1942年7月）という流れの中で、農村人口維持論が優位な地位を占めていく[22]。しかし、農村人口減少論の潮流が消滅した訳ではなく、その結果、アジア・太平洋戦争期を通じて、農村人口問題に直接・間接に関連する膨大な議論が展開された。いわゆる「適正規模農家論」や農業の機械化・協同化をめぐる技術的・経済学的検討、「土地生産力」と労働生産性に関する理論的考察、農業経営規模と出生率の関係についての人口学的検討、国土計画における農業人口問題等々である。しかしすでに検討してきたように、農村人口減少論と農村人口維持論の対立とは、農業のあり方のみならず、日本の資本主義化や工業化、都市化をめぐる対立でもあったのであり、論争の基底には個別の論点を超えた、より

大きなビジョンの相違が存在していたように思われる。そこでここでは、双方のビジョンについて、「資本主義」・「生活水準」・「社会政策」をキーワードとして検討してみたい。

1)「資本主義」

　戦時農村人口論争の主題の一つは、農業の資本主義化の是非であった。しかしここで注目したいのは、双方の日本資本主義像が、大きく異なっていたことである。そもそも東畑らの議論が「農業近代化論」と呼ばれたのは、その基本的性格が、講座派マルクス主義の文脈でいえば、日本資本主義の「半封建」的性格の基盤である農村の資本主義化をめざすものであったからである。講座派的見地からは、それは日本資本主義の全体構造の変化につながるが、「近代経済学」に立脚する東畑もまた、こうしたビジョンを一定共有していたことは、1940年のある座談会における、以下のような発言に示されている[23]。

　　日本経済のもつてゐる一つの欠点は、農業が資本主義的でないといふ事である。凡ゆる今後の努力は日本の農業を一歩でも、資本主義の態勢に近寄せる、産業組合の如きは、真先きに流通過程に於て、この近寄せる作用を果しつゝあると見てゐる。つまり資本主義化が、農業の方面に多くなればなる程、所謂資本主義の弊害は日本から去つて行く。従来資本主義の弊害と云つてゐるのは、決して資本主義の弊害でない、資本主義ならざる弊害が強いぢやないかといふことを、ずつと前から思つてゐる。……この度の戦争に伴ふ諸統制は、私はさういふ所にもつと大に貢献すると思つて居つた。……労働者にどん／\出て行く農村の人口が殖えて、残る所の農業人口は、農業自身が正しい職業であり、十分生活もできるといふ意味で、其の生産規模も拡大し生産のやり方を変へて行くに違ひないと思つてゐた。……

明らかなように、東畑は、「日本の農業を一歩でも、資本主義の態勢に近寄せる」ことが、日本農業の発展のみならず、日本資本主義そのものを「近代化」し、その「弊害」を取り除くことつながると考えていた。こうした文脈から東畑は、日中戦争とその下での「諸統制」＝総力戦体制が、日本資本主義の「近代化」に「貢献」するものと期待していたのである。

　他方、農村人口維持論、とりわけ「農本主義」的潮流にとっての「資本主義」とは、もっぱらイギリスのイメージで語られるものであった。たとえば、「農業近代化論」を、「物の生産力―殊に農業労働単位当の物の生産力―の最大のみを期待して農業を資本主義化し、工場化せむとする農業再編制案」[24]と断じる大槻正男は、他方でそれを農業人口減少に導く「英国農業の発展型」であるとして、人口政策の見地から批判している[25]。しかし、農業「資本主義」化のより一般的なイメージは、「農業綱領」問題で東畑らと論争した杉野忠夫による、次のような「英国型の農業綱領」（「農業近代化論」）批判にみられる[26]。

　農業について見ると、大陸農業との間に自由競争をやらせて、亡ぶものは亡ぼしてしまひ、切り抜けるものは切り抜けさせるがよいと云ふ建て前をとらうと云ふのである。農民は何も御先祖様に義理立てする必要はないので、金儲け第一主義で、貧農は労働者になり、下手な百姓は破産させてよろしい。そして、農地は高い買手が出れば、工場なりと、別荘になりと、売り放つてよろしい。そして満洲や支那から安い米や麦をとり寄せて食べてよろしい。農民も、米が引き合はないなら、満洲米を買つて食べて、狸でも飼つてとらぬ狸の皮算用をやり給へと。こう云ふのが、アツサリと云つた所の英国型の農業綱領である。

　ここで参照されているのは、イギリス資本主義が食糧生産を安価な海外・植民地の農業に委ねることで国内農業を衰退させたという歴史である。前節で検討した大槻の農政論にみられたように、当時の日本農業は、植民地や満

洲などの農業に脅威を感じるようになっていた。「農本主義」的潮流にとっての「資本主義」化とは、日本農業をそうした海外農業との「自由競争」に投げこむことで、かつてのイギリス農業と同様の運命を歩ませるものとみられていたのである。

　日中戦争期において、こうした問題は、「東亜経済ブロック」における農業問題でもあった。この問題を論じた大槻は、日本と他地域の関係を「先進資本主義国」と「後進国」との間における「農業労働の競争問題」として捉え、「先進資本主義国」の農業は「単なる自由(無機的)経済関係によつては到底維持出来る性質のものではない」と論じている[27]。つまり「農本主義」的潮流が問題としていたのは、アジアにおける「先進資本主義国」である日本において、日本農業をいかに保護するかという問題であったのであり、彼らがことさらにイギリスを引き合いに出したのも、こうした「先進資本主義国」としての自己認識に基づくものといえる。「農業近代化論」と「農本主義」的潮流の日本資本主義認識は、対極的ともいえるものだったのである。

2)「生活水準」

　農村人口減少論と農村人口維持論にみられる、さらなる対極的なビジョンは、「生活水準」についての考え方である。このことを、両者の争点となった「適正規模農家論」をめぐる議論を手がかりに検討してみよう。

　「適正規模農家論」とは、「農業近代化論」の文脈でいえば、「農家らしい農家」を育成するため、零細兼業農家を整理することを通じて1戸当たりの経営耕地面積を拡大して、高度の労働生産性を実現するという構想であった。しかし同時にそれは、農業労働力の無制限な流出に歯止めをかけるための根本的対策とも位置づけられるものでもあり、次のような説明がなされている[28]。

　　農業労働力が出でて工鉱業労働力に転身する所以は、農業経営に止まるよりも私経済的には好結果を齎らすからに外ならない。零細規模を

土台とし「手労働」を原動力とする我国農業経営に於て、労働の生産性が著しく低い事実が現実には農業労働力をして工鉱業方面に駆り立てつつあるものと云ふべきである。農村労働力の流出は、謂はば農業の工鉱業に於る労働収益の平衡化運動であり、農業と工鉱業との間に於る労働収益に懸隔ある限りは、農業労働力の流出はこれを阻止することは出来ない。

つまり、農業から工鉱業へ労働力が流出するのは、両者の間に労働収益の懸隔が存在しているからであり、農業労働力の流出を阻止するためには、農業労働の生産性を高めてその収益を向上させ、農工間の所得の均衡を実現する以外にないという訳である。

このような「適正規模農家論」が、農村人口・農家戸数の減少を前提とする点で農村人口維持論の激しい反発を呼んだことは当然である。しかしその際に、農村人口維持論者が示した論理は、「農業近代化論」とはおよそ異質なものであった。農村人口維持論者は、農村の生活水準を高めることではなく、むしろ他の生活水準を農村の側へ引き下げることを主張したのである。

農村人口維持論におけるこうした主張の理論的根拠となったのは、先に触れた高田保馬の「民族」主義的人口論であった。人口増加率の低下を「民族」衰退の要因とみる高田は、その原因を生活水準の上昇に見出していた。高田によれば、第一次世界大戦後のヨーロッパにおける「出生率低下の傾向は生活の相当に豊なる中等の階層から起つて居る」のであり、「而してこの傾向が中等階級の風をなすに至りやがて多数の労働者階級に伝染」した結果であった[29]。それゆえ「日本民族がヨオロッパの跡を追はず、人口の増加を計らうとするならば、必ずや生活程度を高めぬといふ覚悟が必要」なのであるが、明治以降の日本人は「西欧の生活水準の上昇を無条件に追求し」その結果、「都市生活への憧憬」と「農村生活の忌避」による都市への人口集中、「生活水準そのものの不断なる上昇」を招いてきた。このままでは、日本もまた「民族の老衰」を免れないのであり、「日本の民族に若さを保存」するためには、

なにより「西欧的生活観」つまり「生活水準の高さを目標とする考方をなげすて」、「生活を切下げる」ことが必要なのである[30]。

こうした持論を抱く高田にとって、「適正規模農家論」はまず、考え方の根本が誤っていた。なぜなら「適正規模農家論」は、「生産力の上昇、生活程度の上昇を求める」「産業主義」の立場に立つが、この「産業主義」によって「国の生産力を豊富にし、それによつて個人の生活を十分に上昇せしむるには、英国の跡を追うて工業生産力を高め、従つて農業人口の極度の減少も亦辞せずという方針をとる外ない」。しかしそれは、人口増加率を低下させ「民族の将来を危くする」ものである[31]。

それでは、生活水準を向上させることなしに、農村人口をいかにして維持することができるのか。その方法として高田が提示したのが、国民生活の「全面的低位」化、つまり農村人口流出の原因となっている都市・農村間の生活水準の懸隔を、都市を農村の側に引き下げることによって解消するという方策である。要するに、「民族」維持の立場からする高田の農村人口維持策とは、国民生活水準全体の「下方平準化」なのであった。

このように「国民皆貧」を説く高田の主張は、1920年代以来の彼の持論に過ぎない。しかし総力戦体制下における人口政策の国策化と国民生活に対する統制の強化は、異端視されていた高田の「民族」主義的人口論を、一躍、戦時政策の指導的イデオロギーへと押し上げることとなったのである[32]。いずれにせよ、戦時期の農業人口維持論・人口政策論は、こうした高田の「国民皆貧」論を伴うものであり、生活水準の向上を当然とする「農業近代化論」とはその根本において相容れないものだったのである。

3)「社会政策」

上述のように、都市の生活水準を農村の側へ引き下げることを説く高田は、「今日の社会政策は低き生活を高むるよりも、富める生活を抑ふることに存しなくてはなら」ない[33]と主張している。こうした「社会政策」論は、「人的資源」の保全という論理を梃子に、近代的「社会政策」の確立を図った大河内

一男の「戦時社会政策論」とは、およそ異質なものである。日中戦争期の大河内が、「我国に近年流行の、根拠のない人口増殖第一主義」が、これまで労働力の保全に対する配慮を妨げてきた考えを「援護」していると批判し、また高田保馬の「国民皆貧」論に対して、「人的資源」の意義を論じているのは、当然のことであったといえる[34]。

東畑もまた、「人口政策的な考へ方そのもの」が有しているバイアスに対し、以下のよう批判を行っている[35]。

[農村の人口政策的意義を説く者は]農家の出生率が他の産業者のそれよりも大であると云ふ経験的事実を認識すると共に、何故に農村と都市とにその差が生れつゝあるかの由来を検討しないのである。一つを顕することは他を貶すことにはならない。何故に農家のもつてゐる民族的使命が、同時に他の職業階級者にも可能なるが如き途を少しでも開拓して行かないのであるか。民族繁栄の途を単に一つの産業と産業者とにのみ負はしむべきでない。あらゆる産業者がこれを負ふべきところに真の大道が存する。……現在の日本の工業の産業条件——例へば立地、工場凝集等の如き——や労務条件を動かし得ざるものと為す限り、その道は拓き得ないであらう。われわれは日本農業が農業的使命にのみ終始することなく、日本的使命を果しつつあるを知る。それはその限りに於て他の産業にも課すべき使命なのである。……

以上のような大河内や東畑の批判は、農業人口維持論が「社会政策」に対する抑制的役割を果たすものであったことを示唆するものである。日本ファシズムにおける「農本イデオロギー」の優越が、「工場労働者への厚生施設に対する配慮を絶えずチェックする役割」を果たしたとする丸山眞男の指摘[36]も、上記の文脈から読み直すことができる。

しかしながら、農業人口維持論にも独自の「社会政策」論が存在した。先に検討したように、そもそも大槻が「農村人口維持政策としての農業政策」

を論じたのは、農業政策に「積極的社会政策」としての役割を求めるためであった。大槻によれば、「先進資本主義国」の農業が、「単なる自由（無機的）経済関係」によって維持出来ない以上、「国家の有機的関係——その顕現たる国家の有機的全体としての政策、即ち各種の所得再分配政策等——に於て保持されねばならないのである」[37]。

こうした大槻の「社会政策」論もまた、そのベースは高田の「民族」主義的人口論にあった。「民族」維持の観点から生活水準の向上を否定する高田は、その一方で、「民族」の必要のためであれば、国家による最低生活の保障がなされるべきとも論じていたのである。高田によれば、農村の生活水準を経済的に向上させることはできないが、その代わり、「農村の公共的施設を国家の力を以てなるべく充実させ」て、「教育費の大部分をなるべく多く国家の負担にする」、「医療の設備乃至費用をも国家の手を以てする」、さらには「交通や保健や娯楽までも国家の保護が十分届くやうにする」ことは出来る。そしてその財源は都市住民が負担し、「都会の利潤を以て農村の生活の一部を支へる」という訳である[38]。

このように、農村人口維持論は、農村に対する「積極的社会政策」を主張するものでもあった。しかし農村人口維持の観点に立脚するそれは、都市や工場労働者への配慮を欠いた「農本主義」的「社会政策」であったのである。

おわりに

以上、日中戦争下に生じた農村人口をめぐる2つの立場について、それぞれの論理を検証してきたが、本章全体を通じて明らかにしたように、農村人口減少論と農村人口維持論の論理とビジョンは、あらゆる面で交わることのない対極的なものであった。こうした2つの潮流は、いずれも総力戦体制の下でエスタブリッシュされ、せめぎあいながら並存していた。日本の総力戦体制とは、相矛盾する潮流を内包するものだったのである。

このような状況は、巨視的にみれば、都市人口・非農業人口と農村人口・

農業人口が拮抗する段階にあった日本社会が、日中戦争を契機に急速な都市化・工業化を開始したことに起因するといえる。日中戦争期に登場した農村人口減少論＝「農業近代化論」は、こうした変化の中に日本農業、さらには日本資本主義の「近代化」を展望するものであり、その起動力は重工業化の進展とそれがもたらす農村人口の減少に見出されていた。他方、農村人口維持論は、日本社会のさらなる資本主義化・都市化・工業化による、従来の社会構造の変容を阻止しようとしたという意味で「保守的」なものであった。しかし、農村人口維持論が問題とした、「先進資本主義国」における農業問題や、人口増加率の低下、農村に対する「社会政策」の必要などは、戦後へと持ち越される、すぐれて「現代的」な課題でもある。

　農村人口をめぐる論争は、戦時下の日本社会が抱えこんでいた深刻な亀裂を示しているのである。

《注》

1) 浦城晋一「農業政策論における『インダストリアリズム対ペザンティズム』―明治より第二次大戦期に至るまで―」『農業経済研究』第59巻1号（1987年6月）、足立泰紀「戦時体制下の農政論争―相克する農政ビジョン―」戦後日本の食糧・農業・農村編集委員会編『戦後日本の食糧・農業・農村　第1巻　戦時体制期』（農林統計協会、2003年）。

2) 高岡裕之『総力戦体制と「福祉国家」』（岩波書店、2011年）。

3) 吉岡金市「労働力の不足と生産力の拡充」『農政』第1巻3号（1939年3月）、のち吉岡金市『日本農業と労働力』（白揚社、1942年）所収。

4) 桜井武雄『日本農業の再編成』（中央公論社、1940年）P41-42。

5) 東畑精一「戦時及び戦後の農業経営問題　報告一」『農業経済研究』第14巻3号（1938年11月）、のち「戦時及び戦後の農業経営問題」として東畑精一『日本農業の課題』（岩波書店、1941年）に所収。

6) 東畑精一『米』（中央公論社、1940年）P156。

7) 大河内「戦時社会政策論」についての筆者の理解については、前掲高岡『総力戦体制と「福祉国家」』第 3 章参照。

8) 前掲東畑『日本農業の課題』所収。

9) 勝間田清一『日本農業の統制機構』（白揚社、1940 年）。

10) 大槻正男「戦時及び戦後の農業経営問題　報告二」『農業経済研究』第 14 巻 3 号（1938 年 11 月）、のち「戦後に於ける農業経営形態」と改題・修正して大槻正男『国家生活と農業』（岩波書店、1939 年）に所収。

11) たとえば大槻正男「農村更生運動に於ける労働の問題」（『経済往来』1935 年 7 月）は、「世には、健全なるそして永続的国家生活のためには、国民総数中に農民数の占むる一定率又は一定数を是非とも必要なりとして、農民離村を甚しく憂ふる論者がある。併し現在までの我邦に於ては、農村民の数量的関係に於ては未だ毫も憂ふ可き状態に達してゐない」とし、「問題は農村人口の数量的問題に非らず」と断じている。

12) 大槻正男「職能法としての小作立法」『法律時報』1936 年 6 月、大槻正男『農業経済の基本問題』岩波書店、1937 年）所収。

13) 大槻正男「地主排除論」『日本評論』1936 年 5 月、前掲大槻『農業経済の基本問題』所収。

14) 高田保馬の人口論については、牧野邦昭「高田保馬の貧困論――貧乏・人口・民族」小峯敦編『経済思想のなかの貧困・福祉―近現代の日英における「経世済民」論―』（ミネルヴァ書房、2011 年）、同「高田保馬の人口論 ―人口理論、農村政策、国土計画―」『マルサス学会年報』第 21 号（2012 年）を参照。

15) 高田保馬「人口政策の欠乏」『エコノミスト』1935 年 6 月 1 日、同「人口政策に就いて」『経済論叢』第 45 巻 1 号（1937 年 7 月）など。いずれも高田保馬『民族と経済』（有斐閣、1940 年）所収。

16) 高田保馬「農業政策の前提」『農業と経済』第 4 巻 4 号（1937 年 4 月）。前掲高田『民族と経済』所収。

17) 前掲高岡『総力戦体制と「福祉国家」』P114-117、P131-132 参照。

18) 舘稔「戦時経済下の人口問題」『商工経済』第 8 巻 6 号（1939 年 12 月）、同「我国現

下の人口問題」『学術振興』第 18 号（1940 年 1 月）。

19）古屋芳雄「国土計画と人的資源」『医事公論』1940 年 11 月。

20）第四回人口問題全国協議会「政府諮問ニ対スル答申」（「国土計画上人口政策ノ見地ヨリ考慮スベキ点」）、人口問題研究会『人口・民族・国土―紀元二千六百年記念第四回人口問題全国協議会報告書（上）―』（同、1941 年）。

21）人口問題研究所「（極秘）国土計画トシテノ人口配置計画案要綱案」（1940 年 10 月）立社会保障・人口問題研究所所蔵「舘稔文庫」資料 PDFY090212097 後半に収録。

22）前掲高岡『総力戦体制と「福祉国家」』P206-226 参照。

23）座談会「『日本経済の再編成』討論会」『中央公論』1940 年 5 月。

24）大槻正男『稲の花』（文藝春秋社、1943 年）P365。

25）大槻正男『農業経営の基本問題』（岩波書店、1944 年）P263-265。

26）杉野忠夫「農業綱領の基調に就いて」『村』第 5 巻 8 号（1938 年 11 月）。

27）前掲大槻『国家生活と農業』P21。

28）石橋幸雄『農業経営の新機構』（白揚社、1941 年 2 月）P213。

29）高田保馬『民族耐乏』（甲鳥書林、1943 年）P86。

30）前掲高田『民族耐乏』P262。

31）高田保馬『民族と経済　第二集』（有斐閣、1943 年 10 月）P190-196。

32）前掲牧野「高田保馬の貧困論――貧乏・人口・民族」参照。

33）前掲高田『民族と経済　第二集』P183。

34）大河内一男『戦時社会政策論』（時潮社、1940 年）P321-336。

35）東畑精一「日本農業の使命―小農保護政策の批判」『中央公論』1942 年 7 月。

36）丸山眞男『超国家主義の論理と心理』（岩波文庫、2015 年）P77。

37）前掲大槻『国家生活と農業』P21。

38）前掲高田『民族と経済　第二集』P181-182。

第6章
台湾における
　　　中国国民党の社会調査
―外来の独裁政権は現地社会を
　　　　　どう解釈したのか？―

松田 康博

はじめに

　台湾において蔣介石が指導していた中国国民党（国民党）政権[1]は、外来性の強い政権であった。1947年2月の2.28事件を経て深刻化した「省籍矛盾」（日本時代を経験した本省人と中国大陸から台湾に渡った外省人との間の緊張・対立関係）により、1949年前後に中央政府とともに台湾に撤退した外省人統治集団は、恐怖と敵意に包まれた台湾をどのようにして統治したらよいのかという問題に直面した。一般には、中国国民党政権が農地改革などの経済社会政策や、地方自治導入などの政治改革を通じて、社会からの支持を調達したことが指摘されている。

　しかしながら、国民党が、統治の対象である台湾社会をどのように調査し、どのように理解していたのかという点については、従来詳細な研究がなされてこなかった。唯一、馮琳が、「改造」時期の国民党が行った社会調査について、その目的、手段、調査の内容、特務調査との違い、効果や制約などについて、包括的な研究をしている[2]。

　本章では、国民党の社会調査の政策的目的や効果よりも、むしろ国民党の地方組織が1950年代に全国的かつ継続的に行った「社会調査」の成果の一部

である「小組建議」の結果を利用することで、外来の支配者であった国民党が、台湾の現地社会をどのように捉えていたのかを明らかにすることを目的としている。支配者としてのバイアスが介在しているとはいえ、中国国民党中央改造委員会第六組編の『党的社会調査専案報告』などの資料を見ることで、生活改善要求、証拠のない逮捕者の保釈要求、国軍将校による公用車等の濫用やコネの濫用に対する糾弾などに加え、日本時代を懐かしむ本省人への警戒感など、極めて具体的かつ鮮明な台湾の社会像が浮かび上がる。

中国から台湾に撤退した直後、すなわち「改造」の時期（1950-52）とは、「外来性」の高かった国民党が、2.28事件を経て、深刻化した「省籍矛盾」に直面しつつ、経済社会政策（土地改革など）と地方自治（選挙と統治）で支持調達の必要性を強く認識していた時期である。その時期に特務工作とは別に行われた社会調査を通じて、台湾社会が統治集団にどのように理解されていたかを、実証的に明らかにしたい。

第1節　中国国民党の社会調査の位置づけ

1）基層組織＝小組の立て直し

「改造」においては、単に党員数の増加だけではなく、基層組織の充実も図られた。党に巣食うあらゆる問題を一気に解決して陣営をたて直し、「大陸反攻」を実現するための「戦闘体」に党を作り直すことこそ「改造」の目的であった。国民党を「大陸反攻」のための「戦闘体」とするなら、党の高級幹部は将官や士官に相当し、党官僚は下士官に相当し、小組の構成員は兵卒に相当する。基層組織が充分に組織されていない限り、いかなる党の指令や運動も上からの押しつけに終始し、党は社会に根付かず、「大陸反攻」の実現はおぼつかない。

大陸時期の国民党は、すでに一定数の小組を組織し、活動を始めていたとはいえ、ほとんど機能していなかった。小組とは、元来区分部所属の党員を訓練するために分けられた小人数のグループを指すが、「改造」時期以降、小

組は党員が必ず参加しなければならない小人数の基層組織であることが党章に明文規定された（党章第15条）。こうして、再登録や新規加入した党員は、即座に小組に参加して訓練を受けることとなった。小組に関する規定が1950年10月という「改造」期間中の比較的早い時期に制定されたことは、党中央の小組重視姿勢を表しているといえる。

　小組は5人から11人を構成員とし（後に3人から11人）、都市においては職業を主とし、地域を従とし、郷村においては地域を主とし、職業を従とする。地域性小組はその党員の住所を基に設立され、産業・職業、知識青年および機関の小組はその党員の従業部門を基に設立される[3]。小組は、郷村、大小の都市（「城鎮」）、労働者、知識青年、機関、山地（注：「山地同胞」と呼ばれる先住民の居住区域）の6つの類型に分けられる。これら小組の活動原則としては、小組活動を党の外部にまで発展させ、社会と民衆との関連を発生させ、農会（農協に相当）、工会（労組に相当）、水利会、および郷・鎮公所（町村役場に相当）と協力して、活動の効果を拡大することや、小組活動そのものが党員の福利厚生に役立つものであることが定められている[4]。

　小組に加入する基層党員は、普通の農民、労働者、学生、企業主に過ぎない。もしも党員に一方的に犠牲を強いて、現世利益を与えられるものでなければ、小組活動は活発化しないし、小組が社会に恩恵を与えなければ党組織も拡大しない。「小組」の任務として「現地の社会動態の調査と研究」再登場：上意下達と上への「反映」をすることが期待されていた[5]。こうすることで、国民党が台湾社会に根をはることが期待されていたのである[6]。

2）社会調査の方法と変遷

　小組訓練の内容と方法を大陸時期と比べても目立った変化は見あたらないが、「現地の社会動態の調査と研究」が新たに加わった[7]。「社会調査」とは従来特務組織が行っていたものであるが、「改造」時期には、小組もこれを担当することになった。社会に最も近いはずの小組が、主義、主張、政策、紀律などを上から下へと伝えるのみならず、「問題の発見を着眼点とし、問題の

解決の助けとすることを目的とした」社会調査を行い、「下から上へと反映させ」ることによって、社会から遊離していた国民党を社会に根付かせようという試みである[8]。社会調査とは、党の社会的基礎を固めるために必須の手段だったのである[9]。また、社会調査は「大衆の心理を掌握し、主観と客観を一致」させる「大衆路線」であるとも表現された[10]。これは明らかに大陸時期の国民党が社会から遊離し、大衆の利害関係を掌握することに関して中国共産党（共産党）の後塵を拝した失敗に対する反省であろう。こうして、社会が何を欲しているかを探る調査が開始された。

党の社会調査工作実施要綱

（1950年12月6日中央改造委員会第58次会議通過）

　党は社会の動態を確実に理解するため、民衆と党員の意見を集め、党の一切の措置や政策決定を正確にし、執行を徹底的に有効なものにするため、経常的に党の社会調査を行うことを規定するが、党の社会調査は、過去の社会調査統計工作ではない。また学術機関の調査研究工作でもなく、党員が客観的環境を理解し、政治的警戒感を高め、革命の情熱を発揮し、党の活力を充実させることを目的とした工作である。ここに特に実施要綱を次のように制定する。

第1：社会調査は、党員が党に対して奉仕する基本工作の1つであり、党員一人一人が、能力とその職業および環境に合わせて、調査任務を分担する。
　　　新党員は審査期間中、党の調査任務の担当を割り当て、その成績の優劣は入党を許すか否か審査基準の1つに連ねる。

第2：各級党部は、社会調査工作を行う体制を以下のようにする。
　1. 職責：党の小組を社会調査工作の執行単位とし、各党員が各種

の調査任務を担当することを指導し、分配し、区分党部は所属の小組が調査工作の実施を監督指導し、調査報告をまとめること。県・市以上の各級党部員は、所属の社会調査工作の実施を企劃し、調査報告を初歩的に整理し、審査し、まとめ、ならびに現地の局地的調査を発動し、局地的問題を処理する。
2. 機構：各省の県・市党部に社会調査に関する主管の組を設置し、区分部は委員１人を指定して社会調査の各項事務を請け負わせる。
3. 幹部：各級党部で社会工作を行う人員の任免・審査・賞罰の基準と手続きは、党務工作人員の人事管理の規定によって行う。各海外党部及び特種党部の社会調査工作体制は、上項に照らし合わせて行う。

第3：党の社会調査は左のような特性を持つ
1. 全党の意思疎通：社会調査で一切の工作を上下下達の貫徹を求め、下から上に反映させ、常に循環交流するシステムを構成することで、工作上の観念と戦略の歩調を統一し、正しいものにするよう促進する。
2. 大衆路線の発展：社会調査で大衆の好悪や賛否を明らかにし、大衆の利害趨勢を念入りに観察し、大衆の要求を党内に反映できるようにし、党の政策を民間に広く行き渡らせる。

第4：党の社会調査は、党の政策の正しさと実践性を保障することを基本任務とし、経常的に社会政治経済各種一般動態調査において、特に以下の各種調査工作の進行について注意する。
1. 政策が確立する前に、民間の意向をまとめ、資料を蒐集し、社会上各種の異なる利益と相互関係を分析する調査。
2. 政策執行中に、実施する進度と社会の反応のため、社会的各階

層及び職業界の利益が受ける影響及びその相関関係が産む変化について考察する調査。
3. 政策執行後、相互関係が産む趨勢、および工作課程の得失を検討するため経験を総括する調査。
4. 偶発的な特殊で重要な問題の調査。

第5：各種社会調査は、ひとしく事を中心とし、問題発見を着眼点とし、問題を解決させることを目的とし、普遍性を強く求め、周到に深く掘り下げる。この原則にのっとり、およそ全国性および中央の重要な政策決定に関わる事件であれば、党中央が調査大綱を制定し、政治通告で各級党部に行うよう支持を出す。局地的な問題に属する場合、関係党部がその所属する下級党部が行うよう指示する。

第6：党の社会調査は、工作保秘の原則に違反しない中で、党内公開、党外秘密とするが、工作が進行している中で、できるだけ同志の関係を通じて行い、業務の関連部門が工作上の協力と便宜を獲得するべきである。ただ普通の機関の書面調査方式を採用してはならず、また調査される部門あるいは大衆が工作の秘密を漏洩してはならない。

第7：各級幹部と党員は社会調査工作を行う際、必ず党の立場を厳守し、公正謹厳さを強く持ち、理由をつけて事や人に干渉、攻撃、歪曲あるいは破壊の行為を採ってはならないし、各級党部は随時注意して査察、矯正を行い、指導教育および党の制裁の執行をする。

第8：党の社会調査工作の推進をむちうち励ますため、幹部と党員の

工作智能を向上させ、各級党部は定期または不定期に工作検討会、講習会及び小組会議を挙行する時、社会調査専題討論を提起し、ならびに実地に人員を派遣して監督指導に当たらねばならない。

第9：社会調査報告の処理と運用は以下の通り：
1. 党の政策決定に参考を提供する。
2. 工作幹部が工作を推進する、または革命闘争を画策する依拠を供給する。
3. 上級が正常を明瞭にし、政治的実績を検査し、党務を審査し、党紀を執行する参考証拠を供給する。
4. 党員の訓練及び対外宣伝の材料を供給する。
5. 「人」と「事」の登録または統計を行う。
6. 新調査を画策し、発動する。

第10：各級党部が社会調査を行う際に必要となる経常経費と事業経費は、各該当党部の党務経費予算内で支出する。

第11：本要綱は中央改造委員会を通過した後に施行される。

出所）「党的社会調査工作実施綱要」、中央委員会秘書処『中国国民党中央改造委員会会議決議案彙編』、中央委員会秘書処、台北、1952年〔党史館蔵　6.42/1〕、78-79頁。

　この要綱にあるように、党の社会調査は、それまでの調査統計、つまり特務活動とは一線を画している。社会における問題を発見し、それを解決に導くための調査活動なのである。しかし、これは1952年11月の中国国民党第7回全国代表大会以降には、内部の事情が変わり、消えてしまう。

こうした調査結果は小組→区分部→区党部→県・市党部→省党部→中央党部の順に上げられ、対策や解答は逆の順序で下りてくる。各級で解決可能な問題は、それぞれの党組織が同級の行政組織に働きかけて解決したり、「すでに徐々に改善されつつある」とか、「財政状態が厳しく今はできない」などといった具体的な解答を与えたりしている[11]。また、例えば軍の機密が容易に漏洩されていることや、台湾で義務兵役制度が導入された際、本省人の一般民衆が、日本時代の軍人の待遇、銃後の家族への手当て、社会的地位の高さ、紀律のよさは、国軍とは比べ者にならないほどよかったと慨嘆していることなど、当局にとって耳の痛い現実さえもが中央改造委員会に報告されている[12]。

　こうした調査は「党内公開、党外秘密」（地方党部の機関誌は党外秘）の原則が保たれ、しかも党員による調査であったため、党の指導を否定するような反体制的な意見はほとんど出ない上、一見して外省籍党員の要求と思われる項目が多く、社会で多数を占める本省人の心情を代弁したものは比較的少ない。とはいえ、「社会調査」は前述の調査結果とそれに対する党の対応を見てもわかるように、極めて限定的ながらも社会の利害表出機能の一部を党が獲得しつつあったことを示していた。「白色テロ」が吹き荒れるなか、党内における一定の自由の保証でもあったのである。

3）国民党による社会調査の資料状況

　上記のように、社会調査は基層の党員が小組において行うことになっている。それは、一般的な調査であったり、標的をしぼった「専案調査」であったりする。恐らくその一次資料は、国民党で保管されているはずであるが、いまだ公開の予定さえない。中央レベルでは、1954年から55年にかけて政策的な調査とそのフィードバックついて、まとめがなされている[13]。

　これら調査の結果は、上位の党組織に上げられていくことになっており、その中間プロダクトが県・市級の党内刊行物および省・市級の党内刊行物に「小組建議事項」として掲載されている。国民党の「改造」は中央→省・市級

→県・市級で実施され、特に社会調査をになう県・市級党部の改造委員会は1950年後半から翌51年にかけて成立した。したがって、興味深い台湾社会に対する見方が反映されている資料は、すでにきれいに整理されている上述の中央レベルの資料ではなく、地方レベル、具体的に言うと、県・市レベルと台湾省レベルの資料である。

　たとえば、「改造」期間中の「社会調査」に関する資料としては、省・市級党部の機関誌としては、『台湾党務』、県・市級党部の機関誌としては、『北県党務』（台北県）、『桃園党務』、『澎湖党訊』、『雲林党務』、『南投党訊』、『新竹党務』、『工作通報』（彰化県）、等がある[14]。これらは、当時非公開資料であり、現在でも国民党史館所有の資料である。実は利用可能な県・市級党部の機関誌は少なく、利用可能なバックナンバーは、そろっていない。

　中央級では『改造半月刊』が発行されていたが、ここには、社会調査の生の声が反映された記事はあまり掲載されていない。むしろ、どのような調査方法を採るべきであるかというような上意下達の記事などが多い。したがって、県・市級よりもさらにフィルタリングがされて、生の声からやや遠ざかっているとはいえ、継続的に「小組建議事項」が掲載されており、しかも入手可能な資料は、『台湾党務』である[15]。

　台湾省党部の機関誌である『台湾党務』（半月刊）でこうした社会調査の結果が、「小組建議事項」として党内で公開されたのは、「改造」期間中のみである。したがって、本章においては、現在公開されていて、しかも系統的に利用することが可能な『台湾党務』の第12号（1951年7月1日）から第40号（1952年9月1日）までの1年余りに毎号の巻末の「小組建議事項彙覆表」（一）〜（二十八）に収録された、1982件の建議を利用して分析を進めることとする。

第2節　国民党基層党員による台湾社会批判

　では、実際に、『台湾党務』に掲載された「小組建議事項」をもとにして、

統治集団の末端に位置する基層の国民党党員が、台湾の基層社会をどのような眼差しで見ていたのか、という点に注目して、その記述をまとめてみることとする。小組建議の多くは、党務改善提案や、政府の実施した政策の効果や副作用などについて、問題を発見して、その解決方法の建議をしている。このなかから、政策的な建議以外の、台湾社会への観察の部分を抜き出して、その特徴を明らかにしたい。この部分は、最終的な社会調査報告からは抜けているが、まさに国民党員の視線が反映された部分なのである。

1952 年現在の国民党員は 20 万 9107 人であり、そのうち 73.9％が外省人であり、小組建議のとりまとめ役となる県・市党部の主任委員は、例外なく外省人か、大陸経験を有する本省人（「半山」）であった[16]。

1) 公共空間における日本語使用禁止と国語の強制

まず、「小組建議」における台湾社会に対する観察で、最も多いのは、「日本化」した台湾社会への敵意に近い眼差しであり、特にそれは日本語の使用に表れている。新聞の日本語欄は、台湾行政長官公署の統治下で 1946 年 10 月に廃止され、これは事実上の禁止であった。教育を受けた壮年・青年の台湾本省人は、中国語ではなく日本語で日常の情報や知識を得ていたため、これは大打撃であった[17]。国語（標準中国語）の教育と使用が強制され、その不満と反発は、のちの 2.28 事件の導火線ともなった。

1950 年代初頭の国民党は、新聞以外の公共空間からも日本語使用を消し去り、国語を強制しようとした。「光復」（祖国復帰を意味する）から 6 年以上経過しても、本省人の国語水準は急速には向上しなかった。地方政府、学校、病院、商店、映画館、バスなどのあらゆる場で、現実には日本語が用いられていた。

現実には、行政長官公署が新聞における日本語欄を廃止し、公の場での国語使用を強制したことでさえ、本省人から見れば拙速であったが、1949 年前後に台湾に渡った 2.28 事件を経験していない外省人にとっては、それでもまだ「論外」であった。かつての敵国の言葉を懐かしむように常用する本省

人を批判し、国語を急速に強制することに、国民党基層党員は何らの躊躇もなかったのである。

表1　公共空間における日本語使用禁止と国語の強制

号数・番号	党部名	内容
12-106	高雄県	国語教育の推進が不徹底であり、多くの公職人員が国語を話せない。
13-320	嘉義県	国語を普及させ、日本語使用を禁止してほしい。
16-493	宜蘭県	言葉が通じないと、容易に誤解が発生する。台湾語と国語の講習クラスを設立して、大衆の学習の機会の便となすべきである。
16-495	基隆市	国語教育がなお普及しておらず、各機関、学校、病院、商店などは、いまだに日本語で話をしている。映画館や商店では、みな台湾語を流したり、日本の歌曲を聴いたりしている。政府には厳格に国語教育を執行すべきであり、商人で利益を図るために内容の悪い日本歌曲を流す者については、徹底した取り締まりをすべきである。
16-497	台北市	映画館で国語を放送する際、歌詞を加え、台湾同胞の認識を強化すべきである。
19-729	苗栗県	台湾が光復してから、すでに7年ちかくなっているのに、少数の私営バスの切符は、いまだに日本語を使っている。学校の教師もまた日本語を使って日本語で教授しており、国語の推進に大きな影響が出ている。政府当局はまだ気がついていない。(後略)
24-1057	台北県	各国民学校教員は、会話で日本語を使用する者が多くいる。(台湾省)教育庁に、厳格に取り締まり、必ず国語を用いるようにし、もしも故意に違反するようであれば、教職を免ずるよう、要請してもらいたい。
25-1093	台中県	日本占拠時代の国語講習所を復活させてほしい。現地の台湾同胞を招集し、定期的に国語を教授し、社会教育を普及させたい。(後略)
30-1363	雲林県	社会教育を施行し、民衆の補修クラスをあまねく設置して欲しい。現在の台湾老若男女で、国語を話せる者が少なすぎる。(後略)
30-1379	台北市	国語教育を推進し、行政効率を増進し、反攻の役に立てて欲しい。(後略)
35・36-1705	台南市	国民学校低学年の生徒に対して、方言で教えているため、内地の学生が往々にして聞いても分からない。当局に糾してもらいたい。

出所)『台湾党務』各号の「小組建議事項彙覆表」に載せられた記事を元に筆者作成。号数は『台湾党務』の号数であり、番号は「建議」についたナンバーである。

2）雑誌・映画・歌曲・ラジオ番組の日本語駆逐

　基層党員は、公の場から私領域へ、専門知識を伝える雑誌や書籍を除くあらゆる文字と音声の日本語の駆逐を要求していた。日本語雑誌の輸入は、種類を限って僅かに認められていた。映画は数少ない娯楽であった。しかし、すでに米軍の占領によって、言論と表現の自由を獲得しつつあった日本の雑誌や映画は、危険思想の温床であった。

　日本の流行曲を聞くことは、純粋に慣れ親しんだ文化の享受という側面が大部分であっただろうが、その場面を目にした国民党員は、危機感さえ感じていた。レコードを聴いたり、ラジオ放送を聞いたりすることも、危険視された。特に本省人が日本の軍歌や国歌を歌うことについて、国民党員の反応

表 2-1　雑誌・映画・歌曲・ラジオ番組の日本語駆逐

号数・番号	党部名	内容
12-109	台中県	日本歌曲（「青い山脈」などの挿入曲）が田舎で流行しており、不良な影響を与えている。原曲の調子を利用して、別に反共抗俄（引用者注：抗俄はソビエトロシアに抵抗するという意味）の歌詞をつけてほしい。
17-617	嘉義県	（前略）（二）日本の映画と雑誌は厳しく審査するか、あるいは禁止すべきである。
17-619	台南市	本党は、勤務場所では日本語と台湾の方言を話すことを厳禁するよう政府に依頼して発令させたが、本党の編集・印刷した刊行物だけにはいまだに日文翻訳されたものがあり、一般の党外人士が多く批判している。
17-629	彰化県	（前略）二、（1）日本の雑誌の輸入を厳禁すべき。（2）日本のレコードを放送することを厳禁すべき。（3）みずから作成した反共抗俄曲あるいは壮烈な行進曲などのレコードで日本のレコードの代わりをすべきである。
18-691	彰化県	政府には、風俗を乱す一切の流行歌曲と日本歌曲を厳格に禁止し、ならびに脚本に社会教育文化反共抗俄を妨害するものがないか検査することで、反共情緒を促進して欲しい。
19-730	宜蘭県	映画館が色情映画や日本映画を放映するのを厳格に統制し、並びに酒楼、茶室の浪費と秘密の売買春の風俗に注意すべきである。

出所）同上。

第6章　台湾における中国国民党の社会調査

は厳しかった。

表 2-2　雑誌・映画・歌曲・ラジオ番組の日本語駆逐

号数・番号	党部名	内　　容
23-1009	屏東県	商売人が業務を拡大するために、かならずといっていいほど日本の流行歌を流したり歌ったりして顧客に呼びかけているが、すでに国体を損なう嫌いがある。最近の選挙宣伝においては、日本の歌曲を盛んに歌い、他人から失笑を買っている。(後略)
27-1222	彰化県	新兵が入隊するたびに、皆狂ったように日本の国歌や軍歌を歌うが、民心に影響するので、政府は各機関・学校に対して、あまねくわが国の各種軍歌または他の歌曲を歌い、日本の歌曲を歌うのを少なくするよう命じるよう希望する。同時に新兵が入隊する前に集団で何曲かを覚えるようにすれば、入隊時の合唱の準備とすることができる。
30-1394	台北県	およそ学術参考に関する日文書籍については、教育機関で統一して購入し、市場の屋台などが売っている他の種類のいかがわしい日文書籍を取り締まって欲しい。
33-1565	台南市	近来各地で大量に売られている日文小説刊行物、たとえば『婦人倶楽部』、『婦人世界』、『キング』などの多くはピンク趣味を含んでおり、社会風俗に悪影響を及ぼしているが、日本の医学・科学雑誌は今年3月に輸入したもの以外、絶えて久しい。(後略)
35・36-1734	桃園県	本省同胞の家庭を調べると、ラジオを設置している者が多い。しかもしばしば日本および共産党の番組を聴いていて、本省人士の思想に甚大な影響を与えている。(後略)
35・36-1758	基隆市	農復会の刊行物がたくさんあり、多くの農民の読み物となっているが、その中にはいまだに日本語の記載がある。その事実上の必要性があることは分かるが、国語推進への影響が甚大であり、禁止して欲しい。
39-1877	台北市	日本のレコードおよびいかがわしいレコードについて、政府は徹底的に放送を禁止し、違反者は厳罰に処して欲しい。
40-1918	工鉱党部	羅東地域では、一般民衆、公務員および学生たちが、日本の「軍歌」および「日本の流行歌曲」を好きこのんで歌う。政府はすでに蓄音機で日本のレコードをかけることを禁止する命令を出しているが、民衆が口でこうした歌曲を歌うことも禁止した方が良い。(後略)

出所) 同上。

3) 社会の隅々に到る日本要素の駆逐

日本要素排撃は、事細かに進められた。科学的に重要性がある書籍を除き、日本の書籍の多くを国民党員は「軍国主義書籍」、「不適切な書籍」として排除の対象としてとらえられていた。

さらに、象徴性の高い日本関連遺跡（神社、鳥居、祈念碑、銅像などを指すものと考えられる）の消滅、位牌に使われる表現のみならず、職場で使われる帳簿、広告、活字、下駄履きさえも不適切な習慣であると考えられていた（下駄履きについては、政府は許可していた）。

表3　社会の隅々に到る日本要素の駆逐

号数・番号	党部名	内容
20-853	基隆市	現在、各機関・団体・学校の図書館には、いまだ日本統治時代の軍国主義書籍を受理している。関係機関は、人員を派遣して、徹底的にこれを探して破棄すべきである。
20-863	台北県	庶民の位牌には、いまだに「皇民某某」と書かれていて、店舗の広告にもいまだに日本語を使っている者がいる。厳しく糾して欲しい。
21-929	陽明山	上級党部から政府関連部門に対して、速く台湾省内の日本人に関係する遺跡を一掃し、災禍を消し去るよう要請して欲しい。
23-1012	台北県	日本式の下駄を履いて町中を歩いている者が多いことを発見した。この日本式下駄は、長官公署時期にすでに禁令があった。禁止をして、商店での発売も許さないようにして欲しい。
30-1386	陽明山	上級党部に、政府の関連部門に対して、台湾省内の日本人の遺跡を速やかに一掃し、隠れた災禍を消滅させるべきである。
31-1443	新竹	台湾省の信用合作社は、いまだに多く日文の帳簿を使っていて、非常に不適切である。民心や意識への影響が甚大である。台湾省財政庁は、検査してこれを糾して欲しい。（後略）
31-1464	工鉱	政府は、各単位に命令を発して、各種報告書で、日本式の文字を印刷してあるものは、必ず訂正してもらいたい。（後略）
32-1505	台北県	関係機関に、不適切な日文書籍の輸入を禁止させてほしい。

出所）同上。

第6章　台湾における中国国民党の社会調査

表4　党・国家体制への認識強化とナショナリズム強化

号数・番号	党部名	内容
12-47	基隆市	本省同胞は本党に対する認識が足りないため、各同志はもっと本省同胞に近づいて宣伝工作をすべきである。
12-59	屏東県	社会の一般人士は、本党の改造措置について、懐疑的態度を取っているようである。
12-63	台南県	党の農村に対する宣伝が足りず、農村民衆を本党に惹きつけることができていない。
13-169	新竹県	本省同志は、党に対する認識が足りないので、特別に訓練を施すべきである。
13-241	台南県	簡単で通俗的な反共抗俄歌曲を印刷して配ることで、反共抗俄の宣伝を強化し、ならびに政府に対して、書店で風俗を害する流行歌集を売り出すことを取り締まるよう書面で要求して欲しい。
13-247	台北市	映画館で国歌を流し、歌詞の字幕をつけることで、台湾同胞の認識を強化してほしい。
13-253	新竹県	党の刊行物は、民間に深く入り込むことができていない。発行を強化し、国家民族意識を注入し、党化教育を実施すべきである。
30-1380	台北市	三民主義教育の推進を強化してほしい。各校の訓練・指導人員の多くは、三民主義に対する認識が欠如しており、青年学生に正確な思想指導をすることができず、同時に社会の一般人民も三民主義に対して認識がほとんどなく、本党の主張に対しても認識が欠如している。(後略)
34-1670	台北県	国民学校の教材は、わが国の古くから有る国民道徳を教え導くことを強化し、そのことでわが国五千年の歴史文化を発揚しなければならない。わが国は礼儀の邦と呼ばれ、五千年来の道徳と歴史文化を持っているのであり、宣揚に努めなければならない。特に本省の人民は、日拠五十年の影響を受けており、もっと四維八徳の深意を教えなければならない。国民学校は児童の基本教育を進め、小さい頃から教育して、このことを深く理解させ、将来みなよい国民にしなければならない。
39-1899	屏東県	本省の各地で、連環漫画の貸し出しが流行していて、一般民衆と子供や生徒に人気がある。しかしこれらの図書は神仙や武侠の類であり、今日の輝かしい文化においては、先人の烈士や民族英雄の事績を連環漫画にしてこれに代え、宣伝効果を得るべきである。(後略)
40-1919	工鉱党部	最近見かけるが、羅東地域の映画館では、映画放映前に国歌を歌う時に、多くの軍人や学生が起立もせず、脱帽もしない。(後略)

出所)　同上。

4) 党・国家体制への認識強化とナショナリズム強化

　台湾社会に色濃く残る日本要素は、同時に「中国人」、「中華民国国民」としてのナショナリズムの欠如、または国民党の党・国家体制への理解の欠如をも意味していた。基層の国民党員にしてみれば、日常接する本省人は、中華民国国旗、国歌、国民党、三民主義、国父・孫文および領袖・蒋介石への信仰や敬意が欠落していたし、「五千年」に及ぶとされた歴史・文化・道徳の崇高さを尊重しない本省人に対して、いらだちに近い感情が見て取れる。

5) 反共意識の弱さ

　日本を敵と考えず、むしろ慣れ親しんでいた本省人は、同様に共産主義や共産党に対しても外省人と異なる感覚を有していた。さらに、反共意識の弱さ、共産党との命がけの闘争という歴史を共有しない本省人の共産党認識は、国民党員のそれとはまるで違っていた。反共意識が拡がらないことに危機感を感じた国民党員は、台湾の民間で流行する劇や漫画にまで反共の要素を入れ込むことを要求していた。この要求は実現され、後に強い反発を産んでゆく。

6) 台湾社会の「陋習」と「水準の低さ」

　国民党員の本省人に対する蔑視は、日本要素や党・国家体制といったナショナルレベルのみならず、風俗習慣などのローカルレベルにいたるまで徹底していた。人身売買につながる「養女」の習慣、地方に勢力を有する「土豪劣紳」、赤線への批判は繰り返し掲載されている。

　そして、信仰心厚い本省人の宗教行為は、一律に「迷信」として退けられた。恐らくそれは近代的な観点からして正しかったのであろう。しかし、台湾を自分のホームグラウンドとして、宗教行為に大枚をはたく本省人の行為は、国民党員にとっては、「浪費」にしか映らなかった。それよりも重要なのは、大陸反攻に資源を投入することである。戦時体制強化により大陸反攻を

願う外省系国民党員にとって、「迷信」に惜しげも無くお金を使う本省人は、まことにもどかしかったのである。

表5　反共意識の弱さ

号数・番号	党部名	内容
13-212	高雄県	基層工作幹部は反共抗俄の意義に対して認識不足であるため、政府の行政上の成績の宣伝は、民間に深く入ることが未だできず、民衆の政府に対する求心力が欠如している。
17-621	台南市	本省の同胞は共匪の暴虐な行為とロシア帝国の野心に対して、認識があるとはいえ、多くは実際に自分の目で見たわけではない。さらに知識水準が低い者については、さらにはっきりしていない。
17-622	高雄市	共匪が同胞を虐殺した暴虐な行為録を多く印刷して、各区党部および小組に配って、共匪の本当の姿について認識を深めさせて欲しい。
22-960	台北県	多くの本省人に共匪の暴虐な行為を理解させるために、上級党部は関係機関に、本省人が見る劇などの内容に共産党の暴虐な行為に反対する演目を加えるよう要請して欲しい。
23-1011	屏東県	本省の歌舞団の演出内容は、みな反共情緒に欠けている。上級が、脚本を改善して、反共抗俄意識を強め、広く宣伝するよう依頼して欲しい。
30-1365	台北県	普通の民衆および学生は、現在の反共抗俄政策に対して認識が欠如している。宣伝効果を確実なものにするため、教本を編集・印刷して、全ての学校に配り、教材として欲しい。
31-1460	屏東県	本省農村の民衆は共匪に対して正しい認識がない者が多く、敵味方の見分けがつかず、共産党のスパイの煽動に引っかかりやすい。(後略)
39-1898	高雄県	(前略)本省を調べると、過去に日本人の虚偽宣伝の影響を受けており、現在の新聞雑誌などの刊行物に掲載されている共匪の暴虐な行為の事実について、多くが懐疑的である。(後略)

出所）同上。

7) 本省人壮丁の兵役開始に対する複雑な反応

　1951年から、台湾省でも義務兵役が開始され、それに対する複雑な反応も多い。よく見られるのは兵役逃れの比較である。中国大陸でも兵役逃れは多く、外省人はあらゆる方法で兵役を逃れようとし、また兵役中の脱走も多

表 6-1　台湾社会の「陋習」と「水準の低さ」

号数・番号	党部名	内容
12-74	高雄県	台湾では養女が盛んであるが、多くは売春婦になっており、政府は輔導を加えて転業するよう図るべきである。
12-75	高雄県	台湾の郷・鎮長選挙は、第1期、第2期投票において、政府の宣伝が足りなかった。有権者があまり理解しておらず、少数の地方選挙で、土豪劣紳がほしいままにしている。
12-81	陽明山	赤線管理を厳格にして、私営売春を取り締まり、風俗を乱さないようにすべきである。
12-120	高雄県	地方の悪勢力は、厳格に取り締まり、制裁を加えて、民衆に迷惑を掛けさせてはならない。
12-121	台中県	本省の悪勢力はどこにでもいる。彼らは利益しか考えず、是非の観念がない。しかも選挙を左右しており、取り締まりを加えて欲しい。
13-178	新竹県	党内刊行物の内容は深すぎて、文化水準が低い党員には充分に理解できない。改善を希望する。（引用者注：主に本省人を指している）
17-598	嘉義県	漁民、塩業労働者の生活および養女問題であるが、中央は速く改善し、養女の売買を厳禁して欲しい。
19-749	陽明山	神を迎えて街を練り歩く陋習を糾すため、教育界と学校を動員し、社会人民団体は「拝拝」（引用者注：廟での礼拝行為）を意義のない行為であり、人民の財力を消耗し、民生に影響する行為であることを宣伝すべきである。
19-750	嘉義県	本省各地の「拝拝」の流行は、方法を講じて辞めさせるべきだ。
21-916	台南市	各地で売買春が盛んとなっていて、社会の風気を乱している。治安機関が厳しく取り締まるべきである。
24-1055	台南県	本県所属の党員は、多くが農民の同志であり、書籍閲読能力が低い。（後略）
30-1369	高雄県	台湾は光復以来、廟の建設や神像の彫刻など、雨後の竹の子のように増え、（中略）社会的指導者を自任する者が、民衆の迷信心理を利用して廟の建設や賽銭などの名義で献金を募り、利益を貪っていて、社会への害が甚だしい。（後略）
30-1374	新竹県	政府に「拝拝」の陋習を根絶し、節約の社会風気を作るよう、（中略）政府に提案して欲しい。（後略）
30-1418	台北県	迷信を打破して欲しい。（後略）
33-1609	嘉義県	本省社会では、以前から「死んだ犬は水に流し、死んだ猫は樹につるす」という悪習があるが、日本占拠時代には全面禁止されていたのに、現在また復活している。政府はこれを厳禁し、衛生を重視してほしい。

出所）同上。

表 6-2　台湾社会の「陋習」と「水準の低さ」

号数・番号	党部名	内容
39-1872	基隆市	本省の各映画館では、しばしば猥褻作品や神仙、妖怪、武侠の映画が放映されるが、こういった映画は、民心を消沈させる影響が強くあり、青年の心理にも影響を与える。上級は検査機関に知らせて、厳格に注意すべきである。
39-1875	台北県	歌仔劇（引用者注：台湾の伝統劇）は反共抗俄の意義がないだけでなく、多くが盗みや猥褻を教えるものであり、社会の風俗に与える影響が大である。（後略）
39-1876	屏東県	一、本省の全ての劇団、歌劇団などを含め、宣伝団体は政府機関の宣伝当局が提供する反共脚本または歌曲を使用して共匪の暴虐な行為を宣伝し、民衆の反共抗俄の情緒を鼓舞すべきである。 二、政府当局に、民間の「迎神賽会」を禁止し、浪費をやめさせるべきである。あるいはその中に反共抗俄の意義をもたせるべきである。

出所）同上。

かった。

　本省人は、それに比べれば、かつての日本と同様に、兵役が決まれば親戚や親友が爆竹を鳴らし、宴会をして祝賀するなど、外省人には考えられないような（日本的習慣に基づく）「愛国的表現」をして、国民党員を驚かせたりしている。

　ただし、本省人もまた兵役逃れのための方法を尽くした。しかし、それは日本時代と異なり、兵役の期限がはっきりしないことへの拒絶感があることも認識されていた。台湾での義務兵役開始に対する国民党員の認識は、複雑であった。

8）山地同胞（先住民）への蔑視と日本語許容

　「本省同胞」とは異なる筆致で描かれているのが「山地同胞」、すなわち山地に居住する台湾の先住民（日本時代の高砂族）である。一律に、教育水準の低さが指摘され、過度の飲酒などの「陋習」が繰り返し批判されている。ただし、管理人員として派遣された者も、山地では酒を痛飲していたようであり、そのことへの批判も散見される。

表7　本省人壮丁の兵役開始に対する複雑な反応

号数・番号	党部名	内容
15-418	台北市	(前略) 1. 過去に大陸で兵役逃れをした方法を台湾に持ち込んでいる。 2. 本省の順法精神は大陸よりもよく、兵役逃れは少ないが、反共抗俄の道理を理解している者は少ない。(後略)
18-709	台南市	徴兵開始後、各地の壮丁が忌避していることを耳にする。裕福な家の子弟は金銭を利用して学校に就学させ、一人っ子でないものは、兄弟を隠して一人っ子であることとし、年齢が合格の者は不合格にするなど、次から次へと尽きることがない。(後略)
19-753	花蓮県	最近兵役行政の面で、民衆は日本時代には徴兵制度を行っていたが、人々は入隊しても一定の期限があり、「現役は最長で3年を超えない」のであり、期間が満了となれば退役し、何ら難癖もつかなかったため、人々は喜んで従い、兵役忌避や逃亡の情況が発生することもなかった。しかし、現在は違っていて、壮丁は一旦入隊すると、法令上では多くの規定があるものの、事実上はその多くが実施されず、永久に兵役に就くことになってしまっていて、台湾同胞はこれを畏れているのである。政府は民衆の隠れた苦しみに注意を払い、全力で改善し、事実で表現し、人々の観念を変えなければならない。そうしてこそ反共抗俄のためになる。
23-1022	新竹県	本省における徴兵は、壮丁それぞれが、徴兵に当たって、みな勇気を奮い起こして自ら応じていうし、親類や友人は爆竹を鳴らし、宴会を行って歓送している。この種の愛国情緒は、まことに敬服に値する。本省の友人によると、政府がもしもこの種の気風を維持したいと考えるなら、唯一の方法は、政府が退役期限を厳守することである。まずは退役を許し、必要な時にまた招集するのであれば、信用を失うことはない。
23-1023	基隆市	一、前回逃亡兵の取り締まりをして突撃検査をした調査によると、以下のような反応がある。 1. 内地籍人民（外省人）は、周章狼狽し、誰もが危うい状態になっている。 2. 捕まった者は、本省人が新兵となって入隊するのを熱烈に歓送されているのを見て、自分が強制的に兵役に服しているのと比べ、強烈な憤慨をしている。(後略)
39-1869	高雄市	(前略) 1. 本省の同胞は、日本人が統治していたときの徴兵の影響を受けていて、兵役に服すことを恐れている。 2. 兵役を逃れるため、学童時期から軽度の眼鏡をかけて、次第に近視にさせ、成年してからは兵役を免除される。 3. 兵役忌避は小さなことかもしれないが、目を痛めるのは大きなことである。糾さなければ深刻な問題になる。

出所）同上。

「山地同胞」は特別に行政的必要性から日本語の使用を許され、本省人のような強いナショナリズム要求が見られない。期待の低さは蔑視の裏返しであろう。

表8　山地同胞（先住民）への蔑視と日本語許容

号数・番号	党部名	内容
12-19	花蓮県	山地党部の各種改造関連法規を公布する際、日本語を付けて欲しい。そうすることで山地の党員の閲読のためになる。
14-350	嘉義県	山地の同志は日本統治時代に日本教育を受け、国語ができない者が多い。国文の小冊子を読む時など殊に不便を感じる。その閲読と本党に対する認識を強化するため、上級に党務書類に中日文対照をつけて編集・印刷し、山地同胞の閲読に供して欲しい。
16-448	屏東県	山地の党員は、国文が分からず、党内刊行物に日文の附註をつけて、山地同志の閲読の便を図って欲しい。
17-565	屏東県	山地党部に発給される各種訓練用刊行物に日本語訳をつけるべきである。
29-1280	新竹県	山地同胞の飲酒の悪習を消し去るには、山地の警政人員がまず禁酒して身をもって範を示さなければならない。さもなければ効果はゼロである。
32-1534	新竹県	山地の禁酒についてであるが、山地同胞の意見によると、政府がすでに山地同胞に酒を飲むことを禁じているが、なぜ政府の人員は山地で好き勝手に痛飲しているのかという。政府は山地工作人員に対して、身をもって範を示すよう、飲酒を厳禁するよう厳しく命令してもらいたい。そうであってこそ山地同胞を感化し、悪い習慣を根絶やしにすることができる。
32-1553	台中市	山地服務団を組織し、山地同胞の文化を促進する。山地同胞の知識は浅はかであり、国家観念も弱く、生活および風俗習慣もまた開化しておらず、改善し、社会を安定させて、反共の力を強化しなければならない。（後略）
34-1661	工鉱党部	政府の山地同胞に対する現行の政策は寛大すぎて、以下の問題が発生している。①平地同胞が政府に不満である。②問題を起こした山地同胞が言うことを聞かず、政府に協力しない。③山地に派遣した管理人員の工作が困難である。④共産党等が山中に隠れても、粛正できない。（後略）

出所）同上。

第3節　基層党員による国民党政権批判

1) 党幹部・軍人・政府機関職員の腐敗・公私混同・紀律の弛緩

　基層の国民党員は、本省人社会への批判にもまして、党幹部・軍人・政府機関職員の腐敗・公私混同・紀律の弛緩を痛烈に批判し続けた。

　特に持続的だったのは、軍用車・公用車の私用である。家族の買い物や観劇、若い女性を乗せたドライブ、子供の通学の送り迎えなどに対する批判であり、ナンバーを明記した告発に近い。しかし、この悪習は繰り返され、ほとんど改善されていない。

表9-1　党幹部・軍人・政府機関職員の腐敗・公私混同・紀律の弛緩

号数・番号	党部名	内容
12-10	桃園県	従政党員（引用者注：政府機関等で働く党員を指す）の中には、まだ忠実に党の趣旨を遵守しない者、および基層組織を軽視するものがいる。これらろくでなしには厳格に制裁を加えなければならない。本党は現在改造をしており、うわべだけでごまかしたり、姑息だったりする者が存在してはならない。必ず確実に党員を統制しなければならない。
12-25	高雄市	不良分子は火焼島に送って再訓練をうけさせるべきである。（引用者注：党員不良分子を指す。また火焼島には監獄がある）
12-58	屏東県	綱紀粛正工作は、上級の同志と下級の同志を同時に進めて欲しい。高級同志の中から腐敗した悪い権勢者を粛正し、下級を教え導くようにして欲しい。そうすれば、新たな気風が流行し、水が上から下に流れるようによくなる。
12-84	屏東県	軍と政府機関の人員は、皆公用車に家族を乗せて遊覧し、子弟の通学、観劇や買い物に使っている。上級が有効に禁止してほしい。
13-203	嘉義県	近来軍・警察は礼節を重視していないようである。
14-262	高雄市	各機関・部隊は、公務でない場合、自動車を運転したり、ジープに若い女性を乗せたりするのを禁じることで、物資やエネルギーを節約すべきである。
15-411	嘉義県	監察院は汚職を確実に検挙する責任をつくすべきである。各級政府の汚職の悪習を根絶できておらず、また匿名の誣告案件に関しては慎重に処理して欲しい。

出所) 同上。

表 9-2 党幹部・軍人・政府機関職員の腐敗・公私混同・紀律の弛緩

号数・番号	党部名	内容
17-639	台南市	（前略）しばしば公務用のジープまたは小型車に女性と子供を乗せているのを見る。（後略）
17-641	屏東県	政府は、各部隊に対して軍人の家族の手伝いをするために兵士を動員するのを厳禁してほしい。（後略）
19-748	台南市	本省各県・市の軍事または政府機関の高級人員は、しょっちゅう公用車を乱用して、家族をドライブに連れて行ったり、買い物に使ったり、映画を見たり、ダンスに行ったりしている。（後略）
20-865	台北県	（前略）少数の官僚および土豪紳士が、自動車に若い女性や夫人を乗せて映画を見に行ったりレストランに行ったりしている。政府に厳しくこれを禁止し、ガソリンの節約をさせて欲しい。（後略）
25-1118	基隆市	大陸から台湾に来た少数の不肖の軍人と公務員を調べると、いまだに無節制に金を使い、公用車や私用車を無節制に使用しており、政府はこれを是正すべきである。（後略）
26-1120	屏東県	一、上級から空軍総部に伝えてもらいたいが、屏東空軍子弟小学校の送り迎えは、みな公用車を使っている。学童に勤労習慣をつけ、公用ガソリンの節約をするよう命じるべきである。 二、屏東の軍字77378号ジープは、使用者がしばしばその家族を乗せている。映画を見たり買い物をしたりするのに使われている。
26-1133	屏東県	（前略）政府当局が再三ガソリンの節約や公用車の私用禁止を提示しているのに、実際はいまだに徹底執行されていない。（後略）
28-1279	台北県	近来各部隊に、逃亡する下士官・兵卒がおり、山間の農家に潜伏し、日雇いとして糊口をしのいでいるものがある。政府に対して、各町村で、徹底精査して、兵役に戻し、流弊を途絶するよう、命じさせて欲しい。
29-1351	台南市	将兵の逃亡や自殺に注意すべきである。
29-1356	台南市	軍用車の軍人家族同乗禁止を調査すると、すでに明確に禁止令がでているにもかかわらず、現在でも町中ではいまだにこうした現象がある。上級は憲兵司令部の主管同志を通じて、憲兵に取り締まりを強化するよう命令してもらって欲しい。

出所）同上。

2）奢侈の風気・傲慢さの批判

　戦時体制、総動員態勢が叫ばれる一方、一部の公務員とその家族は奢侈な消費生活を楽しんでいた。ダンスを邪な娯楽であるとして強く批判する意見

表 9-3 党幹部・軍人・政府機関職員の腐敗・公私混同・紀律の弛緩

号数・番号	党部名	内容
33-1614	台北市	税務機関は、各特種酒家の帳簿を査察する際、女性の税務員に執行させて、弊害をなくし、税収増を図るべきである。（引用者注：色仕掛けにひっかからないようにすべきだという含意がある）
39-1880	彰化県	軍人は公共の場所で、内部事情を話してはいけない。必ず悪い印象を与えることになる。関係機関の参考とし、避けてもらって欲しい。
39-1881	台東県	年来軍紀が進歩改善しているとはいえ、いまだに人民を満足させるにはいたっていない。（後略）
39-1882	嘉義県	軍用車に軍人の家族を乗せてドライブをすることと、車速が速すぎて事故を起こすことがある。この2つは早くから禁令がでているが、軍用車はいまだにやり続けていて、ガソリンを無駄遣いし、命を犠牲にしている。一体何度こういうことが起こっているかわからないほどであり、軍事機関は徹底的に糾して欲しい。
39-1883	台南市	軍人の家族が軍用車に乗っている。政府は早くから禁止令をだしているが、現在に到るまで遵守されていない。上級は関係機関に命令して、注意履行させて欲しい。

出所）同上。

も多い。紀律の弛緩や高慢・高圧的な公務員や警察などに対する不満もおびただしいが、これらも改善がほとんど見られなかった。

3) 民衆への危害・被害

単なる紀律の弛緩ではなく、実際に軍や政府が民衆に危害を加えたり、損害を与えたりすることも多かった。特に見られるのは軍人による女性に対する暴行や、スピードの出し過ぎによる人身事故である。軍は民衆にとって危険な存在であった。またランクが上の公務員や軍人は露骨な方法で自らの利益確保に奔走していたのである。

このように、基層の国民党員は、国民党政権の統治能力に大きな問題があることを熟知していた。いくら批判しても期待通りに改善されないこともよく分かっていたのである。

表 10-1　奢侈の風気・傲慢さの批判

号数・番号	党部名	内　　容
12-73	桃園県 高雄県 花蓮県 基隆市	反共抗俄と節約増産は極めて重要であるが、現在台北の風気は奢侈であり、特に政府の主管人士の家族や身内はひどい状態で、夢うつつに一生を送っているようなものであり、贅沢の限りを尽くし、目も当てられない！　政府には戦時の生活を励行し、この頽廃の気風を立て直すことを希望する。一部の政府高級人員が自ら範を垂れることができないのなら、特に矯正すべきである。官界の宴会には制限を加え、ダンスホールは取り締まるべきである。
15-375	基隆市	ダンスを厳禁し、風紀を糾して欲しい。もしも不可能であれば、禁止ではなく徴収するという趣旨に基づき、チケット代を徴収し、娯楽税を課し、100％の防衛税を課すべきである。軍隊のクラブは対外営業を禁止すべきであり、党員と公務員はダンスホールに行ってはならない。
16-450	台北県	従政同志（機関首長）が会議に参加する際、態度が傲慢であり、官僚主義が強く、同志を蔑視しており、凄い剣幕で威圧している。上級でこれを糾し、党の友誼を固めるよう方法を講じて欲しい。
16-519	桃園県	奢侈品の売買禁止を徹底的に執行し、公務員・官吏の家族はさらに身をもって範となし、質素の美徳を提唱しなければならない。上が行えば、下が従い、徳が行き渡り、自ずと腐敗が矯正されるようお願いする。
16-525	高雄市	1. 公務員は一律制服を着て、スーツや華美な服装の着用を禁止するよう規定すべきである。 2. 厳格に公の物を私用に使うことを取り締まって欲しい（公用車に私人の家族が乗って遊ぶことなど）。 3. 婦女がパーマを掛けたり、ハイヒールを履いたりすることを禁止する。 4. 公務員がダンスをしたり、特殊な酒家に入ったりすることを禁止する。 5. 奢侈な宴会、接待、贈答などの習俗を禁止する。
18-713	台北県	少数の軍人が、休息時間に民家の奥に入り込み、婦女と談笑して、一般民衆の反感を買いやすくなっている。 軍紀をしっかり厳粛にするよう上級に建議する。
22-948	台南市	奢侈品の禁止が不徹底である。台南の空軍軍人の夫人は、いまだに大量に口紅、ナイロン靴下、および華美な衣服などを大量に買いあさっている。
22-959	雲林県	如何にして倹約節約の社会的な風気を確立するのか。（後略）
23-1025	屏東県	政府は、名義を借りて旅費を詐取する不法行為に手を染めた公務員を厳格に懲罰してほしい。（後略）

出所）同上。

表 10-2　奢侈の風気・傲慢さの批判

号数・番号	党部名	内容
24-1081	屏東県	上級には政府当局に建議して、迅速に節約の社会風気を打ち立ててもらいたい。特に上層階級から始めてもらいたい。(台北から帰ってくる者は皆台北における社会の奢侈の習慣や、臥薪嘗胆して寝る間も警戒を怠らないという気概がみじんもないことに首を振って嘆息している。(中略)台北から始めるべきである)
24-1082	基隆市	基隆市のダンスホールは、いまだに多くが設立されたまま、戦時生活を推進し、腐敗した風気を消し去るため、今あるダンスホールに対して、一律に差し押さえをし、同盟国の人間を招待するために設立するとしても、わが国の人間はその中に足を踏み入れることを厳禁すべきである。
24-1084	彰化県	陸海空軍将校が主催するダンスパーティーについて、政府は早くから禁止命令をだしているが、最近祭日などの口実をつけて、地方と共同で挙行しようと策動している。三軍の士気を堕落させるのみならず、民間でも多くの批判がある。政府に対して再度申し入れして、厳しく禁止し、違反者を厳しく処罰すべきである。
29-1358	高雄市	本省の各酒家、特に特種酒家(引用者注:性的サービスがあるものと推定される)の顧客には、背景が複雑な者もいる。治安機関に伝えて、各酒家の給仕に対して、訓練を施し、防諜工作の協力をさせるべきである。顧客が酒家で随意談笑して、容易に本来の身分を漏らしてしまうことがあるが、もしも怪しい情況があったら、随時摘発すべきである。
39-1878	高雄市	奢侈品販売禁止拡大案。(後略)

出所)同上。

4) 本省人の冷たい視線に対する理解・切迫感

であるからこそ、本省人が外省人に対して、冷たい目で見ていることを、基層の国民党員達は、よく理解していた。日本人の「奴隷化教育」を受けたことで中国人としてのナショナリズムが欠落してしまったという皮相な理解だけではなく、国民党政権自身がしっかりしなければ、本省人の人心を獲得することはできない。一部の国民党員は、そのような冷静な判断をすることができていた。本省人は、国民党を日本と比べて、威信を感じていなかった。そして国民党は共産党には勝てないと感じていたのである。

表11　民衆への危害・被害

号数・番号	党部名	内　　容
16-472	屏東県	軍隊が私有地占有して墓場を作り、民衆の恨みを買うのをやめさせて欲しい。
16-500	新竹県	学校における軍の駐留については、方法を講じて出て行ってもらった方が、教学のためになる。
17-576	工鉱党部	党部の名義で対外的に寄付を募るのは禁止すべき。
19-792	台南市	軍の運転手は道徳を顧みない。女子学生が自転車に乗っているところに出くわすと、軍の車でわざと自転車に近づき、大きな声をかけるため、女子学生は自転車ごと倒れてしまう。軍の運転手は人の命をもてあそび、不道徳である。軍警当局は厳しく取り締まるべきである。
29-1314	工鉱党部	報道によれば、軍人の婦女暴行がしばしばある。これは深刻な問題であり、徹底的に解決しなければならない。当局は「軍妓部隊」を組織し、巡廻慰労をすることで、強姦案件の発生を減らすよう提案すべきである。
31-1436	台北県	部隊の克難（引用者注：困難克服のための自給自足促進運動である）の意義はとても良いことである。しかし往々にして羊を飼っていて、大変残念である。羊は農作物に最も損害を与える家畜である。できるだけ鶏、鴨、あるいは豚を飼い、国防部には羊を飼うのを禁止させて欲しい。
34-1676	屏東県	このところ、各地の駐屯軍は実弾射撃をして、しばしば人命にかかわる事件となっている。（後略）

出所）同上。

おわりに

　本章は、『台湾党務』における小組建議の記事内容を分析した。資料としての制約があるとはいえ、そこからは外来の独裁政権である国民党の基層党員が、1950年代初頭の台湾社会をどのように感じ取っていたかを系統的に理解することができる。

　第1に、基層の国民党員は、台湾社会に残る日本要素を多く見つけ、それを消し去ろうとして、あらゆる提案をしていた。公的場所における日本語使用、日本の雑誌、歌曲、映画、ラジオ番組、日本式の漢字、日本時代の遺跡、下駄履きの習慣にいたるまで、彼らは事細かに「日本要素」を敵視し、それを暴き、厳禁するよう中央に提案していたのである。

表 12　本省人の冷たい視線に対する理解・切迫感

号数・番号	党部名	内容
13-239	陽明山	新党員を募る際、特に台湾籍同胞を勝ち取るべきである。しかしやはり質を重視し、厳しく審査すべきである。既存の党員は革命精神と新たな作風で台湾同胞を感銘させて、本党に近づくことを光栄だと思わせ、本党が人民に奉仕する党であることを深く信じさせるべきである。
15-390	高雄市	本省人と外省人の壁を越えるべきであり、相互の通婚を奨励すべきである。
15-422	台北県	台湾同胞の政府に対する観念は、なお日本に対する観念に及ばない。方法を講じて糾してほしい。
16-517	高雄市	どのようにしたら、台湾省内外の同胞の感情を徹底的に融和させることができるのか。
16-534	澎湖県	人民の政府に対する批判は、法令の執行が不徹底であるためで、政府には威信がないというものである。日本統治時期の人民は政府を畏れていたが、今政府は軽く見られている。方法を講じて改善すべきである。
32-1492	台中市	台湾籍人士および壮丁の誤った思想を糾すべきである。
32-1493	台北市	現在本省籍人民と外省人との間の溝はいまだに深い。政府の政策に対しても多くが不満であり、党の宣伝工作は、形式主義を排除し、確実に有効な方法を研究し、本省籍人民とコミュニケーションを取るべきである。

出所）同上。

　第 2 に、国民党員たちは、台湾社会にある「地方的要素」を押さえ込み、「祖国化」を推し進めようとして、多くの建議をしていた。国語の理解水準を上げるため、国語の補習を推進したり、台湾語の使用を制限したりするのみならず、民間社会における贅沢な生活、宗教的慣習（いわゆる迷信）、養女の習慣（事実上の人身売買）、に到るまで細かに観察し、それを「祖国の高度な文化」によって感化し、啓蒙しようと考えていた。

　第 3 に、しかしながら、国民党は、「日本要素」と「地方要素」を徹底的に迫害し、消滅させたわけでもない。党のイデオロギーや政策を宣伝し、定着させるため、特に山地の先住民居住地域における日本語使用は許容されたし、年配の本省人には台湾語の使用も認め、党の宣伝も 2 言語併用で行われていた。日本の雑誌、歌曲、映画、下駄履きも全面禁止にはいたらなかった。本省人は単に「国家の観念」が弱いだけであり、兵役に着く壮丁には、（なかば

第6章　台湾における中国国民党の社会調査

日本式に）家族や友人が慶祝して送り出す習慣があることを「愛国的」と評価することもあった。

　第4に、国民党員たちの目線は、単に台湾本省人への蔑視だけに当てられた訳ではなかった。党、政府、軍隊に蔓延する官僚主義、腐敗・汚職、公私混同、絶望的なまでの紀律の欠如、幹部の奢侈な生活を、彼らは繰り返し批判している。そのことは、いくら建議を重ねても根本的には解決されなかったし、解決されなかったことへの不満も綴られている。基層国民党員の冷たい目は、「大陸反攻」に協力してくれそうにない本省人のみならず、「大陸反攻」をできそうにない党、政府、軍の幹部たちにも向けられていたのである。

　国民党党史館の資料には、各県・市の改造委員会が成立した際の記念写真がある。そのなかで、台中市改造委員会が成立した際の記念写真には、立法委員でもある黄通主任委員をはさんで、国民党の幹部が並んでいる。その背景は「中山堂」であるが、2階の窓には、傾いた「天照皇大神」の文字が垣間見える[18]。このいささか間の抜けた構図の記念写真には、当時国民党が直面していた台湾社会の特徴が凝縮されている。台湾社会には、消そうとしても消しきれない日本の要素があり、国民党はその日本の築き上げたインフラの上で活動せざるを得なかったのである。

《注》

1) 本章では、特に断らない限り、台湾とはおおまかに言って日本が1985年に清朝から割譲を受け、1945年に中華民国が接収した台湾地域、および台湾に撤退した以降の中華民国政府が実効支配を続けている全領域のことを意味する。また中国大陸あるいは大陸とは、おおまかに言って台湾を除く中国を指し、中国とは中華人民共和国、中華民国、およびそれ以前の歴史上の中国を包摂した概念である。中華民国政府とは、中華民国国民政府（1925年に成立し、28年に国際的に承認された南京政府）以降の中華民国政府を指しており、その実効支配領域の変化や国際的承認の多寡を問わず、本章では便宜上国民党政権と表記する。

2) 馮琳「論国民党改造時期的社会調査（1950-1952）」『両岸発展史研究』第8期、2009年12月。台湾でも国民党の社会調査に関する研究は極めて少ない。本章は、日本でほぼ唯一の先行研究である松田康博『台湾における一党独裁体制の成立』慶應義塾大学出版会、2006年、83-86頁、をさらに掘り下げて行った研究である。

3)「小組組織規程」、中央委員会秘書処『中国国民党中央改造委員会会議決議案彙編』、中央委員会秘書処、台北、1952年〔党史館蔵　6.42/1〕、43-44頁。第一組編「政治通報第七号　小組為本党改造的基層組織與訓練単位」、『改造』、第6期、1950年11月16日、38頁。「小組組織規程」、中国国民党中央改造委員会第298次会議紀録、1952年2月20日〔党史館蔵　6.42/31.8〕。

4) 中央改造委員会第一組編『加強小組活動提示』、中央改造委員会第一組、出版地不明、1951年〔調査局蔵〕、1-2頁。

5)「小組訓練工作綱要」、中央委員会秘書処『中国国民党中央改造委員会会議決議案彙編』、中央委員会秘書処、台北、1952年〔党史館蔵　6.42/1〕、42-43頁。

6)「党的社会調査工作実施綱要」、中央委員会秘書処『中国国民党中央改造委員会会議決議案彙編』、中央委員会秘書処、台北、1952年〔党史館蔵　6.42/1〕、78-79頁。

7)「小組訓練工作綱要」、中央委員会秘書処『中国国民党中央改造委員会会議決議案彙編』、中央委員会秘書処、台北、1952年〔党史館蔵　6.42/1〕、42-43頁。

8)「党的社会調査工作実施綱要」、中央委員会秘書処『中国国民党中央改造委員会会議決議案彙編』、中央委員会秘書処、台北、1952年〔党史館蔵　6.42/1〕、78-79頁。

9) 中国国民党中央改造委員会第六組編『党的社会調査工作浅釈』、中国国民党中央改造委員会第六組、台北、1951年5月、〔調査局蔵　166.7　804　26939〕、8-9頁。

10) 中国国民党中央改造委員会第六組編『党的社会調査』、中国国民党中央改造委員会第六組、出版地不明、1950年〔党史館蔵　034.62 01〕、3頁。

11) すべてが基層の小組会議で挙げられた意見とは限らないが、「改造」時期において社会調査に基づいた中央レベルでの決議案は70件以上ある。中央委員会秘書処『中国国民党中央改造委員会会議決議案彙編』、中央委員会秘書処、台北、1952年〔党史館蔵　6.42/1〕、索引、22-25頁。社会調査のフローチャートは、『中国国民党改造期間工作概況図片集』、48頁、を参照。

12）「軍政機関保密不厳軍機外洩（党員社会調査報告）」、「一般民衆対兵役問題之反映（党員社会調査報告）」、中国国民党中央改造委員会第220次会議紀録、1951年10月12日〔党史館蔵　6.4-2/23.10〕。

13）党中央がまとめた報告書としては、以下を参照した。中国国民党中央改造委員会第六組編『党的社会調査専案報告　合訂本第一集』、中国国民党中央改造委員会第六組、台北、1954年、〔調査局蔵　166.7 804　24590　v.1 c.1〕。中国国民党中央改造委員会第六組編『党的社会調査―問題之発現與解決　第三集』、中国国民党中央改造委員会第六組、台北、1954年、〔調査局蔵　166.7026 7406　24595　v.3 c.1〕。中国国民党中央改造委員会第六組編『党的社会調査―問題之発現與解決　第四集』、中国国民党中央改造委員会第六組、台北、1955年、〔調査局蔵　166.7026 7406　26468　v.4 c.1〕。

14）筆者は、かつての国父紀念館内の孫中山紀念図書館に国民党から整理・公開を委託されていた資料の中で、これらの雑誌を発見し、コピーした。それらは、現在委託先である国立政治大学社会科学資料中心・孫中山紀念図書館に所蔵されている。

15）『台湾党務』は、国立政治大学社会科学資料中心・孫中山紀念図書館および国家図書館などに所蔵されていて、閲覧が容易である。

16）松田康博『台湾における一党独裁体制の成立』、82、222-223頁。

17）菅野敦志『台湾の言語と文字―「国語」・「方言」・「文字改革」―』勁草書房、2012年、32-46頁。

18）かつて国父紀念館内の孫中山紀念図書館に国民党から整理・公開を委託されていた資料の複写である。「中国国民党台中市改造委員会成立暨執監委員会交接典礼」、1951年3月15日〔党史館　545.0 89〕。

第 7 章
組織される徴税
── 1950 年代初期、上海の共産党と商工業者 ──

金子 肇

はじめに

　1949 年 5 月 27 日、上海を「解放」した中国共産党は、都市商工業者を新たな税源としていかに把握するかという困難な課題に直面した。当初、商工業者を直接把握できなかった共産党は、国民党政権の時代より業種ごとに同業者を統括してきた工商同業公会の組織力に依存して税を徴収しようとした。営業税・営利所得税につき、同業者相互の協議によって各自の営業額・所得額を評定し、その評定結果に基づき税額を査定する「工商業税民主評議」（以下、民主評議ないし民評と略）という徴税方式がそれである。こうした状況は、清末以来、同業団体が請負徴税等の形態によって国家の徴税機能を補完してきた伝統が[1]、人民共和国成立当初においてなお生き続けていたことを意味した。ところが、共産党はほどなく同業公会の同業者把握能力の限界を見極め、市内各区域の末端から商工業者を納税グループに組織し、税務工作員に管理させる「専責管理制」（以下、専管制と略）を導入し、同業公会に替えて民主評議の基盤に据えようとした。

　本章の目的は、この一連のプロセスを、〈国家－社会〉関係の変容──国家による中間団体の排除、それによる社会末端に至る国家管理の浸透──という視点から検討することにある。清末の開港以来著しい発展を遂げた上海の同業団体は、国民党政権期に工商同業公会に名称が統一され、人民共和国成

立後もそのまま存続したが、商工業の社会主義改造をへて1950年代後半になると徐々に消滅・解体していく。したがって本章の考察は、共産党政権下において同業公会の存在意義が低下していくプロセスを、都市税政（税源の把握如何）という側面から浮き上がらせることになるだろう。

本章に関わる先行研究には、Wang Shaoguang（王紹光）、陳永発、林美莉及び筆者の研究がある[2]。前三者の業績は、いずれも税政の近代化や刷新という観点から民主評議と専管制を検討したものである。とりわけ武漢を対象としたWangの研究は、同業団体（ギルド）依存から専管制への転換、民主評議による税の査定、脱税の取り締まり等によって、共産党が徴納税システムを制度化し収税能力を高めていった点を活写しており、上海を対象とする本章の分析にとって参考になる点も多い。他方、筆者の研究（以下、前稿と記す）は、人民共和国初期の国家と同業団体との関係を明らかにするため民主評議に着目したものであり、共産党政権下の税政そのものに注目する前三者の研究とは問題の関心が異なっている。いわば前稿の続編となる本章の分析も、当然ながらその問題意識を引き継ぐものにほかならない。

第1節　商工業納税戸調査と民主評議、専管制

1）納税戸調査の実施

上海を接収した共産党にとって、重要な税収源となったのは「貨物税」と「工商業税」であったが、とりわけ後者に含まれる営業税は企業の経営実態を正確に把握する必要があるため、稽徴（検査・徴収）方法の面で試行錯誤が繰り返された。上海接収後、市直接税局局長の地位にあった顧準は、「自報実繳」（商工業者による自己申告納税）方式による営業税の徴収を企画した。だが、自己申告による納税は、商工業者による虚偽申告と脱税の横行をもたらし、1949年10月の第1期全国税務会議以降、中央人民政府財政部から厳しい批判を浴びることとなった。「自報実繳」方式は、戦後国民党政権の時代から脱税行為に慣れていた上海の商工業者にとって、確かに御しやすい制度で

あった。しかし、それ以上に問題であったのは、この方式が規律化の進んだ大企業や近代的企業に対応できても、会計制度の整備が不十分な圧倒的多数の中小・零細業者を捕捉できなかったことである。しかも、当時の共産党税務当局は、脱税を阻止するため「査帳」（帳簿検査）を実施する十分な人的・組織的能力を欠いていた。

　こうしたなかで導入された方式が民主評議であった。当時、民主評議は査帳を実施する条件が整っていない都市で採用されていたが、1950年1月31日に中央人民政府政務院が公布した「工商業税暫行条例」において正式に制度化された。上海でも、同条例に基づいて会計制度の整っていない業者が民主評議の対象となり（民主評議戸）、業種ごとに組織される評議機関で、可能な場合は査帳を併用しながら同業者が相互に営業額を評定し、評定された営業額から税率に基づき税額を算定することになった（依率計徴）。また、同条例は会計制度が完備した企業に対しては自己申告と査帳に基づく納税を指示するとともに（自報査帳戸）、民主評議と査帳が困難な零細業者には一定期間ごとの定額納税も認めていた（定期定額戸）。1951年2月時点で、民主評議戸は上海全市商工業納税戸の74.8％を占め、これに対して定期定額戸が23.5％、自報査帳戸がわずか1.7％に過ぎなかったように、民主評議の上海税政に占める比重は非常に大きかった。

　上海における営業税の民主評議工作は1950年5月13日から始まった（1950年3〜5月納税分を対象とする第1期営業税）。同日、上海全市の民主評議を統括する市工商業税民主評議委員会（民評総会）が成立し、その下で各同業公会が業種ごとの評議機関として分業評議委員会（民評分会）を組織していった。民主評議が同業公会を基盤としたのは、「工商業税暫行条例」に沿った措置であったが、そもそも上海の共産党には同業公会の組織力に依存するしか商工業者を把握し徴税する方法がなかったのである[3]。

　ところが、その一方で、共産党税務当局は第1期営業税の評議工作が始まるより早い4月24日から、20に区画された「市区」[4]の商工業者を対象として納税戸の「普査」（一斉調査）を別途開始し、6月3日に調査を完了させてい

た。税務当局が商工業者の多い市区を対象に普査を実施した理由として以下の2点が指摘できる。第一に、「工商業税暫行条例」の公布によって徴税対象となる商工業者が増加し、普査が必要となっていたためである。共産党税務当局は、実は1949年8月にも普査を実施していた。しかし、人的な制約と市区・郊区の境界が不明確だったため調査漏れが非常に多く、また当時は営業税の「起徴点」(課税基準となる営業額)が高く設定されていたため、徴収を免除された業者も多かった。したがって、最初の普査は全ての商工業者を網羅的に把握したものではなかったのだが、「工商業税暫行条例」がそれまで徴収を免除されていた業者も新たに課税対象としたため、改めて納税戸の普査が必要となっていたのである[5]。

　第二の、より重要と思われる理由は、今回の普査が「上海市では工商局、工商業聯合会・各業同業公会のいずれであろうと、全市商工業戸の変動について比較的完全で依拠することができる数字と資料を持っていない」、それが商工業者の深刻な税負担逃れを招いたのだという認識に基づいていた点である。そうした状況の下で税務当局は、「民主評議を実行するための条件」を創出し、「専管制を建立するための基礎」を築き、さらに「科学的稽徴方法」を深く探求するため、「本市全ての商工業納税単位を適切に掌握し制御すること」が「最も必要な工作」であると見做すようになっていた[6]。中央財政部の批判を受け、同業公会の組織力に依存する形で民主評議の実施に踏み切らざるを得なかったものの、上海の税務当局は評議工作が開始される前から、商工業者を区域単位で組織・管理する専管制を視野に入れた民主評議の方法を模索し始めていた。

　今回の納税戸普査には、税務工作人員340人、華東税校の学生466人、海関からの派遣人員300人、市職工会の人員227人の総計1333人が動員され、「工商業納税戸調査委員会」(以下、普査委員会と略)が調査全体を統括した。普査委員会の下には行政区ごとに「区分会」、区分会の下に「小隊」が置かれたが、20市区に派遣された小隊の数は96個に及んだという。さらに各小隊の下には基本3人で編成される幾つもの「小組」が配され、これが調査工作の

基本単位となって都市の末端へ散っていった[7]。

　調査に当たり、税務当局は各業種の同業公会、各行政区の接管委員会や公安局の戸籍担当部門と連携した。また、調査対象の重複や遺漏を防ぐため隣区調査担当との連携にも留意し、さらに道路名、商店の屋号、複雑な里弄（路地・横丁）の状況等の把握、地図の作成などにも心を砕いたといわれる[8]。税務当局の総括報告が「里弄入口のゴミに注意し、道端の腕白小僧にも問い質し、聴覚と嗅覚を存分に利用して、報告漏れや臨時あるいは見せかけの休廃業単位を発見した」と述べるように、調査人員はゴミ箱をかき分け、小さな作業の音も聞き漏らさず、調理する僅かな臭いさえ嗅ぎつけて、調査をやり過ごそうと息を潜める路地裏の零細業者まで把握しようとした[9]。

　また報告書は、調査人員が、商工業者による煙草・茶の供応や登記逃れ（つまり納税回避）を目的とした贈賄を拒絶したことも併せて指摘し、今回の調査が厳格に実施されたことを自賛していた。税務当局が新聞・ラジオと同業公会を通して行った宣伝工作により、大多数の商工業者は普査に対してさして警戒心を持たなかったという。しかし、同業公会との連携はそれでも不十分だったため、調査を避けて休業したり、同業公会の通知がないことを理由に登記を拒否したりする業者が存在した。上述のように微に入り細を穿った調査が必要だった所以である[10]。

　納税戸普査の結果、共産党税務当局による納税戸把握の精度は確かに高まったと思われる。普査の総括報告によると、調査前に税務当局が把握していた納税戸数は 11 万 925 戸であったというが、6 月初めの調査終了時に捕捉した把握漏れ・新規開業の業者は 2 万 1430 戸に達した。ただし、重複や継続調査等となった戸数が 1 万 5112 戸に上ったため、その時点で当局が税源として掌握したのは 10 万 7830 戸（工業 1 万 5797 戸、商業 9 万 2033 戸）であった。一方、上海市の 1950 年度税収報告では、調査実施前の 3 月に税務当局が把握していた納税戸は 9 万 8666 戸とされ、それが調査実施中の 5 月に 12 万 4983 戸、6 月には 12 万 5718 戸へと増加し、その後、税務当局の掌握するところとなった商工業納税戸は 10 月に 13 万 3379 戸、12 月になると 13 万 9132 戸

に及んだという[11]。いずれにせよ、各同業公会を統括する工商業聯合会（以下、工商聯と略）が把握していた公会加入業者は4万余りに過ぎなかったから[12]、共産党の市税務当局は1カ月余りの集中的な調査によって、それを大幅に上回る税源を捕捉したのである。

2）民主評議と専管制をめぐる対立

　以上の分析から、民主評議開始の時点で、共産党税務当局は同業公会を基盤とする評議工作を実施しつつ、同時に専管制に基づく民評の可能性を模索していたことが分かる。後の上海市税務局の文書も、税務当局が民評実施のために、区域ごとに商工業者を管理する専管制の構築と民評総会・工商聯による「業別組織」の評議を同時に準備していたと認めている[13]。ここで興味深いのは、当時の共産党税務当局の内部に、納税戸普査の目的と上記2つの方向性（専管制と「業別組織」）との関係について、見解の対立が認められる点である。即ち、①普査によって直接把握することが可能になった商工業者を専管制の下に組織・管理し、同業公会に依存せず専管制を民主評議の基礎に据えていくか、それとも②普査によって新たに把握した商工業者を同業公会に加入させ、同業公会の組織的強化を通じて民主評議を充実させていくか、という点をめぐる対立である。

　納税戸普査の総括報告書は、明らかに専管制を推進する①の立場を基調として書かれていた。これまで何度か引用した「工商業税納税戸普査工作総結」は、上海の400以上の業種のうち同業公会が設立されたのは267業種に止まり、しかも中小・零細業者の公会加入率が低いことを理由に、同業公会の組織力に依存して納税戸を把握することの限界を強調した。その上で、「普査工作の目的は商人に同業公会への加入を強制するためではなく、会員と非会員をともに組織して評議を進めることにある」、税務当局は商工業者が「公会に加入できることと評議に加入することとを混同してはならない」と述べていた。また、「我々の徴税単位掌握工作は、これまで業種別を基準に10の専業科を立て個別に各業種を把握してきたが、事実はこの方法が妥当ではな

く、地域を区・段に分けて徴税単位を掌握するよう改めることが必要だと証明した」と指摘し、普査の目的が同業公会の組織的な強化ではなく、一定の区画を単位として商工業者を把握する専管制の推進にあることを明確に主張していた[14]。

　一方、機器染織工業同業公会の指導者で民評総会辦公室副主任を務めていた諸尚一は、1950年5月の座談会において、「民評会が同業公会未加入の工場・商店を迅速に入会させることができるように、税務当局の普査委員会はすでに〔民評会と〕協力して〔普査を〕進めている」(〔 〕内は金子の補足)と述べていた[15]。このような、普査の目的が同業公会の組織的強化にあるという認識は、民評総会に参与した同業公会関係者にほぼ共通したものだったと思われる。税務当局内部において、こうした同業公会側の認識を支持する立場と上述の専管制を支持する立場とがせめぎ合っていたことは、普査の総括報告書をめぐる以下の事実から読み取ることができる。

　既述のように、税務当局の「工商業税納税戸普査工作総結」は専管制推進の立場を基調としていた。ところが、草稿段階のものと思われる別のバージョンでは、先に引用した「普査工作の目的は商人に同業公会への加入を強制するためではなく……」の部分は、「我々はすでに工商聯と工商局に対して……上海の全ての業種に組織を持たせ、全ての商工業戸を適当な同業公会に参加させるよう建議している。このようにして、われわれの商工業戸に対する全般的な掌握・管理も、各同業公会を通じてさらに強化することができる」と記され、正反対の内容になっていた[16]。総括報告書の作成過程において、普査の成果を同業公会の組織的強化に結びつけようとした文案が、専管制の推進に結びつけようとする文案に差し替えられていたのである。

　次に、普査の総括報告に現れた民主評議と専管制をめぐる対立を、今少し大きな視野から観察してみよう。この問題をめぐる中央人民政府財政部の方針は、1951年3月の第3期全国税務会議で李予昂（税務総局局長）が報告した1950年税務工作の総括から窺う限り、同業者組織による協議という基本的枠組みの下で民主評議を改良・維持していくことに主眼が置かれ、専管制の実

施については慎重であった[17]。上海で専管制が模索された 1950 年前半において、すでに大連・安東・営口など東北各地で専管制が実施に移され一定の評価を得ていたが[18]、李の報告は大連等の経験についても各地の条件を無視した機械的な適用を戒め、「漸進的に普及させるべき」としていた。

また、上海で第 1 期営業税の民評工作に参画した陳覚生の報告も、上海では大連式の専管を実施する条件がまだ成熟しておらず、専管制は徐々に試行するべきで全面的に展開するのはよくないと述べていた。彼の報告で注目されるのは、第 1 期営業税の評議工作過程において、税務当局内部に「専管と民評に対する意見の不一致」が存在し、普査委員会と民評総会の活動に影響があったと暴露している点である。また彼は、その過程で「急進的に専管制を施行しようとする誤った考え方」が批判され、「力量を集中して民評を実行する」ことが提議されたとも述べている[19]。陳覚生は、同業公会に依拠した民主評議を擁護する側に立っていたといえるだろう。

これに対し、専管制の推進を支持する普査委員会は、第 1 期営業税民評において一部業種につき地区単位の民主評議を試行したが、その報告書のなかで同業公会による民主評議に強い不満を表明していた。たとえば、各業民評分会は「同業内の上層分子の利益を代表し、一切の行動の大半は自身の願望と利益から出発している」、「多数の公会責任者は十分に利己主義の二面的態度の名手であることを露わにした」、非協力的な同業公会は「評議の看板を借りて新会員を引き入れ会費を増やそうとした」等々の非難を、普査委員会の報告書から探し出すことは容易である[20]。

1950 年前半当時、直接税局長と財政局長を兼務し上海市の税務を統括する立場にあった顧準の回想を見ると、上海税務当局の上層部にも専管制の導入をめぐり対立のあったことが窺える。後に顧準が局長を務める上海市税務局（1950 年 7 月成立、後述）で副局長となる王紀華や王良ら重要幹部も、中央財政部の方針にしたがい同業者組織による民主評議を支持していたという。また、1950 年 1 月に北京で開かれた全国財政会議の後、中央財政部は天津で民主評議に成果を上げた王南秋（中央税務総局副局長兼天津市税務局長）を上

海に送り込み、民主評議を主宰させようと目論んだ。ただし、華東局と上海市の共産党指導部が反対したため、顧準が引き続き上海の税務を担当し、王には華東区税務管理局局長のポストがあてがわれたという[21]。

日中戦争前の上海で会計学の専門家として活躍した顧準は、「自報実繳」方式による営業税の徴収が中央財政部から批判を受けるようになった1949年10月以降も、商工業者の協議によって営業額を査定する民主評議という徴税方式には懐疑的であった。そうしたとき、彼は上海を訪れていたソ連市政工作訪問団の財政専門家アルヒーポフと出会い、ソ連の「専戸専管」(税務工作員による一定数納税戸の専管)についてアドバイスを受け、次節で紹介する専管制の着想を得たという。1950年4月から実施された納税戸普査は、中央財政部の圧力によって民主評議を受けいれざるを得なかった顧準にとり、専管制によって商工業者を組織化し民評を再編成するための必須の作業であった。普査の実施に先立ち、専管制に関する彼の構想はすでに上海市党指導部の同意を得ていたという[22]。だが、普査と第1期営業税民評が実施される過程で、税務当局内部には上述のように民主評議と専管制をめぐる対立がくすぶり続けていたのである。

第2節　専管制の実施

1) 基層税務機構の整備

第1期営業税に引き続き、1950年8月25日から第2期営業税(6〜8月納税分)の、そして12月1日から第3期営業税(9〜11月納税分)の民主評議が始まったが[23]、その間も専管制を支える各級税務機構の整備が着々と進められていった。この事実自体、意見の対立が存在した上海の共産党税務当局のなかで、専管制推進派が主導権を握っていたことを示すものにほかならなかった。前稿で明らかにしたように、第1期営業税の民評工作において各同業公会の組織・統制力が脆弱なことを目の当たりにしたため、税務当局内部では民主評議の実施体制を再検討する必要性が考慮され始めていたが、そう

した状況も専管制推進派の勢いを強めたものと推測される。

　1950年7月1日には、既存の直接税局、貨物税局、及び財政局の地方税担当部門が合併して、顧準を局長とする上海市税務局が成立した。さらに、8月20日には市区・郊区併せて30の行政区に税務分局が設置された。当時の新聞は、税務分局の設立準備が5ヵ月近く前より始まっていたと報じた。確かに、4月中旬の上海市第1期第3回各界人民代表会議において、顧準は各行政区の分局設立計画について報告していたから、税務分局の設立準備も第1期営業税の評議工作が開始される前から着手されていたことになる[24]。各区税務分局は、民主評議戸と定期定額戸の工商業税の稽徴に当たるほか、臨時商業税・貨物税・印花（印紙）税・利息所得税・攤販牌照（露天商鑑札）税・屠宰（屠殺）税・筵席（宴席）税・娯楽税・旅桟（旅館）捐・農業税等々の稽徴業務を担当し、経営実態の把握が容易な自報査帳戸の工商業税のみ本局の稽核処が管轄することになった[25]。しかし、専管制にとってより重要であったのは、各区税務分局の下に組織された基層の税務機構である「稽徴組」と「納税互助小組」[26]であった。

　稽徴組は、税務分局が管轄する各行政区を分割した段・塊（一定の区画）ごとに設置され、各稽徴組に配置される稽徴員が4～5組の納税互助小組を専管した。一方、納税互助小組は、稽徴組内の近隣の商工業者が10～20戸ずつで組織し、小組ごとに代表となる組長が選出された。稽徴員は、各小組の組長や組員座談会を通じて税法の説明、法令の伝達、宣伝教育、納税観念の培養に当たり、また各小組商工業者の営業状況と納税状況を把握するとともに、商工業者の意見・提案等の吸収、会計制度改良の支援などを担当して、市税務局・区分局と都市末端に至る商工業納税者との橋渡しになることが期待された[27]。稽徴組は、1950年8月29日の工商聯工商問題講習会の席上で顧準が語ったところによると、その時点ですでに105組が組織され、その後は同年12月までに173組、翌51年のおそらく夏までに189組が成立していたようである[28]。また納税互助小組は、1950年12月初めには計画していた6976小組のうち6832小組が成立し、さらに51年3月までに7170余小組、5

月末までに 7947 小組が組織されたという[29]。

　以上の専管制の内容は、顧準がアルヒーポフから教授されたソ連の経験をヒントにしたものであると同様に、おそらくは先行する国内他都市の経験から学んだものでもあった。東北地域の専管制では、大連が商工業者 100 戸を 1 人の税務人員が、安東では 300 戸を 2 人が専管しており、安東・営口等の都市の各専管区内には商工業者 10 戸を単位とする「納税工商互助小組」が組織されていた[30]。また武漢では、同業公会に依拠した業別単位と地区単位の商工業者把握を併用しつつ（「業段結合専責稽徵制」）、地区ごとには「工商税務小組」が設立され、10 ～ 20 戸を 1 小組に、3 ～ 5 小組を 1 中心組に編成していたという。武漢の工商税務小組の役割は、政府法令の宣伝・説明、徵税の協力、民主評議工作、状況報告や税負担に関する意見提出など、ほぼ上海の納税互助小組と同様であった[31]。

　同業公会の組織力に依存する商工業者の管理は、非会員業者の把握が困難で税負担の平衡性が失われがちであった。この点は武漢でも問題となっていたが、とくに上海では前稿で指摘したように、第 1 期営業税の民主評議を通じて各同業公会の脆弱な組織力と大量の未加入業者の存在が露呈していたから、共産党税務当局にとって事態はなおさら深刻であったといわねばならない。その点、専管制は同業公会の会員・非会員の別なく、区域を単位に商工業者を把握・管理できるというメリットがあったのである。

　顧準は、1950 年 8 月 21 日の民主建国会夏季講習班の講演で、「区域によるか業種によるか、税務局は過去 1 年の間少なからず堂々巡りをしてきた」と述べ、商工業者把握の苦心の跡を振り返っている。その上で、税務工作を周知するため工商聯の会合に商工業者を集めたり、大量の会員を擁する同業公会に違反行為の処理を任せたりするには限界があったが、専管制の実施によって「同業公会の負担を大いに軽減するだけでなく、税務機構と納税人とが接触する機会を増加させる」こともできるようになったと誇らしく説明していた[32]。また、彼が後に回想したところによると、1950 年 5 月の初めから 8・9 月までの間に、各区税務分局と稽徵組が成立したことによって、①納税

戸普査を完了させ「専戸専管」を実施して商工業者の変動が随時把握できるようになり、さらに②納税戸（自報査帳戸、民主評議戸、定期定額戸）の類別画定、③稽査隊の組織化、④納税互助小組による納税業務の互助・監督などの諸工作が推進できるようになったという[33]。なお「稽査隊」は、50年8月に成立し、交通要路における貨物輸送の検査、市場・倉庫や運送・保険・金融等各種企業の取引関連資料の収集などに当たる機動的組織であり、各区に分隊が置かれた[34]。

　また、顧準は以上のような専管制の一定の進展を踏まえて、1950年8月に「専管・査帳・店員協税」の方針を上海市の党指導部に進言し、上海市長の陳毅から同意を得たという。その際、副市長の潘漢年が民主評議の維持・改良をめざす中央財政部の立場を重視して彼の方針に反対し、中央財政部も民評の継続を指示してきたが、それにもかかわらず陳毅は8月中に顧準の方針に最終的な支持を与えたのだという[35]。

2）民主評議の変容

　顧準の回想で注目されるのは、以上のような経緯をへて1950年9・10月の間に専管制の基層組織が「普遍的に成立」し、「民主評議は事実上廃止」されて「専管・査帳・店員協税」の方針が初歩的に実施・貫徹されたと述べている点である[36]。この指摘にしたがうなら、少なくとも50年12月から始まった第3期営業税（9〜11月納税分）の民主評議は専管制の下で実施され、同業公会による民評は「廃止」されていたことになる。だが、顧準が指摘する「店員協税」（査帳・評議工作への店員労働者の参画）は、すでに第2期営業税の民評から実施され[37]、確かに同業公会による評議の精度を店員監視の下で補強するものだったが、これをもって同業公会を基盤とする民主評議が「廃止」された根拠とはならない。また、50年12月の民評総会拡大会議には、各業民評分会の正副主任とともに顧準自身が出席しているし、翌51年1月の民評総会常務委員会議で同会秘書長の胡子嬰は、第3期営業税の民評は各区稽徴組の支援と民評分会（同業公会）の工作によって進められたと述べている[38]。

これらの点から見て、「民主評議は事実上廃止」されたという顧準の回想はやや正確さを欠くといわねばならない。

しかし、稽徴組と納税互助小組の組織化が進むなかで、民主評議の内実が変容し始めていたことも確かであった。たとえば、第3期営業税の民評から、それまで各同業公会が担っていた営業額自己申告表の同業者への配布と回収は各区税務分局が担当するようになり、税務分局が収集した商工業者の申告営業額は納税互助小組が最初に審査することとなった[39]。とくに後者の事実は、共産党税務当局が商工業者を直接把握・管理するために組織した納税互助小組が、民主評議実施主体の一角に割り込み始めたことを意味するだけに重要であった。しかも、1951年に入ると、こうした事態は同業公会による民主評議を支持し専管制には慎重だった中央財政部によっても追認されるようになっていた。

1951年3月に開催された第3期全国税務会議の終了後、中央財政部工作組が華東区と上海の経済状況を視察するため上海を訪れた。このとき、同工作組は「民主評議と専管制を結合する問題」について、華東区税務管理局、上海市税務局・区分局、稽徴組のメンバーと合同ないし個別の座談会を開き意見交換を重ねた。その結果、同年5月に財政部が出した結論は、上海の「分業民主評議、分区専責管理」の方法を肯定しつつ、専管制を民主評議の基礎に据えるというものだった。具体的には、民評工作の重点を「業」（同業公会）から「区」（税務分局－稽徴組―納税互助小組）に移し、①商工業納税戸が申告した営業額をまず各納税互助小組で相互に点検・評議する、②互助小組が営業額を評定した納税戸は稽徴組から区の税務分局に報告され、分局が改めて業種ごとに審査する、③税務分局の審査で互助小組の評定に大きな問題がないと判断されれば、各業民評分会による業種別評議は実施せず、税負担に平衡性を欠く場合や確固とした脱税の証拠がある場合に限り民評分会の評議に委ねる、という手順が指示されていた。

中央財政部が示したこの手順は、第3期営業税民評において納税互助小組が評議工作に参画した事実を追認した感が強く、民評分会＝同業公会の役割

低下は覆いがたいものがあった。ただし、財政部は同業公会を民評工作から全く排除しようとしたわけではなく、民主評議と専管制を密接に結合させるため、各業民評分会の評議に民評総会の幹部と各区税務分局の稽徴員が共同して参加するべきであるとも指摘していた。財政部が民主評議と専管制の「密接な結合」を主張したのは、専管制だけで商工業者の脱税を防止することには不安があるため、なお「大衆力量」(＝民主評議)に依拠して税務当局の稽徴能力を補填する必要があると考えたからであった[40]。

　一方、上海市の税務当局の立場は、同業公会に対してより冷淡であった。1951年の早い時期に書かれたであろう税務局の文書は、「分区管理」(＝専管制)が異なった税を納付する納税戸を統一的に把握・管理できる点で優れていると指摘し、その上で「上海の状況から見て各同業公会が税徴収に責任を負うことを期待するのは殆ど不可能」であると断じていた。また、納税互助小組を「散漫・無組織状態の中小商工業」に相応しい組織形態と位置づけ、専管制の目的の一つが同業公会を通じて十分に把握できなかった中小・零細商工業者の管理にあったことも示唆していた。同文書が述べるところによれば、「中小型工商業」にも同業公会と業種別の民主評議は必要であるが、「小商品経済の同業」は大規模な商工業者と異なり「地区が遠く隔たれば互いによく知り合うこともできない」ため、「遠い親戚より近くの他人」のことわざ通り、納税互助小組のように業種を超えた近隣同士の商工業者を組織する方が有効なのであった[41]。

第3節　同業公会と納税互助小組

1) 同業公会の反発と抵抗

　ところで、前稿で明らかにしたように、以上のような専管制の推進工作とは別に、共産党上海市当局には民主評議の効果を確実にするため、企業登記などの施策を通じて同業公会の組織的強化を促進しようとするもう一つの動きが確かに存在した。同業公会にとってみれば、民評工作を通じて市当局と

第 7 章　組織される徴税

連携することは、未入会業者を吸収して組織を拡大・強化し、同業者に対する統制力を充実させることに結びつくものだったのである[42]。しかしながら、各区税務分局から稽徴組・納税互助小組に至る税務機構が整備されるなかで、民主評議における同業公会の役割は税務当局によって明らかに低く見積もられるようになっていった。当然、こうした状況に対して各同業公会のなかには反発があったであろう。

　顧準が 1952 年 2 月に語ったところによれば、1951 年 4 月に既述の中央財政部工作組が上海を視察し、民主評議の重点を同業公会から納税互助小組に移行させる指示を出したとき、工商聯の「若干の私営企業の代表的人物」が強硬に反対し、こうした方法の変更は自分らの同意がなければ実行できないと述べたという[43]。彼の工商聯・同業公会に対する批判は後の回想でも繰り返されており、そこでは民主評議を通じて「工商聯と各同業公会が税収大権を一手に握った」という表現さえ見える[44]。ただし、52 年 2 月の上記の発言は、商工業者を摘発・攻撃した五反運動が上海で始まってからのものであり[45]、また後者の回想も文化大革命時に自己の経歴を批判的に点検した文章のなかで記されたものであるため、「資産階級」に対する批判がことさら強調されている可能性もある。

　しかし、公然と声を上げて民主評議の変容に反発したか否かは別として、工商聯や同業公会に不満や不安が蓄積されていたことは、五反運動の前に書かれた共産党税務当局の文書からも推測することが可能である。たとえば、華東区税務管理局の方成平は、1951 年夏前に書いたと思われる文書において、専管制が「開始されたとき商工業界は疑念を抱き、納税組が建立された後、同業公会の威信がきっと低下するであろうと恐れていた」と述べている[46]。また、51 年の春から夏前までに書かれたと推測される市税務局の文書は、税務当局が納税互助小組を組織して商工業者と直接接触するようになって以来、「商工業界の上層分子は、彼らの同業公会をもって我々に敢えて対抗しようとはしなくなった」と記している。さらに同文書は、納税互助小組が「税務保甲」のようなヒエラルキー組織と化し、その頂点に立つ「上層領導機関」が

223

「少数の商工業界分子」に掌握されてしまうことを強く戒めていた。「厳密にコントロールされた組織」である納税互助小組は、「比較的自由な色彩を帯びた同業公会と比べるべくもなく、よって同業公会に主導権を渡して害を被ることは許されない」。税務当局は、そうした見地から、互助小組に同業公会の影響力が及ぶことを警戒していたのである[47]。

　一方、こうした共産党税務当局による納税互助小組の組織化工作に対して、工商聯と同業公会の側も相対的に独自な基層組織の整備を進めていた。1950年9月までの時点で、すでに染織工業、彩印工業（カラー印刷業）、綿布商業、儀器文具業（器具文房具業）等の同業公会が基層組織の整備と強化に努めていたことが確認できる。とくに彩印工業同業公会は、地区別に12区23小組（1小組は4～9家で構成）を編成するとともに、業務別の基層組織も結成していた[48]。また、第1期営業税民評の際には、全市同業者を16大組49小組（4～8家で1小組、2～5小組で1大組、各大小組で組長・副組長を選出）に編成し、組織の強化を通じて税務当局と同業納税者の連携を図ろうとした化学原料商業や、地区ごとに正副主任委員と区段長を選出して独自の評議工作を進め、普査委員会の基層組織化工作と真っ向から対立した煤薪炭商業などの同業公会も存在した[49]。

　民主評議における同業公会の独自性を維持しようとする動きは、同業公会の役割が低下するなかで実施された第4期営業税（1950年12月～51年3月納税分）の民評工作においても、依然として観察することができる。たとえば、1951年3月の糖商業同業公会の会議では、納税互助小組の審査資料に依拠して評議を行うか否かが議論され、同公会の「基層小組」によって査帳を実施し、公会の執行・監察委員が各小組組長・副組長と共同で査帳結果を審査すると決定している。既述のように、第3期営業税の民評から、納税互助小組が税務分局の収集した申告営業額を最初に審査することになっていた。ところが、糖商業同業公会は互助小組の審査資料に依拠せず、公会基層組織の査帳に基づく独自の審査を実施しようとしていたのである[50]。

　おそらく、こうした個別同業公会の動きを背景の一つとしてであろう、

1951年2月に開催された上海市第1回工商界代表会議では、中小・零細業者を主体とする同業公会から、確認できる限りで20件もの基層組織強化を求める提案が上程されていた[51]。納税互助小組の組織化が、中小・零細商工業者の把握・管理を目的としたことからすれば、これらの提案に専管制に対する同業公会側の反発を読み取ることも可能であろう。いずれにせよ、同会議では基層組織を強固にするとともに、工商聯区辦事処を設立し工商聯の全市商工業界に対する指導と連携を強化する決議案が採択された[52]。また51年6月には、工商聯の常務委員会において「各業同業公会基層組織暫行通則」が通過し、業務の性質に即した「組」と行政区分に即した「区」を基本単位とし、さらに組・区の下には「小組」を設置することが、各公会共通の基層組織編成方法として確認されている[53]。

だが、1951年9月の第2回工商界代表会議における工商聯の報告によると、8月末の時点で276同業公会籌備会のうち120公会が正式に成立していただけで、工商聯自身も「このような進度は我々も比較的遅いと感じている」と述べざるを得なかった。同業公会の組織化自体が緩慢だったのである。成立した120公会については、基層組織を強化し会員間の「自由散漫現象」を部分的に克服したと報告されている。だが、共産党税務当局による稽徴組・納税互助小組の組織工作と比較するなら、基層組織化の進展度合いにおいて工商聯・同業公会の側が後手に回っていたことは否めなかった[54]。

2）納税互助小組と「納税の運動化」

それでは、都市基層の商工業者、とりわけ中小・零細業者の把握を目的とした納税互助小組の実態はいかなるものだったのか。以下では、『新民晩報』・『大公報』等の新聞報道や、民評総会が納税互助小組と各業民評分会（同業公会）の交流・協力を図る目的で『新聞日報』紙上に設けたコラム『納税互助』[55]に依りながら、納税互助小組の内実に迫ってみたい。

まず互助小組に組織された商工業者の経営状況について、これらの史料から窺えるのはやはりその零細性である。ある互助小組の納税戸は、竹漆細工

（竹漆匠作）・お湯売り（老虎灶）・仕立屋（成衣舗）・菓子屋（点心店）・煙草雑貨屋（煙紙店）など作業場や小店舗の親方・店主であった。また、普陀区第2稽徴組第3互助小組の納税戸はみな「露天商や粗末な商店（小攤陋店）」の小商人、虹口区第5稽徴組に属する8つの互助小組は大部分が「夫婦で経営するような小商店（夫妻老婆店）」の経営者であった[56]。

ただし、こうした経営の零細さは納税観念の欠如等を問題視する文脈で指摘されることが多く、場末の街角や路地裏にうごめく零細商工業者の組織化が困難であったからこそ史料上に現れてきたともいえる。『大公報』のある記事では、徐匯・閘北・楊浦各区の事例として、文化水準の低さから商工業者が会議に興味を示さず互助小組の設立に疑念を抱いたこと、ある小組で初めて会議を開くと出席者の3分の2は店のおかみさん（老板娘）で店主は日和見を決め込んでいたこと、また別の小組では識字者が1人もおらず小組長の適任者が見つからなかったことなど、互助小組を組織する際の苦労が紹介されている[57]。この記事が念頭に置いているのも明らかに零細業者であろう。

納税互助小組は、以上のような零細業者を中心とした納税戸と税務機関との関係を緊密にし、また商工業者に「大家辦税」（みんなで税務を担う）の精神を植えつける上で大きな作用を果たしたとされる。だが、税務関連の業務以外でも、次第に商工業者の登記や公債の返済、さらには種痘・清潔衛生運動といった地域業務を担当する互助小組が現れ、1951年5月の『納税互助』では担当業務の過多が問題視されるようになっている。そのため、小組長は会議が多く極めて多忙であったらしい[58]。

税務の面で納税互助小組が最も大きく貢献したのは、「互助」を前面に押し出した滞納税追徴工作であった。たとえばそれは、虹口区第5稽徴組下の虬江支路区域17家で組織する互助小組の会議から格好の事例を知ることができる。1950年11月に開かれた同互助小組の会議で税金滞納を追求された豊記旧五金号の主人が、商売の不如意を理由に納付を渋ったところ、栄豊木器号店主の張栄高が「わしらは近所同士でお互いよく見知った仲じゃないか。全部でたった10万元の税を払えないからって、あんたもわしらに遠慮するこ

とないよ」と立替えを申し出たため、旧五金号の店主は顔を赤らめ二度と滞納しないと約束したという59)。経営や生活が苦しい業者に対して小組長や隣の店主が営業税の納付を肩代わりしたり、商売を手助けして納税を後押ししたりする事例は他にも散見される60)。

こうした近隣の情誼を通じた個別の追徴工作とは別に、組織的に実施された滞納税防止工作が「集体報繳」(集団申告・納税)であった。「集体報繳」とは、各互助小組長が納税期日前に納税戸から徴収した税款を指定銀行の口座に預け、人民銀行公庫部ないし税務局名義の記名式小切手を振り出すもので、互助小組のメンバー全員が連帯して税款を納付することが求められた。そこで、滞納者を出さないように、担税能力がない零細業者のため互助小組で貸付金を積み立てる「儲金互助」(あるいは「納税互助基金」)と呼ばれる貯蓄制度も同時に奨励された。この制度は、1950年12月に常熟区第1稽徴組所属の第65納税互助小組が創案し、『納税互助』等の紹介を通じて他の互助小組にも普及していった61)。「儲金互助」に限らず、情誼に訴える事例や「集体報繳」の方法は新聞等によって報道され、滞納税追徴工作は「大衆を発動して大衆に依拠し、実際の事例に即して納税人を説得する」ことで多大な成果を収めたとされる62)。

しかし、「互助」の名の下に推進された諸工作が、実は「強制」と隣り合わせだったことも見逃してはならない。常熟区各稽徴組の税務工作員は、「催欠競賽」(滞納税追徴競争)で好成績を上げるため、競って納税互助小組に「集体報繳」や「儲金互助」の制度を採用させていた。また、長寧区第5稽徴組下のとある小組長は、「集体報繳」の税款を全額徴収するため早朝4時から納税戸宅を訪ね歩き、別の小組長は納税戸に罵られながら滞納税追徴の任務を達成しようとしていた63)。さらに、嵩山区第10稽徴組下の52互助小組が参加した納税競争では、他人の脱税検挙が優劣評価の項目に加えられており、相互監視圧力の下で商工業者たちが納税ノルマの達成に追われる姿が垣間見える64)。相互に監視しあう「互助」という名の「強制」のなかで、脱税の発覚を怖れ自白をためらって煩悶し、あるいは反脱税大会に集まった商工業者の

「憤怒」の前で自白を強いられ吊し上げを食らう業者が現れるのは、けだし当然であったといえよう[65]。

さらに注意しなければならないのは、この「集体報繳」が朝鮮戦争下の政治的大衆動員と結合していったことである。1950年10月に朝鮮戦争に参戦して以降、共産党政権は戦時統制に適合した経済活動の規律化を求めて商工業者（各同業公会）に対する規制を強めていたが[66]、それは専管制が導入され稽徴組・納税互助小組の組織化が進展した時期と重なっていた。そうした状況のなかで、「集体報繳」の取り組みは、アメリカの日本再武装に反対し抗米援朝運動を支える「愛国」精神の発露として称揚されるようになっていった[67]。また、1951年3月あたりから、各稽徴組は各互助小組の納税戸を組織して、抗米援朝運動を支持し「集体報繳」への献身を誓うデモ行進に動員するようになった。

この点について、3月末の『納税互助』の記事は、「2、3週前より街頭では絶えずこうした熱烈な行列に出くわすことができる。彼らは腰鼓やヤンコー（秧歌）を踊り、即興劇（活報）を演じながら、軍楽と爆竹が鳴り響くなか、店の旦那やおかみさんが一団となって税務局に向かい税金を納めるのだ」と、その狂騒ぶりを描写している[68]。互助小組のデモに関する報道は枚挙に暇がないが、大規模なものでは3月12日に静安区の400余家と露天商1500人、揚思区300余家、邑廟区第6稽徴組600余人、常熟区第6稽徴組の35互助小組500余人、黄浦区第1・2・3・4各稽徴組の123互助小組2000余人からなる合同デモが敢行されている。また、老閘区の納税戸7800余りが参加した15日のデモは、一連のデモのなかでも最大規模であったという[69]。

こうした事態は、「納税」という行為が朝鮮戦争下の政治動員と結合し、専管制を通じ「運動」として組織化されたことを意味した（納税の運動化）。12日のデモに参加した50歳過ぎの店主は、「わしは数十年生きてきたが、今まで今日のように興奮したことはなかったよ。納税は人民の当然尽くすべき責任さ。その上、政府は盛大にわしらを歓迎してくれて、それで期限どおりに納税しなかったら政府に申し訳が立ちゃしないさ」と述べていた[70]。このよ

うな高揚感に満ちた納税意識こそ、共産党が「納税の運動化」を通じて醸成したかったものであったといえよう。

　ただし、「納税の運動化」が共産党の指導によって進展したことは確かだとしても、それは顧準が専管制に求めた本来の機能とは乖離していたように思われる。彼は、表敬のため税務局を訪れる納税互助小組のデモに対して禁止する措置をとったと回想しているし、当時の税務局の文書も「各区商工業界の集体納税デモ」を制限したと述べている。顧準ら税務局にとって、納税戸に「深く浸透し制御する（深入控制）」ことこそが税務工作の目的であり、商工業界の「愛国」運動は、その目的に有利な政治環境を醸成する上で必要だったに過ぎなかった。むしろ、運動の熱狂的発展は、「大衆の疲弊と工作の形式主義化」を招くものとして敬遠されていたのである[71]。

　ここで興味深いのは、税務局の同文書が「集体納税デモ」の制限は華東区と上海市の党指導部の指示に基づいていたと指摘している点である。第2節で述べたように、上海の党指導部では市長の陳毅が副市長潘漢年の反対を抑えて、専管制を推進する顧準の方針に支持を与えていた。史料の不足からにわかに判断することは難しいが、「納税の運動化」には上海市の共産党内部でも陳毅―顧準のラインから距離を置く、たとえば潘漢年ら民主評議擁護派の影響力が強く作用していたのかもしれない。

第4節　排除される同業公会

　先に確認したように、第3期営業税の民評工作以降も民主評議という徴税方式は依然として保持されていたが、専管制の実施にともない同業公会の役割は確実に減退しつつあった。共産党は、稽徴組・納税互助小組を通じて商工業者を独自に把握し、民主評議の基盤を同業公会から専管制に移行させようとしたのである。専管制によって徴税（納税）は組織化され、さらに抗米援朝の課題と結合して運動化の様相さえ呈し始めていた。こうした趨勢のなかで、同業公会は最終的に民主評議から排除されていく。本節では、そのプ

ロセスを民主評議関連規則の変化を追うことで確認してみたい。

　1950年5月の市工商業税民主評議委員会（民評総会）成立大会を通過し、7月に上海市人民政府が認可した「上海市工商業税民主評議委員会組織規則」（以下、組織規則と略）では、業種ごとに組織される分業評議委員会（民評分会）が評議の基本単位となり、各民評分会の委員は同業者が推挙・決定することになっていた[72]。つまり、50年7月の時点では、同業公会を主体とする組織形式を市人民政府は追認していたのである。

　しかし、ほぼ同時期（遅くとも第2期営業税の民評工作が始まる8月末まで）に税務当局が起草したと思われる「上海市1950年工商業税稽徴辦法草案（三稿）」は、「納税互助小組」が民主評議を実施し「稽徴組」が互助小組を統括するという構想をすでに提示していた。ただし、ここでの「納税互助小組」は、区域別とともに業種別の編成が想定されている点で実際に実施された専管制の互助小組とは異なっていた。また、区域別の「納税互助小組」は15～20戸で組織される点で実際の互助小組の組織規模に近いが、業種ごとの「互助小組」は1業種1小組を原則とするため、その多くが同業公会と組織的に重なってしまう点で問題が残されていた[73]。おそらく、この草案は税務当局内部の専管制推進派が関与したと思われるが、専管制が検討途上の段階で作成されたのであろう。

　ところが、1950年12月以降に検討されたと目される組織規則の修正草案になると、専管制の進展を受けて区域を基準とする評議組織が前面に出てくるようになる。即ち、民評総会の下に行政区ごとの「分区評議委員会」を組織し、さらにその指導下に業種ごとの「分区分業評議委員会」を設けるという構想で、同業公会が組織する従来の業種別民評分会は同業者が200戸以下の場合にのみ許されると規定されていた。また、各同業公会は民評分会と分区分業評議委員会の委員を推薦することができたが、委員の決定権は民評総会と分区評議委員会にあり同業公会にはなかった[74]。

　このように、規則上においても同業公会の役割は確実に低下しつつあったが、1952年9月に修正公布された組織規則において、同業公会は民主評議か

らほぼ完全に排除されることになる。同組織規則によると、上海の民主評議を統括する「市民評会」は、市財政経済委員会、税務局、工商局、工商聯、総工会の各代表と市人民政府が「工商界公正人士」より招聘する代表が組織し、各行政区には「区民評会」及び区域別と業種別からなる「民評小組」が設置される。これに対して、各区民評会は、区財政経済委員会、税務分局、工商科、工商聯区辧事処、総工会区辧事処の代表と区人民政府が同区の「工商界公正人士」及び「工人店員」より招聘する代表によって構成され、また区域別・業種別の民評小組は納税互助小組の組員、工会協税幹事、稽徴組幹部によって組織されることになっていた。他方、統属関係も厳格に規定され、市人民政府が市民評会を、区人民政府と市民評会が区民評会を、区民評会が民評小組を指導するものとされた。工商聯及び市・区人民政府の招聘を通じて同業公会の指導的メンバーが民評組織に参画する可能性は残されていたが、組織としての同業公会は完全に排除され、その一方で民評工作の基礎単位となる民評小組には、稽徴組の税務工作幹部と納税互助小組に組織された商工業者が参画するのである[75]。

　市税務局は、1951年8月の第5期営業税（同年4～6月納税分）民評工作の時点では、民主評議の実施形態として①納税互助小組を単位とした区域別評議、②稽徴組専管区を単位とした区域別評議、③各専管区の区域別に業種別を加味した評議を試行し、当面は③の形態が商工業者の地縁的・同業的な親近性をともに活用できる点で利点があると評価していた[76]。だが、五反運動終了後の1952年6月頃になると、③の形態による民主評議（評議組織は「民評小組」と表現されている）の推進が引き続き主張される一方で、評議工作に協力し監督する「工人店員」の役割が強調されるようになる。

　即ち、税務人員は商工業者が申告した営業額を先ず「工人店員の協税組織」の審査に委ね、不正が発覚すれば「店主と工人店員が参加し税務局が指導する民評小組」で評議を実施するのである。ただし、「工人店員の協税組織」の審査により商工業者の自己申告が正確であると判断されれば、民評小組による評議は不要であるとされた。五反運動後の税務局は、同業公会という組織

のみならず「資産階級自身による評議」そのものに依存しない姿勢を示し始めていた[77]。おそらく、1952年9月に公布された上述の組織規則は、内容から見て以上の経緯のなかで案出されたものと考えられる。

かくして、1952年12月29日に、この修正組織規則に基づいて新たに市民評会が改組・成立した。同時に各行政区には区民評会が設立され、それに併せて第1期営業税の民評工作以来、各同業公会が組織してきた各業民評分会は解散された[78]。なお、同業公会を排除して成立した市・区両民評会は、1957年6月まで存続したことが確認できる。詳細については今後の課題だが、市民評会が市人民委員会に市・区両民評会の終了を申請した56年11月の報告によると、「1953年以来、税収工作が次第に浸透し、納税互助小組と各納税戸の協商工作が広範に展開することにより、民評会の活動は徐々に減少した」という。さらに、54年以降の「公私合営」（国家と民間資本の共同経営）政策によって、企業の営業税・所得税は全て「自報査帳」による徴収に改められ、民主評議自体の重要性も失われていったのである[79]。

おわりに

「1年来の工作は、税務工作が比較的規模の大きな商工業界だけではなく、広範な小商品生産者と小商人にも相対していることを証明した」。これは、1950年末頃に書かれた上海市税務局の文書の文言である[80]。本章が明らかにしたように、工商同業公会を基礎とした民主評議が専管制により変容していくプロセスは、税務局が総括するとおり「小商品生産者と小商人」＝中小・零細商工業者の存在が問題の焦点となっていた。その中小・零細業者の把握・管理を課題とした専管制の実施は、同業公会を媒介とする徴税から都市社会の直接的・制度的な組織化に基づく徴税への転換を意味した。この転換にともない同業公会の役割は次第に低下し、中国の同業団体が伝統的に有した徴税補完機能は最終的に否定されていったのである。その事実から、われわれは中間団体を排除し都市社会の末端まで管理しようとする共産党の強靭な意

思を見て取ることができよう。

　注意すべきは、専管制（稽徴組・納税互助小組）による商工業者の組織化が、朝鮮戦争下の政治的大衆動員と結合して、「納税の運動化」という事態を生み出したことである。これは、上海の専管制を構想した顧準ら税務当局者が本来意図したことではなかった。この事態を戦時統制の要請にともなう制度上の歪みと捉えるのか、そもそも共産党の内部（あるいは一部）に「社会の組織化」と「動員＝運動化」とを結びつける志向が内在していた現れと見るのか、今後検討の余地があるように思われる。

　また、区域を基本単位とする専管制によって、徴税と納税戸管理の効率が上がったのかという点についても、さらによく吟味する必要がある。専管制に基づく民主評議が実施されていた 1954 年当時の税務局文書を見ると、「国家計画経済を破壊し工商管理規定に違反する不法行為」と結びついた民主評議戸の「厳重な脱税や申告漏れ」が依然として指摘されている。その上で、民評小組を通じて「納税戸に端正な納税態度と真面目な納税義務の履行」を指導することが求められ、また戸別管理の基礎の上に業種別管理を強化していくことが主張される[81]。納税互助小組のような区域単位の納税グループを組織して、それにより個々の商工業者を管理し徴税することに限界があったとすれば、次に来るのは、より直接的で徹底した組織化と管理の方法以外に考えられない。そこに、公私合営化（国営化）によって国家が企業を直接把握し徴税する方法に帰結していく税政上の理由があるように思われるのだが、この検討もまた今後の課題である。

《注》

1) この点については、Mann, Susan, *Local Merchants and The Chinese Bureaucracy, 1750-1950* (Stanford: Stanford University Press, 1987) , 拙稿「清末民初における江蘇省の認捐制度」(『東洋史研究』第 59 巻 2 号、2000 年)、林美莉『西洋税制在近代中国的発展』(中央研究院近代史研究所専刊 88、2005 年)、魏文享「工商団体与南京政府時期的営業税

包徴制」(『近代史研究』2007年第6期)などの諸成果を参照されたい。

2) Shaoguang Wang, "The Construction of State Extractive Capacity: Wuhan, 1949-1953", *Modern China*, 27-2 (2001) , 陳永発「中共建国初期的工商税収：以天津和上海為中心」(『中央研究院近代史研究所集刊』第48期、2005年)、林美莉「従自報実繳到民主評議：上海工商業税的税政転折、1949-1950」(謝国興『改革与改造：冷戦初期両岸的糧食、土地与工商業変革』中央研究院近代史研究所、2010年、所収)、及び金子肇「人民共和国初期の工商業税民主評議と同業団体――上海の工商同業公会を対象に――」(『史学研究』第284号、2014年)。

3) 以上の点については、前稿及び顧準「上海税収時代、1949/Ⅴ-1951/Ⅲ－歴史交代(17)」(同『顧準自述』中国青年出版社、2002年、154頁。同文書は、以下「上海税収時代」と略)を参照されたい。

4) 戦後、国民党政権は上海市を20の「市区」と10の「郊区」に区画したが、共産党も上海接収後はそれを踏襲した。20の市区は静安・新成・老閘・黄浦・邑廟・蓬莱・嵩山・蘆湾・常熟・徐匯・長寧・普陀・閘北・江寧・北站・虹口・提藍橋・北四川路・楡林・楊浦の各区である。

5) 上海市檔案館蔵歴史檔案(以下、上檔と略) B97-1-254：「工商業税処普査納税単位工作計劃」。

6) 上檔 B97-1-254：「工商業税納税戸普査工作総結／普査工作前主客観情況」。

7) 上檔 B97-1-254：「工商業税納税戸普査工作総結／普査工作的組織過程和準備階段」。

8) 上檔 B97-1-254：「普査工作総結」。

9) 上檔 B97-1-254：「普査工作中的優缺点和幾個困難問題」。

10) 上檔 B97-1-254：「工商業税納税戸普査工作総結／工商業界的反映和認識」、及び前掲「普査工作総結」。

11) 上檔 B97-1-353：「上海市1950年税収計劃総報告」、及び前掲「普査工作総結」。

12) 前稿を参照。

13) 上海市税務局「上海市税務工作中幾個業務思想問題的初歩総結」(『税工研究』第2巻4・5期、1951年5月)。

14) 上檔 B97-1-254：「工商業税納税戸普査工作総結／普査工作中的優缺点和幾個困難

15) 上檔 S33-4-48：機器染織工業／民主評議工商税座談会（1950 年 5 月 20 日）。
16) 前掲「普査工作中的優缺点和幾個困難問題」（この文書は、B97-1-254：「工商業税納税戸普査工作総結」中の一節と同名だが、それとは別に独立した文書として同じ巻宗号のファイルに綴じ込まれている）。
17) 李予昂「一九五〇年税務工作基本総結」（『税工研究』第 2 巻 4・5 期、1951 年 5 月）。
18) 資料室「介紹各大城市税収工作的改進与経験」（『上海工商』第 1 巻 18 期、1950 年 4 月 25 日）。
19) 陳覚生「関於上海市第二季工商業税民主評議工作的研究」（『税工研究』第 1 巻 8 期、1950 年 8 月）。
20) 上檔 B95-1-2：「分区分業民主評議工作総結」。
21) 前掲、顧準「上海税収時代」155、158 頁。
22) 前掲、顧準「上海税収時代」154-155、179-180 頁。
23) 『文匯報』1950 年 8 月 25 日「二期評税工作今天開始」、同 12 月 2 日「第三期評税工作昨開始 申報表由各区税局収発」。
24) 『大公報』1950 年 8 月 21 日「税務工作提高一歩 三十個分局昨日成立」、上檔 L1-1-5：顧準「上海市財政及税務工作報告」。
25) 『文匯報』1950 年 8 月 20 日「厳密管理全市税収工作 卅個税務分局今成立」、『大公報』1950 年 9 月 29 日「朱佑慈／上海税務的進程」。
26) 「納税互助小組」については、史料上、「納税人互助小組」「納税（人）互助組」「商人互助小組」等の名称で記載され一定しないが、本章では「納税互助小組」に統一する。
27) 『大公報』1950 年 12 月 3 日「朱佑慈／税務工作的群衆路線」。
28) 顧準「税収政策」（『上海工商』第 1 巻 32 期、1950 年 9 月 15 日）、上檔 B97-1-146：「上海税務工作的基本経験」及び「両年来的上海税務工作」。
29) 前掲「朱佑慈／税務工作的群衆路線」、『新民晩報』1951 年 3 月 11 日「君平／以集体繳税的行動来反対美国武装日本」、子揚「関於納税互助組的問題」（『納税互助』第 14 期、1951 年 5 月 21 日）。

30) 前掲、資料室「介紹各大城市税収工作的改進与経験」。

31) 「武漢市実行業段結合専責稽徴制（武漢市人民政府関於改進工商業税工作的指示）」（『税工研究』第1巻8期、1950年8月）。

32) 『大公報』1950年9月5日「顧準／上海税務工作（八月廿一日在民建会夏令講習班演講）」。

33) 前掲、顧準「上海税収時代」161-162頁。

34) 前掲、上海市税務局「上海市税務工作中幾個業務思想問題的初歩総結」、『文匯報』1950年8月16日「上海市人民政府税務局公告」。

35) 前掲、顧準「上海税収時代」166頁。

36) 前掲、顧準「上海税収時代」160、162頁。

37) 『大公報』1950年10月13日「参加民評工作職工聯歓」。

38) 『文匯報』1950年12月25日「民評会開三次拡大会議 争取提前完成三期民評工作」、同1951年1月17日「民評会第十次常委会通過去年所得税存貨作価原則」。

39) 『大公報』1950年12月1日「三期営業部份工商業税民主評議工作今天開始」。

40) 中央財政部工作組「関於華東税収工作上両個重要問題的研究」（『税工研究』第2巻4・5期、1951年5月）。

41) 前掲、上海市税務局「上海市税務工作中幾個業務思想問題的初歩総結」、及び前稿を参照。税務局文書の執筆時期は、文書中に1950年12月末までの工作・調査結果が記されていることから判断した。

42) 前稿を参照。

43) 『大公報』1952年2月19日「顧準／堅決打退上海資産階級対国家税収的猖狂進攻」。

44) 前掲、顧準「上海税収時代」163頁。

45) 顧準は、この2月末に三反運動を妨害した嫌疑で全ての党・政各職から更迭されている（『文匯報』1952年3月3日「為了更進一歩開展三反闘争 中共市委処分一批失職幹部」）。

46) 方成平「華東区1950年所得税徴収工作経験与専管問題」（『税工研究』第2巻7期、1951年）。執筆時期は、『税工研究』掲載時期より推測した。

47) 前掲、「上海税務工作的基本経験」。執筆時期については、同文書が上海を共産党が

第 7 章　組織される徴税

　　接収した 1949 年 5 月末以来の「2 年来の経験」を踏まえて執筆されていること、文書中に 1951 年 3 月までの工作が言及されているところから判断した。

48)「三十業同業公会工作総結報告摘要」(『上海工商』第 1 巻 30・31 期、1950 年 9 月 5 日)。

49) 上檔 S221-4-76：化学原料商業／工商業税民主評議委員会成立大会会議記録 (1950 年 5 月 27 日)、及び前稿を参照。

50) 上檔 S352-4-46：糖商業／第四期工商業税第一次常務委員会・本業公会基層組織各組長聯席会議 (1951 年 3 月 31 日)。

51) 上檔 C48-2-288/289/290/292 に収録された同業公会基層組織強化に関連する諸提案を参照。提案した主な同業公会は、篷帆旗幟商業・金属品冶鋳工業・刀剪業・靴商業・鋳字製版業・化学原料商業・醫療器械業・罐頭麺包餅乾糖果食品工業・儀器文具商業・針織工業・粱焼酒商業等である。

52)「上海市工商界代表会議的決議」(『上海工商』第 2 巻 12 期、1951 年 2 月 28 日)。

53)「上海市各業同業公会基層組織暫行通則」(『上海工商』第 2 巻 23・24 期、1951 年 6 月 25 日)

54)「上海市工商業聯合会関於半年来一般工作情況的報告」「上海市工商業聯合会聯絡処関於半年来工作情況的報告」(『上海工商』第 2 巻 32 期、1951 年 9 月 17 日)。

55) 胡子嬰「発刊詞」(『納税互助』第 1 期、1951 年 1 月 29 日)。

56) 鄧炳輝「催欠前的思想闘争」(『納税互助』第 3 期、1951 年 2 月 20 日)、帰化路余盛号・徐恵良「愛護我們的納税互助組」(同上第 11 期、1951 年 4 月 23 日)、『新民晩報』1951 年 4 月 11 日「北虹区工商界熱烈争先納税 進一歩結合鎮圧反革命活動」。

57) 前掲「朱佑慈／税務工作的群衆路線」。

58) 子揚「関於納税互助組的問題」(『納税互助』第 14 期、1951 年 5 月 21 日)。

59)『新民晩報』1950 年 12 月 8 日「不欠税更不漏税 納税互助効果好」。

60)『新民晩報』1951 年 1 月 15 日「納税人発揮互助 小組長墊繳税款」、同 3 月 11 日「以集体繳税的行動来反対美国武装日本」。前掲、帰化路余盛号・徐恵良「愛護我們的納税互助組」。

61)『新民晩報』1951 年 3 月 11 日「我們的納税互助組」、前掲「以集体繳税的行動来反

237

対美国武装日本」、黄照民「常熟区納税戸的『儲金互助』」(『納税互助』第 4 期、1951 年 2 月 19 日)。

62)『新民晩報』1950 年 12 月 18 日「炒貨店欠税受批評」。

63)『新民晩報』1951 年 2 月 1 日「税工催欠競賽 常熟区評奨」、「長寧区反逃税 涌現出動人典型」。

64) 陳念楷「嵩山区納税互助組展開紅旗競賽運動」(『納税互助』第 9 期、1951 年 4 月 2 日)。

65)『新民晩報』1951 年 4 月 25 日「油漆店主顧新濤坦白逃税錯誤」、同 5 月 3 日「新成区一稽徴組開反逃税大会」、朱朝熙・周文采「厳辧蓄意逃税戸」(『納税互助』第 12 期、1951 年 4 月 30 日)。

66) この点については、拙稿「抗米援朝運動と同業秩序の政治化——上海の愛国業務公約を素材に——」(『歴史学研究』第 923 号、2014 年)を参照。

67)『新民晩報』1951 年 2 月 21 日「結合反対美帝武装日本 擁護集体納税」、許彦武「熱心的六位小組長光栄完成集体交納」(『納税互助』第 5 期、1951 年 2 月 26 日)など。

68)「挑戦書応戦書如雪片飛来 大家保証経常集体繳税」(『納税互助』第 8 期、1951 年 3 月 26 日)。

69)『大公報』1951 年 3 月 13 日「各区工商界相継集体繳税示威游行」、同 3 月 16 日「老閘区八千納税戸集体繳税游行示威」。

70)『新民晩報』1951 年 3 月 13 日「各区工商業納税戸熱烈推行集体報繳」。

71) 前掲、顧準「上海税収時代」162 頁、及「上海税務工作的基本経験」。

72)『文匯報』1950 年 5 月 14 日「争取公平合理完成税収任務 工商業税民主評議会成立」、上檔 B95-1-4-1:「上海市工商業税民主評議委員会組織規則」(1950 年 7 月 19 日、市人民政府指示)。

73) 上檔 B97-1-256:「上海市一九五〇年工商業税稽徴辧法草案(三稿)」。起草された時期は、同草案に第 2 期営業税民評から採用された自報実繳・民主評議・定期定額の 3 種徴収方法が規定されていることから判断した。この点については前稿も参照。

74) 上檔 B97-1-197:「上海市工商業税民主評議委員会組織規則(修正草案)」。作成時期については、同修正草案に 1950 年 12 月に中央人民政府政務院より公布された「工商

業税民主評議委員会組織通則」を根拠とする旨が記されている点から判断した。

75) 上档 B97-1-208：「上海市工商業税民主評議委員会組織規則」(1952 年 9 月 16 日公布)。

76) 上档 B97-1-149-7：「上海市税務局一九五一年税務工作総結／五．如何提高民主評議」。

77) 以上、上档 B97-1-151-8：「関於加強上海税収工作的初歩方案」を参照。

78) 上档 B95-1-4：「上海市工商業税民主評議委員会公告第一三号」(1952 年 12 月 31 日)。

79) 上档 B95-1-4-45：「上海市税務局関於市、区両級民評会結束日期的報告」、B95-1-4：上海市工商業税民主評議委員会→上海市人民委員会、1956 年 11 月 14 日。

80) 前掲、上海市税務局「上海市税務工作中幾個業務思想問題的初歩総結」。

81) 上档 B97-1-318：「民評戸稽徴管理工作小結」。

第8章
戦争、謡言、社会
―建国初期中国におけるプロパガンダ・ネットワークの拡大―

金野 純

はじめに

　共産党の宣伝はうそばっかりだ。アメリカ帝国主義は張り子の虎というが、今や優劣は　はっきりしていて、北朝鮮を攻撃するやいなやすぐに鴨緑江まで攻めて来ているじゃないか。

　いずれにせよ蔣介石は今にもやってきそうだし、今、工会（労働組合――引用者、以下同様）に工費（組合費）を払う必要はない。まじめに収めるだけ、将来ひどい目に遭うぞ[1]。

　今年の公糧（税金として政府に納める穀物）はダラダラ引き延ばさないとだめだな。さもないと（国民党が来て）2回も収めないといけなくなるぞ[2]。

　これらは朝鮮戦争に直面した時期、中国共産党の幹部が閲覧する資料に記載されている謡言――いわゆる、うわさ話――であるが、こうした謡言は時として思いもよらぬ混乱を社会に与えることがある。われわれの記憶に比較的新しいのは、2003年のSARS流行期の中国社会に拡散した謡言と混乱であろう[3]。

謡言ということばには、いくつかの含意がある。それは社会的文脈でみれば「うわさ」だが、権力者の側からみれば秩序を脅かす「デマ」である。中国語のニュアンスからいえば、「伝聞 chuanwen」とは異なり、「謡言 yaoyan」には悪意あるデマというようなネガティブな意味が込められているのが一般的であるが、本章ではできるだけ価値評価から距離を置くために、謡言ということばをうわさと同義で使用している[4]。

　社会学者の清水幾太郎は『流言蜚語』において「一片の流言はよく国を傾けることが出来る」[5]と述べているが、うわさが国を傾けられるほどの力を持つのは、そのストーリーのなかに何らかの真実味が秘められているからである。たとえば、政府が民衆の絶大な信頼を獲得しているような社会では、官報が民衆の現状把握に果たす役割は大きい。しかしそうではない場合——すなわち、権力者に対する民衆の信頼度が低い場合——人々のあいだでうわさが果たす役割は大きくなるであろうし、権力者はそのうわさをデマとして押さえ込もうとするであろう。謡言の流布とは、政治権力と民衆との関係性を観察するための試験紙なのである。

　G・オルポートやL・ポストマンが指摘したように、戦争のような脅威はうわさを生み出す最適な条件を社会に提供する。戦時には軍事的戦略の下、さまざまな活動が秘密裏におこなわれており、軍事機密と戦争による思いがけない動静が引き起こす国民の混乱は、人々の状況判断に「深刻なあいまいさ」[6]をつくりだし、さまざまなうわさの芽が生じるのである。そのため第二次世界大戦気のアメリカでは、戦争情報局（OWI）にうわさのコントロール（rumor control）に関する部署が存在していたし、FBIや陸海軍の情報部署により有毒なうわさの拡大経路の捜査もおこなわれていた。

　統治のメカニズムが確立し、比較的メディアが発達した国でさえ戦争時や災害時に流布したうわさが社会を動揺させることがあることを考えれば、国内にまだ多くの敵対的勢力が存在する建国直後の中華人民共和国が、朝鮮戦争に際して世論に極めて神経質になったのは当然であろう。1949年の革命を経た人民共和国建国後の中国社会は決して一枚岩ではなく、朝鮮戦争とい

う一大危機に際しても様々なうわさが飛び交い世論の統一は難しかった。人民共和国史の研究においてはとかく国家の抑圧性が強調される傾向にあるが、共産党を中心とした新政権が世論の動向をもまったく無視しうるほどの力を備えていたわけではない[7]。

そのため、当時の幹部が閲覧していた『内部参考』をみると、中国各地の多くの謡言が細かく分類され、記載されており、プロパガンダ・ネットワーク（宣伝網）の整備と世論の統一は、共産党にとって喫緊の課題となっていたことが理解できる。

歴史的にみて戦時の世論に為政者が敏感になるのは珍しいことではない。たとえば太平洋戦争末期の日本では、警視庁や内務省や憲兵司令部がうわさを蒐集し、不穏言動や流言浮説として厳しい取り締まりをおこなっていた。日本では自警団、消防団、在郷軍人会、青年団が母体となって組織化された隣組が、こうした社会的取締まりに大きな役割を果たした[8]。しかし中国に特徴的なのは、戦時日本がうわさの取締まりに力点を置いていたのとは異なり、中国では青年を中心とした人的資源を大量に動員して、政府のプロパガンダを注入するための人的ネットワーク形成に多大な労力を費やしたことであろう。

本章においては、中華人民共和国建国直後の1950年代に流布したうわさと、それに対応した政府のプロパガンダ・ネットワーク整備の動きを通して、当時の民衆と政治権力の関係性を分析してみたい。具体的なリサーチ・クエスチョンは以下の通りである。①朝鮮戦争に直面した当時、市井の人びとはどのような眼差しで共産党主導の新政府をみていたのだろうか。②政府側は世間で流布するうわさをどのように解釈し、いかなる対策を講じたのだろうか。また、その対策にはいかなる特質があったのだろうか。③こうした50年代の政治－社会間のインターアクションは60年代以降の中国にどのような影響を及ぼす結果になったのだろうか。

毛沢東時代のプロパガンダ関する先行研究としては、建国後に人民日報社社長となった鄧拓のライフ・ヒストリーを軸に分析したT・チーク（1997）が

あり、また共産党のコミュニケーション戦略についてはF・シャーマン (1971) のような優れた古典的研究がある。しかし、共産党政権がプロパガンダ・ネットワークを社会に拡大させていったプロセスを具体的に分析した研究は少ない。ただし中国国内においては、いくつかの個別的な論文が発表されており、ここではそれらの研究を紹介しておきたい。

　王炎 (2004) は1949年の革命以後のプロパガンダ・ネットワーク整備から21世紀における制度の衰退までを概略的にまとめたものである[9]。また、比較的詳細な研究として、唐海江・朱習文 (2011) がある。唐海江・朱習文は、中国のプロパガンダ・ネットワークの建設自体はソ連から学んだものであると位置づけている。そのソ連モデルを「移植」するプロセスで中国の政治社会に発生した反作用に注目し、具体的に湖南を事例として研究している。唐海江・朱習文の研究は、湖南の檔案に基づいて分析することにより、地域の実情を踏まえながら当時のプロパガンダ・ネットワーク整備の現実的な困難など明らかにしており、たとえば湖南は新解放区であるため党委の任務が重く、党員の比率も低く、党の基盤も脆弱であったため、宣伝工作には大きな困難が伴っていたことを指摘している[10]。また抗米援朝時期の中国国内の宣伝工作を研究した孫丹 (2009) は、抗米援朝運動における宣伝工作の作用として、①党内・党外と都市・農村をカバーするプロパガンダ・ネットワークの設立、②社論と時評を用いた運動の指導、③愛国主義への具体的で実行可能な人的内容の賦与の3つを指摘している[11]。

　以上のような研究が指摘するように、確かにプロパガンダ・ネットワークの政治技法はソ連モデルから学んだであろうし、各地の地域的条件に応じた発展の差も存在したであろう。しかしながら、中国のプロパガンダ・ネットワークの急速な拡大は、ソ連に範をとる中国の社会主義建設という文脈だけで捉えられないのも事実である。特に1950年以降の分析においては「ソ連の制度の導入」や「毛沢東・共産党の志向」といった要素だけでなく、朝鮮戦争に代表される重大局面と社会の動揺、すなわち当時の流動的で、不確実性に満ちた時局的要素をもっと重視しなければならないというのが、本章の根底

第 8 章　戦争、謡言、社会

にある問題意識である。

　たとえば冒頭に挙げたうわさが一例だが、戦争という対外的かつ時局的要素が、建国初期の国内の宣伝工作に大きく影響していたことは明らかである。世界的にみてうわさの研究が第二次世界大戦を契機に発展したのは偶然ではない。したがって本章は、人民共和国におけるプロパガンダ・ネットワークの発達を、①朝鮮戦争の勃発と動揺する社会に拡散するうわさ、そして、②「流言蜚語」が飛び交う時局への中国政府の対応という政治社会の動的なプロセスに着目しながら分析してみたい。

　ここで誤解を避けるために付言してきたいのは、共産党のプロパガンダ史に1950年を境とした断絶が存在すると主張するのが筆者の狙いではないという点である。たとえば先に紹介した孫丹の研究は、当時のプロパガンダを「抗米援朝宣伝工作」の特徴として描いているが、本章ではそのような分析視角は採っていない。具体的には本論で触れるが、中国共産党のプロパガンダ技術の源流は49年革命前の内戦、そして日中戦争期にまでさかのぼることができる。すでにF・シャーマンの研究[12]で指摘されているように、口頭伝達（oral transmission）重視の共産党のプロパガンダは戦時期に形成されたものであった。本章の方法論上の狙いは、1950年代の中国におけるプロパガンダ・ネットワークの急拡大について、経路依存性（歴史的に創られてきた型）と重大局面（朝鮮戦争）という、重なり合うふたつのファクターから説明することである。

　なお先に紹介したプロパガンダ研究とは別に、1950年代中国におけるうわさ研究としては、李若建による「毛人水怪」に関するまとまった研究がある[13]。いわゆる想像上の怪獣である「毛人水怪」のうわさは、江蘇省や安徽省を中心として流布し、社会に大きな混乱を引き起こした20世紀中国最大の謡言として知られている。幹部用の『内部参考』で報告されたうわさを検証する本章では、この「毛人水怪」に関しては論じないが、うわさとプロパガンダ・ネットワークの相関性に対する本章後半部の理論的検証に際しては、こうしたうわさ研究の成果を取りこんで議論したいと考えている。

第1節　戦争と謡言

1) 朝鮮戦争と世論——謡言にみる民衆の眼差し

　朝鮮戦争の勃発は、新政府を世論に対して神経質にならざるを得ない状況に追い込んだ。そのため当時の『内部参考』では、朝鮮戦争への大衆の反応(「反映」)やいわゆる「思想状況」が多く報告されている。楽観的なうわさや悲観的なうわさが併記されているが、総じて悲観的なうわさが多く報告されているのが特徴である[14]。
　たとえば瀋陽・承徳・湖南のうわさとしては、次のようなものが紹介されている。

　新聞には読むだけの価値が無い。不愉快なことは伏せて喜ばしいことだけを知らせていて、事が起きてもあえて掲載しない。例えば、朝鮮では我が国を出動した多くの部隊を失い、簫勁光[15]が爆死した。名字を劉というある将官はアメリカの捕虜となってしまった！　今回、我々が朝鮮で失った将官は本当に少なくない[16]。

　林彪は8月8日に爆撃の負傷で死亡し、柩はすでに長沙に着いている[17]。

また湖南の噂のうわさとしては、

　東北の人々は上海に避難している。アメリカは数千機の飛行機を派遣し、ソウルを支配した。朝鮮戦争は惨敗で、総参謀長も戦死した[18]。

といったものもあった。
　湖南のような戦場や沿海都市部から離れた地域に住む人びとにとって、朝

鮮戦争の戦況には不明瞭な点が多く、それゆえに上記のような悲観的なうわさが生まれる環境がつくられていた。地域によってうわさの内容にも差異がみられ、たとえば上記の内容と「上海、天津等地謡言一束」(『内部参考』1950年11月7日［第265号］)とを比較すると、上海ではアメリカに対する恐怖感という意味では他の地域と同様であるが、うわさの中に国民党や蒋介石が多く登場してくるのは興味深い特徴である。

　我が人民軍は朝鮮戦争へ行き、多くが犠牲となったうえ、負け戦だ。もし本当にアメリカ帝国主義と闘うなら、東北が戦場となり、勝敗のいかんに関わらず上海はきっと爆撃されて、工場は閉鎖し、生活の問題がでてくる。毛主席には（ソ連と袂を分かった――引用者）チトーのようにして、われわれが平穏に暮らせるようにしてほしい。もしも、毛主席がチトーのようにしないのなら、蒋介石が早めに来てほしい。さもなければ、われわれは破滅するだけだ。

　とにかくアメリカは金や兵器弾薬を持っている上に、何十もの国家の連合軍が一緒に攻めてくるのだ。これでどうするんだ？　共産党は宣伝しかできないし、ゲリラ戦や和平を求める署名活動なんてものは何の役にも立ちやしない。過去にゲリラ戦を戦って勝利したのは蒋介石があまりに腐敗していたからだ。今日のアメリカ軍と蒋介石を比較することなんてできるわけがない。これでゲリラなんかして何の意味があるんだ？[19]

こうしたうわさは、当時の中国社会には溢れかえっており、共産党もそうした状況に対して危機感を抱いていた。そのため『内部参考』では中国各地の「謡言滙集」がまとめられ、幹部に報告されていたのである。
　ここでオルポートとポストマンの分類（恐怖デマ・願望デマ・分裂デマ）を参考にしてみれば、『内部参考』で紹介されている上記のようなうわさの多く

は第三次世界大戦が勃発することに対する恐怖デマであった。成立して間もない新政権に対する民衆の信頼感の欠如を示しており、アメリカの助力によって国民党が再び政権を取るのではないか——もしくは、これ以上状況が悪化するならば国民党に戻ってきてほしい——と考える者も少なくなかったことを示している。1950年の戦争に直面した中国社会の現実は、共産党の指導下で目覚めた民衆が帝国主義の侵略者に対して立ち上がるという、統治者にとって望ましいストーリーとは、まったくかけ離れたものであった。

　戦争は、民衆の疑いや心配を惹起して様々なうわさを生み出し、そのうわさが拡大再生産されることで社会的な不安感を増幅されていた。うわさの発端自体は取るに足らないことでも、それが人びとの疑心暗鬼を生みだしていたのである。たとえば交通整理のため路上に監督所が設置されたのをみた人びとにあいだで、「情勢は厳しくなっている。町はすべて戒厳令がしかれた！」というようなうわさが流れたりもしていた（錦州）[20]。政府による十分な情報提供がない中で、人びとが普段とは異なる動きに対して疑心暗鬼になった結果、こうした状況が生まれていたのである。

　共産党であれ、国民党であれ、日々の安寧な生活を保障してくれる政権の成立を願うことは、長い戦乱に苦しめられた中国の人びとにとって自然なことであったが、共産党の側からみれば、民衆の日和見的な政治意識は統治基盤を脆弱にする可能性があった。そのため、この時期に新政府が宣伝工作強化の必要性を前面に打ち出したのは自然な流れであった。たとえば1950年11月、『文匯報』の記事はつぎのように指摘している。

　　アメリカ帝国主義の朝鮮における狂った侵略と我が国境に対する不
　　法な挑発、および極東と世界平和の計画的な破壊などの罪悪行為は、
　　我が東北全体人民の満腔の義憤を惹起し、（東北人民は）没我的な精神
　　で積極的に仕事をし、生産に拍車をかけ、任務を達成・超過し、アメ
　　リカ帝国主義侵略者たちの暴行に対して回答しようとしている。
　　しかし、アメリカ帝国主義とその仲間のごろつきらが侵略を拡大し、

朝鮮人民軍が多勢に無勢の状況下でしばし守勢に立っているこの形勢
が、一部の大衆をして朝鮮戦局にある種の疑いや心配を抱かせている。
その上、アメリカや蔣のごろつきどもの指図する手先——潜伏するス
パイどもと反革命分子が、機に乗じてうわさをねつ造して、人心をか
き乱し、社会秩序を破壊しようとしている。
　大衆の自覚を高め、大衆の疑いや心配を除去し、反革命的うわさを
徹底的に粉砕するために、我々の時事宣伝工作を大いに強化しなけれ
ばならない[21]。

こうしてみると、建国初期中国における急速なプロパガンダ・ネットワー
クの拡大を分析する時、ソ連モデルの輸入という計画的システム構築の一環
として説明するよりも、むしろ朝鮮戦争の勃発という重大局面に対するリア
クションとして分析するほうがより現実を反映していると考えられるのであ
る。

2）政権による謡言の把握状況
　それではつぎに、当時の幹部が手に取っていた『内部参考』を素材としな
がら、政権によって、社会に流布する謡言がどのように把握されていたのか
について観察してみたい。『内部参考』はあくまで幹
部への情報提供を目的とした資料であり、それを読
んで幹部がどのように感じたのかという点について
は分からない。そこで本節では、数多くの謡言が『内
部参考』のなかでどのように整理されているのかと
いう点に着目して、当時の政権の謡言に対する視線
を探ってみたい。
　まず香港中文大学所蔵分の『内部参考』全体におけ
る謡言報告数の推移を確認しておきたい（報告が確
認された範囲は1949年10月－59年8月）。

表1　『内部参考』にお
ける謡言関連報告数

年	報告数
1949	4
1950	30
1951	1
1952	7
1953	7
1954	7
1955	5
1956	12
1957	3
1958	5
1959	1

紹介されている謡言は、国内事情よりも対外関係に絡む謡言が重視されているが、やはり朝鮮戦争関連の報告が突出しており、表1をみてもその突出ぶりは理解できる。冷戦下で、さらに指導基盤が不安定な建国初期の状況の下、新政府は国際関係の緊張と国内社会の動揺のリンケージに神経をとがらせていた。

　つぎに朝鮮戦争が始まって比較的初期の「謡言彙集」(50年10月25日)での分類をみてみると以下のようになっている。

1　時事方面
　　甲　台湾、安東問題に関するもの
　　乙　三次世界大戦に関するもの
　　丙　朝鮮戦争に関するもの
　　丁　原子爆弾と和平署名に関するもの
2　政策方面
　　(1) 土地改革
　　(2) 食料徴発
　　(3) 大衆と幹部の関係に水を差す（うわさ）

　以上の事例では、世間に流布しているうわさを国際的な「時事方面」と国内的な「政策方面」とに分けて整理している。記載されているうわさの数を見てみると、甲5件、乙3件、丙4件、丁4件、(1) 8件、(2) 6件、(3) 3件となっており、土地改革に関するうわさが最も多く紹介されており、その次に食料の徴発、そして台湾問題、朝鮮戦争と続いている。

　この分類項目には、民衆というよりは、むしろ共産党の関心事が反映されているように思われる。国際情勢としては、台湾問題と朝鮮戦争、そして原子爆弾の脅威が主要な関心事であり、国内政治においては土地改革や食糧徴発に対する民衆の反応に神経をとがらせていたのであろう。

　さらに、同年11月の謡言報告は、うわさを階層や職業別に整理し、より洗

第8章　戦争、謡言、社会

練された形で分類している[22]。

　報告では、謡言を紹介するとともに「各階層思想情況（工商界・失業知識分子・教職員と知識界・一般大衆・幹部）」として各階層ごとの反応がまとめられており、報告は、①テーマ別のうわさ、②階層別の反応というふたつの軸によってまとめられている。すなわち指導部は、単にうわさの内容だけではなく、階層別にどのような反応があるかに関心を抱いていたのである。こうした分類には、階級を通して社会を把握しようとする共産党の考え方が強く反映されている。

　本章が特に観察の対象としている一般の人びとに関しては、つぎのような状況が報告されている。

　　アメリカを恐れ、原子爆弾を恐れ、人民の力量を疑っている。新建県（江西省——引用者、以下同様）での食糧徴発における農民の反応は、「今年の公糧（税金として政府に納める穀物）はダラダラ引き延ばさないとだめだな。さもないと（国民党が来て）2回も収めないといけなくなるぞ」というものである。宜春（江西省）の土地改革中における農民の反応は、「分けるというのは当てにならない。買うのであれば信用できる」というものだった[23]。

　このような報告書を通して、一般大衆がかならずしも自分たちの政権を信頼しているわけではなく、国民党の反転攻勢の可能性も考えていたことを、当時の政権幹部たちは、はっきりと自覚していた。そのような状況にあって、ボイス・オブ・アメリカや香港の報道などのような外部からの「ノイズ」、またそれに反応したうわさ（謡言）のような「不純物」を取り払い、政府のプロパガンダを社会に行きわたらせ、そして政府が希望するようなかたちで中国国民に「現実」を認識させる必要性が認識されていた。

第2節　プロパガンダ・ネットワークの形成

1) 政策内容

朝鮮戦争開始後の1951年1月1日、中国共産党中央委員会は「全党において人民大衆への宣伝網を設立することに関する決定」[24]を発布し、本格的なプロパガンダ・ネットワークの形成に取りかかることになる。この「決定」は綱領的な意味を持っており、以後のプロパガンダ・ネットワークの形成を考える上で非常に重要な内容を含んでいるため、ここでその内容をまとめておきたい（傍点は引用者）。

①宣伝の必要性

誤りを含んだ宣伝やうわさのせいで人民大衆に党の政策や主張が行きわたらないことが指摘され、システマティックな宣伝の必要性を主張している。すなわち当時の宣伝工作の主要な弱点は「各級党組織が場当たり的におこなっており、システマティックではない」点にあり、各級党委員会が系統だった指導と管理をおこなう必要がある。そして、「臨時性」ではなく「経常性」があり系統だった宣伝網が必要であり、党の各支部が宣伝員を設けて、党の各級指導機関が報告員を設けて、宣伝員報告員工作に関する一定の制度を設ける必要があるというのが、その内容である。

②宣伝員の任務

党組織の指導下で、周囲の人々に理解されやすいような簡単な通俗的形式で国内外の時事、党と人民政府の政策、人民大衆の任務（特にその時、その場所における直接的任務）を説明する必要がある。そうすることで、生産労働やその他業務中の模範的経験の宣伝説明、各種の反動的うわさや人民大衆中に流行する誤った思想への反論、人民大衆が模範経験を学習し、積極的に任務を完成することを激励し、人民大衆中の状況を党組織へ報告し、党組織が各時期に適切な宣伝内容と宣伝方法を決定できる助けとするべきである。

③宣伝員のリクルート

　党の各支部は党員、青年団員、支部周囲の人民大衆の中から党の指導の下、宣伝工作を望んで担当する労働模範とその他の革命積極分子を選んで宣伝員とする。

④党の各級委員会の役割

　党各級委員会は宣伝員を党と人民大衆の重要な架け橋と見なし、指導・幇助・教育をおこなう。宣伝工作の状況と経験をチェックし、宣伝員による大衆の状況に関する報告を聞き、宣伝員に業務の具体的指示を出す。支部所属の全体宣伝員会議は、少なくとも月に1回は開会、最も多くて週に1回開会する。

⑤党の責任者による報告の必要性

　人々に党の政治的主張を十分に伝えるためには、宣伝員の仕事に頼るだけでは不十分であり、かならず党の各級の責任者が直接・経常的に人民大衆へ向かって時事、政策、工作任務、工作経験に関する系統立てた報告をする必要がある。報告員は高級の宣伝員であり、宣伝員の指導者でなければならない。

⑥宣伝員、報告員、積極分子の協力

　党が人民大衆に向けておこなう宣伝工作が、常に影響を及ぼすための基幹であり、党の宣伝工作を宣伝員と報告員の範囲内に制限するものではない。各党組織の指導機関、各宣伝員と報告員は人民大衆内の積極分子と協力して宣伝工作をおこなう。

⑦宣伝員と報告員の制度の建立

　全党内で速やかに宣伝員と報告員の制度を建立する。各省・市の党の委員会は当地の状況を考慮しつつ、半年以内に具体的な実施計画を決定し、所属の各中央局に報告し、批准を受け、並びに定期的に執行状況を検査し、期日通りに実現させる。

　この「決定」によって、われわれは、朝鮮戦争後のプロパガンダ・ネット

ワーク形成に関する共産党の戦略を総体的に理解することができる。まず重要視されていたのは、短期間のイベント的におこなわれる宣伝ではなく、日常的に機能しつづける宣伝システムを構築することだった。各地の党委員会はプロパガンダ・ネットワーク構築に関する具体的な計画を所属の中央局に提出し、各中央局の批准を受けて計画の実施をおこなうように求められていた。宣伝の方法としては、民衆が理解しやすい通俗的な形式でおこなうこと、そして末端の党支部周辺から積極分子を宣伝員としてリクルートし、その宣伝員は党と人民の架け橋となることが理念的に掲げられていた。共産党の責任者は宣伝員の指導者となり、直接民衆に説明をおこなうことが期待されていた。

2）プロパガンダ・ネットワークの全国的整備

　それでは以下、実際にプロパガンダ・ネットワークが整備されていく過程について観察してみたい。1950年代に限らず、毛沢東時代の中国では、宣伝網は常に拡大し続けているので、あくまで各時期の指標としての数値であるが、51年の4月の時点で、不完全な統計に基づくと（福建省を除く）全華東で宣伝員は11万6000人近く存在した[25]。その内訳は以下の通りである。

　山東：約5万人

　蘇北：約3万人

　蘇南：1万人近く

　皖南：1万3000余人

　皖北：7800余人

　浙江：4500余人（3市25県のみの統計）

　上海：1200余人

　南京：300余人

　この時点では、東北地方に近い山東省の宣伝員数が最も多いものの、各地の宣伝員数はその後も急速に増大した。上海の増加数をみると、同年12月25日の新聞記事によれば1万5311人となっており、たったの9カ月弱で13倍

近く増加しているのが理解できる。そして上海全市の党基層組織の66パーセント以上の単位で宣伝網がつくられたことが報じられている[26]。

また「宣伝員を増やし、宣伝網を建立する最も良い方法は、それを運動中におこなうことである」[27]と指摘されたように、中国のプロパガンダ・ネットワークの整備は様々な政治運動とともに行われることが多かった。それは形式主義に陥らずに、中国の実情にあわせた制度設計をおこなうためのものだった。大衆動員期にプロパガンダ・ネットワークが拡大したことは、以下のような状況からも理解できる。中共中央華北局宣伝部によると、華北区のプロパガンダ・ネットワークは「三反」「五反」運動と愛国増産運動中に大きく拡大した。華北5省2市の不完全な統計によると、党の宣伝員は97万1400余人に増加し、全区人口の1.4パーセント占めており、各省・市は平均80～90パーセントの党支部で「宣伝網」が確立した[28]。

各地の宣伝員数を比較した際の特徴として挙げられるのは、東北に近い方がプロパガンダ・ネットワークの組織が早いという点である。たとえば、1951年1月の時点で瀋陽市8区11の公営工場のなかだけで1309人もの宣伝員がおり、遼西省（後に分割）全体では4万～5万人もの宣伝員が存在した[29]。特に50年末から51年はじめにかけて、東北は全国でもプロパガンダ・ネットワークの形成が最も進んだ地域だった[30]。中国共産党による「解放」が早期におこなわれたという事情に加え、朝鮮戦争の勃発という重大局面が強く影響を及ぼしていたと考えられる。

3）宣伝戦略─記憶の再構築と新たな物語の創出

それでは人びとの生活の場で具体的にどのような宣伝がおこなわれていたのかについて観察してみたい。当時、人びとの生活の場における宣伝は、マンガ・壁新聞・ラジオ・「説唱（語りと歌を含む演芸）」・口頭を通しておこなわれており、作業場・業務部門・職員宿舎・家族用宿舎など職場も含めた生活世界全体で宣伝がおこなわれていた[31]。

こうした活動と同時に、「読報組」と呼ばれる新聞の読み聞かせをするグ

ループも広がった。52年8月の時点で天津市ですでに1万2400あまりの組が組織され、山西全省ですでに10万組あまりが組織され、組員は150万人に達した[32]。当然のことながら、こうしたプロパガンダ・ネットワークは大中都市では比較的スムーズに拡大したが、地方の農村のように党組織の脆弱な地域では発達に時間を要するため、ネットワークの整備度合いには地域的な差があった。プロパガンダ・ネットワークの、そのような限界に関しては後述することとしたい。

新聞の「読み聞かせ」は、共産党の宣伝部によって重視された方法だった。中共中央華北局宣伝部がプロパガンダ・ネットワーク工作に関して発表した文章では「新聞の読み聞かせは日常的におこなうことができ、大衆に喜ばれる宣伝方式である」とされ、華北区の読報組が1952年に急速に増加したことが報告されている[33]。本章において、演芸・ラジオ・マンガなどのすべてのメディアの分析を行うことは難しいので、ここでは通信インフラが整っていなかった50年代に最も日常的なプロパガンダだった「読報」について分析してみたい。

全体主義的社会（totalitarian society）におけるコミュニケーションを分析した政治学者のI・プールは、「ロシアとは異なり、中国は彼らのコミュニケーション・システムを工業化された経済に基礎づけることはできなかった」と指摘する。建国後の中国では深刻な紙不足が生じており、新聞や雑誌の流通は制限されていた。そこで、新聞の内容がより多くの読者に届くように、壁新聞、職場やクラブの読書室、集会での新聞の読み聞かせが行われた。ラジオは欠乏しており、有線の拡声器や、口頭での宣伝員が動員された。そのため頻繁に行われる会に、人びとは出席する必要があったのである[34]。F・シャーマンがすでに指摘しているように、このような共産党のコミュニケーション戦略の原型がつくられたのは新政権樹立よりも前にさかのぼる。戦時下の限られた資源のなかで彼らがとった方法は「学習」と「討論」であり、フェイス・トゥ・フェイスの口頭伝達（oral transmission）が重視されていた[35]。したがって、建国後の読報組の急速な全国的拡大は、中国共産党の長期にわたる

コミュニケーション戦略史の延長線上に位置づけることができよう。

　当時の『人民日報』には、北京以外に6つのバージョン（上海、広東、西安、瀋陽、重慶、ウルムチ）があり、それぞれの地域社会において『人民日報』の記事を用いた読み聞かせの会合が開かれていた。シャーマンの分類によると、その記事のタイプには以下のような6つの類型が存在した。

　　Ⅰ　政策決定に関する記事
　　Ⅱ　政策の実行における具体的な経験に関する記事
　　Ⅲ　一般原則に関する記事
　　Ⅳ　誤りなどに関する「批判」の記事
　　Ⅴ　プロパガンダ
　　Ⅵ　公共的情報（専門誌のような）[36]

識字率をはじめとした教育レベルが高くなかった当時の中国では、プロパガンダ上の重要記事は、組織化された読報会や討論を通して学習され、口頭での情報伝達の場を経て「正しい」意味を賦与された。権力者の重要なイデオロギー的メッセージは「学習」と「口頭での伝達」をろ過して社会に拡散した。こうすることで支配者と被支配者のコミュニケーションは統制され、政府は単に情報をアウトプットするだけではなく、多くの人々を「正しい」理解へと導こうとしていた。

　社会史的に興味深い点は、当時の『人民日報』には政策に関する記事のような、政府による上からの情報提供だけでなく、読者投稿という形式を通して庶民から寄せられた無数の声が掲載されていることである。もちろん、この「庶民の声」を当時の中国世論として受け取ることはできない。むしろ共産党にとっての理想的庶民像がそこに反映されていると考える方が適切であろう。たとえば典型的な声として以下のようなものを挙げることができる。

　　親愛なる毛主席：旧社会において、私たちは牛馬と同じような生活をしていた「煤黒子（炭鉱労働者の蔑称）」でした。現在は、あなたと党の指導の下で、私たちは幸福を手に入れました。私たちの仕事には

保障があり、生活は日に日に良くなっています。私たちのグループ内の皆が腕時計を持っており、6人は自転車を買いました。過去を思い出して、現在と比べると、なんとも言えず愉快な気持ちです[37]。

私たちは、過去を思い出して、現在と比較すれば、苦しかった日々が終わり幸せな日が来るという何とも言えぬ喜びを心に感じます[38]。

すなわち、旧社会で苦しんでいた「私たち」が、共産党の指導のおかげで幸せな日々を手に入れたという意見である。このような投稿はよくある類型だが、これはいわば「理念的庶民」の声を通した記憶の創出といえるだろう。またつぎのような投稿もよく確認される類型である。

敬愛する毛主席：合作社のメンバーたちは党の指導と教育の下、集団での労働の中で、しだいに集団主義の新たな意識を育みました。皆が個人の利益と合作社・国家の利益を結合させました。大部分の人はそれぞれの利己主義が、合作社の成功や農業集団化へ向けた歩みの障害となることを認識するに至っています。社のメンバーの張素貞はすでに6人の子供の母親ですが、農繁期に毎日深夜に起きて皆に食事をつくり、昼間は他の人のために乳飲み子の世話をしています。ある人が、彼女に休むように説得すると、彼女は言いました。「合作社のため、みんなのため、集団農場へ向けた歩みのために、ちょっと疲れるぐらいなんでもないわよ！」[39]

三年来、われわれ全国人民は抗米援朝、土地改革、反革命鎮圧の三大運動の偉大な勝利を通して、いまだかつてなかった民主統一を実現し、匪賊の害を根絶し、帝国主義と反動派が後に残した潜伏・破壊工作をする土匪特務やその他の反動分子を粛清し、封建地主階級はすでに基本的に消滅した。国内の敵は基本的に粛清し、革命秩序はすでに強固

なものとなり、人民は国の主人公としての覚悟が高まり、人民民主政権の建設は三大運動の勝利に伴って迅速に展開し、偉大な成果を収めた[40]。

これは農業の集団化や抗米援朝、土地改革、反革命鎮圧といった三大運動を通して、民衆のあいだに国家の主人公としての自覚が芽生えたという物語である。このような記事を大勢で繰り返し読ませることによって、共産党は人びとの集合的な記憶を再編成し、未来へ向けた物語を紡ぎだそうとしていた。「典型」といわれる理念的人間像を設定して、人びとに学習と模倣を求める手法は、毛沢東時代の中国において普遍的におこなわれたプロパガンダ方式であった。

以上のような宣伝の拡がりは政権を運営する側にとっては狙い通りであったものの、一方でまた大きな問題を孕んでいた。すなわち宣伝に関する技術・組織が平準化してくると、社会がみせる反応もまた形式化して権力者が求めるような「活力」が失われてくるのである。政治表現の形式化は朝鮮戦争に対応しておこなわれた「愛国公約」運動でもみられた問題であり[41]、大衆運動期のプロパガンダによって生じた熱狂をどのようなかたちで「飼い慣らす」のかという方法論はその後も中国政治の問題となった。同時に上述のようにプロパガンダ工作には本来は日常業務を行うべき多くの人員を割かなければならず、公的な行政的ルーティンとの兼ね合いをどのようにするのかという問題も存在した。

4）50年代プロパガンダ・ネットワークの限界

朝鮮戦争と社会に流布する謡言への対応を急いだ新政府だったが、当時の新聞などをみると急造のプロパガンダ・ネットワークには問題が多いことが指摘されている。形式的に成立しただけで日常的効果を生んでいない宣伝員・報告員も多く、河南許昌地区の調査ではおよそ半数が、河北省の都市と農村も30～37パーセントの宣伝網しか機能していないという報告もある[42]。

また人員の問題も非常に深刻だった。革命期の党のリクルート戦略は技術スキルや知識レベル（専）よりも政治的コミットメント（紅）を重視していた。そのためメンバーの多くは行政経験がなく、初級中学程度の教育を受けた者は半分以下で、大部分は非識字者だったと言われている。

　H・ハーディングの研究によると、中国共産党の党員は1949年末に450万人存在したものの、72万人だけが党幹部もしくは政府役人となる資格を与えられていた。これは実際に必要な人員数のおよそ3分の1に過ぎなかった。人員の不足は地方に行けばさらに深刻となり、西南地区では50年9月までに空きのある行政ポジションの17パーセントしか補充されておらず、西北のいくつかの党支部や政府では必要なポジションの10パーセントの幹部しかリクルートできなかった[43]。

　このような深刻な人材不足を克服するためにおこなわれたのが「青年」の活用であった。プロパガンダ・ネットワークの整備においては共産主義青年団が多く利用されており、たとえば上海の宣伝員の内、共産党員は32パーセント弱、青年団員は40パーセント強、その他は28パーセントだったと言われている[44]。また、1952年初頭において北京市では全市の宣伝員の29パーセントが青年団員、河南省では43パーセント、江西全省の50人の模範宣伝員中、22名が青年団員であり[45]、「東北各地の中国共産党指導の宣伝網のうち、3分の1以上の宣伝員が青年団員」であり、新解放区では青年団の割合はより高いことが報じられている[46]。

第3節　理論的含意―謡言＝プロパガンダの相関性と中国的特質

　戦時期の中国社会に拡散する謡言とそれに対抗する政府のプロパガンダ、この状況を総体的に把握するためにはどのような分析の枠組みが必要とされるのだろうか。本節では、これまでの分析を基に、1950年代中国における謡言＝プロパガンダの相関性を図式化したうえで、その特質について戦時期の

第 8 章　戦争、謡言、社会

大日本帝国なども参考にしながら考えてみたい。

　うわさの研究は、特に社会学の世界では数多く存在している。1950 年代の中国社会において謡言が発生するプロセスに関しては、管見のところ、実証的裏付けという意味で李若建のモデルが最も優れていると思われる。図 1 の左半分が李若建モデルであり、その特徴は謡言の発生要因を単なる社会不安と事件の次元で説明するのではなく、人びとの集合的記憶や民間言説といった次元まで包括していることである。

　本章でみたうわさの多くも、たとえば国民党時代の記憶が反映されたものであり、うわさは人びとの過去の集合的記憶が大きな役割を果たしていたことは明らかである。これらの条件の上に革命直後の不安化した社会、さらに朝鮮戦争という重大局面——李若建の表現では導火線——が重なりあうことによって、1950 年の謡言拡散が発生した。このような謡言は、単なる悪意あるデマというよりは、むしろ当時の人びとの不安や恐怖をあらわす言説の一形態として捉える方が適切であろう。

　そして社会のさまざまなうわさの流布に対応して、プロパガンダ・ネットワークが急速に拡大したのが 1950 年代の中国であった。図 1 の右半分が本章

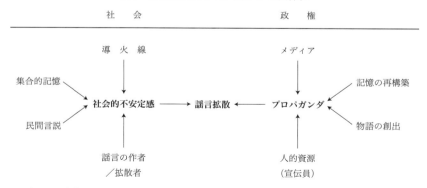

図 1　謡言拡散とプロパガンダの関係性

注）李若建『虚実之間：20 世紀 50 年代中国大陸謡言研究』（北京：社会科学文献出版社、2011 年、12 頁）で提示された謡言の分析モデルを基礎として、プロパガンダとの関係性を筆者が加筆した枠組である。

の分析を図式化したものである。特徴のひとつとして挙げられるのは人的資源の大量動員である。こうした特徴はどのようにして生まれたのだろうか。共産党によるプロパガンダの特質を考えるうえで、B・クシュナーによる戦時期大日本帝国のプロパガンダ研究は、興味深い研究成果を提供している。共産党の対日プロパガンダを観察する際にクシュナーが着目したのは、ラジオ・映画・新聞に固執しがちな日本と比較して、共産党は口頭プロパガンダに重点を置いていた という点である[47]。そして口頭でのプロパガンダは中国の実情に即しており、日本側にもその必要性を指摘する意見は存在していた。たとえば満洲国で発行されていた『宣撫月報』（1940 年 12 月）では、高橋源一（弘報處参事官）の論文「口頭宣伝を重視せよ」において、以下のように述べられている。

　現在では、セルロイドの弾丸とかインクの砲弾とかいはれ、映画、新聞、放送の三者は宣伝媒体の花形となつてゐる。（中略）これらの花形媒体を用ひるのが新型の宣伝で、原始的な口頭宣伝などは取るに足らぬものだと軽蔑され、軽蔑されぬまでも甚だしく軽視されてゐる。（中略）我国（満洲国を指す—引用者）で、口頭宣伝が必要なのは、民衆の大部分が文盲階級であると云ふことであり、新聞、雑誌などの普及率は、先進諸国に比較にならぬほど低いといふことにある。即ち日本は（10 年程度前の調査）で、文盲は 8.5 パーセント、ソ連は 10 パーセント、イタリーは 26.8 パーセントで世界で一番文盲の少ないのはドイツの 0.03 パーセントである。
　農村では 80 パーセント以上が文盲階級といはれてゐる我国に於いては、文書宣伝にのみ依存するわけに行かぬ[48]。

この日本側の文章は、逆に、なぜ中国共産党が口頭プロパガンダを重視したのかについて教えてくれる。すなわち図 1 で示すところの人的資源の動員による宣伝の重視は、文字情報の普及率が相対的に低く、非識字率の高い中

第 8 章　戦争、謡言、社会

国の実情に合わせた戦略であり、その根源は1949年の革命以前にまで遡ることができる。宣伝員を大量にリクルートして口頭でのプロパガンダを展開した1950年代の政策方針には、過去の「成功体験」に根差した歴史的な経路依存性が確認できる。

　プロパガンダの種類を、①間接型（メディア）、②直接型（教育・宣伝員など）、③象徴型（慰霊祭・送迎会など）として類型化した場合、戦時期の日本では①が重視されていたが、歴史的に②が重視されてきた中国で採られた方策は、日常的に作動するプロパガンダ・ネットワークを社会のすみずみに拡大することであった。中国のプロパガンダの特質は②が重視されることによって、「面対面（face to face）」の人的活動が重視されていたことである。単純にコストを考えた場合、単一の出力で多くの人々に宣伝できる①や③が合理的な方法だが、慢性的な紙不足やラジオのような受信機が全国に行き渡っておらず、さらに地域による経済的・政治的・文化的差異が大きい中国では、各地の青年を中心とした宣伝員を動員しておこなわれる直接型のプロパガンダが中心となったのである。そして、こうした特徴が、さまざまなメディアが発達した現在にも部分的に引き継がれているのは興味深い事実である[49]。

おわりに——現代史への照射

　これまでみてきたように、人民共和国におけるプロパガンダ・ネットワーク拡大の背景には、朝鮮戦争という重大局面による社会の動揺、そしてうわさ——政府側からみれば悪質な流言蜚語——の流布があった。庶民は共産党を中心とした新政権を信頼しておらず、アメリカとの戦争に大きな不安を抱いていた。また国民党が大陸に戻ってくる可能性も囁かれ、労働組合の組合費支払いや公糧（税金として政府に納める穀物）の納入をわざと遅らせるような流言もあり、こうした状況は新政権から問題視されていた。

　そこで「大衆の自覚を高め、大衆の疑いや心配を除去し、反革命的うわさを徹底的に粉砕するため」にプロパガンダが強化されたわけであるが、その

方法論は1949年以前の戦時期に培われた技術をベースとしつつ、中国の社会経済状況に対応して構築されたものであり、ソ連モデルの導入という単純な図式で説明できるものではなかった。50年代のプロパガンダ・ネットワークの爆発的な拡大が、青年を中心とした人的資源の大量動員を伴っていたことはすでに述べた。先に紹介したプールの研究で指摘されているように深刻な紙不足は紙媒体の流通を制限しており、さらには当時の民衆の非識字率の高さも相まって、プロパガンダは壁新聞や集会での音読といったかたちがとられることが多く、その結果、青年を中心とする多くの人々が政府のプロパガンダのために動員されたのである。

それでは、このような1950年代の動きは、後の中国社会にどのような影響を与えたのだろうか。本章でみてきたプロパガンダと社会的動員の混淆は——当時の中国政府が意図していたわけではないにせよ——結果として、権力者と民衆との間にある種の「共犯関係」をもたらしたように思われる。すなわち、政府の政策とプロパガンダは極めて多くの民衆の参加によって拡大した。そのため当時の中国では、これまでにない規模とスピードで民衆の政治参加が拡大した。市井の人びとを巻き込んで展開した中国型社会主義建設の政策プロセスでは、「国家権力による抑圧／従属する民衆」という2項対立的図式は成立せずに基層社会には権力側と民衆との共犯関係が構築された。

この共犯関係は、中国共産党のターミノロジーでいえば大衆路線（一部のエリートではなく大衆の力に依拠して社会変革をおこなう方法論）であったわけだが、これは結果的に民衆の政治批判を困難にする作用を生んだ。たとえば反革命鎮圧運動、三反・五反運動、反右派闘争、大躍進運動、そして社会主義教育運動から文化大革命といった政治過程において、無辜の人びとが犠牲となったことはよく知られているものの、非常に多くの人びとが権力側との共犯関係にあるため、民衆による政治批判には複雑なジレンマが伴うのである。擬似的な政治参加の急速な拡大は、1950年代以降の中国に一定の不安定要因をもたらすことがあったことは確かだが[50]、さまざまな動員を通して構築された共犯関係は、民衆の反抗のベクトルが共産党に集中することを

第 8 章　戦争、謡言、社会

防ぐ作用を果たしていると思われる。

　他方、うわさもまた時代の不安感を映しだす鏡として、その生命力を保っている。2003 年の SARS 流行期にさまざまな流言が飛び交ったことについてはすでに触れたが、2009 年河南省杞県でも核物質漏洩のうわさが広まり、多くの人びとが県外へ避難する事態にまで発生している。また、われわれの記憶に新しいのは、2011 年に発生した福島県の原子力発電所の事故がきっかけとなり、大勢の人びとが食塩を求めて食品店に殺到した事態である。その背景には、食塩のヨウ素が被ばくを防ぐという流言があった。

　本章は 1950 年代の中国をテーマとした分析であるものの、社会的な不安定感、うわさの流布、それに対する権力側のプロパガンダ工作という本章図 1 の構図は、過去も現在も変わらず存在しているように思われるのである。そうであるならば、中国のプロパガンダを政府からの一方的行為として分析するのでは不十分であり、そのプロパガンダは世相と共に考察されなければならない。現代中国の政治研究においてうわさは、分析対象としてほとんど重視されてこなかったように思われるが、われわれが中国政治におけるプロパガンダの展開を分析しようとするとき、世相を映し出す鏡としてのうわさの分析は有効な研究の足がかりとなるであろう。

《注》
1)「上海、天津等地謡言一束」『内部参考』1950 年 11 月 7 日［第 265 号］。
2)「江西流伝的謡言和各階層思想状況」『内部参考』11 月 9 日［第 266 号］。
3) 安徽省太和県では、村内に長年使われていなかった汚い井戸が「神井」とされて、この「神水」が SARS に効くとして、多くの民衆が線香をあげたり、願を掛けたり、取水をしたりした。こうした事例は枚挙にいとまがない（李若建『虚実之間：20 世紀 50 年代中国大陸謡言研究』北京：社会科学文献出版社、2011 年、自序 1-2 頁）。
4) なお 1950 年代の謡言を研究した李若建は謡言を「非政府筋の、一定の時期と範囲で拡散したデタラメを含む情報」として定義しているが、あくまでこの定義は研究の

ための狭義の定義であり、実際には政府筋からの謡言もあれば、謡言に真実が含まれることもある点を指摘している（李若建、前掲書、2-3 頁）。

5）清水幾太郎『流言蜚語』ちくま学芸文庫、2011 年、51 頁。

6）G・W・オルポート、L・ポストマン（南博訳）『デマの心理学』岩波現代叢書、1976 年、43 頁。

7）比較共産主義的な視点から言えば、力による「強制と暴力」は、中国よりもむしろポル・ポト時代のカンボジアのような地域に適合する分析軸であろう。毛沢東時代における中国型統治の分析においては、大衆による政治参加というファクターを分析のなかに取り込む必要がある。

8）松山巖『うわさの遠近法』青土社、1994 年、364 頁。

9）王炎「新中国歴史上的宣伝網制度」『中共党史資料』2007 年第 3 期、117-128 頁。

10）唐海江・朱習文「新中国成立初期湖南建設"宣伝網"的歴史考察」『中共党史研究』2011 年第 4 期、107-115 頁。

11）孫丹「論抗美援朝戦争的国内宣伝工作」『当代中国史研究』2009 年 7 月第 16 巻第 4 期。

12）Franz Schurmann, *Ideology and Organization in Communist China, Second Edition, Enlarged.* Berkeley: University of California Press, 1971.

13）李若建、前掲書。

14）「湖南、浙江、蘇南、山東等地謡言彙集」『内部参考』1950 年 10 月 25 日（第 256 号）。

15）有力な軍人で、海軍司令員を務めた。

16）「湖南、浙江、蘇南、山東等地謡言彙集」『内部参考』1950 年 10 月 25 日（第 256 号）。

17）同上。

18）同上。

19）「上海、天津等地謡言一束」『内部参考』1950 年 11 月 7 日［第 265 号］。

20）「湖南、浙江、蘇南、山東等地謡言彙集」『内部参考』1950 年 10 月 25 日（第 256 号）。

21）「大力開展時事宣伝工作」『文匯報』1950 年 11 月 9 日、『東北日報』から転載。

22)「江西流伝的謡言和各階層思想状況」『内部参考』1950 年 11 月 9 日（第 266 号）。
23) 同上。
24)「中共中央関於在全党建立対人民群衆的宣伝網的決定」(1951 年 1 月 1 日)『建国以来重要文献選編』第 2 冊、北京：中央文献出版社、1992 年、1-5 頁。
25)「華東局宣伝部召開会議　総結典型試験初歩経験」『文匯報』1951 年 4 月 6 日。
26)「中共上海市委宣伝部発出宣伝工作的通知」『文匯報』1951 年 12 月 25 日。
27)「一年来各地設立宣伝員的概況」『文匯報』1951 年 1 月 8 日。
28)「華北宣伝網工作進一歩発展和提高」『人民日報』1952 年 8 月 29 日。
29)「一年来各地設立宣伝員的概況」『文匯報』1951 年 1 月 8 日。
30) 王炎「新中国歴史上的宣伝網制度」『中共党史資料』2007 年第 3 期、118 頁。
31)「国営工砿企業在"三反"運動中的宣伝工作」『人民日報』1952 年 3 月 31 日。また 1952 年 6 月には、末端の労働者でも『人民日報』に目を通せるように講読するよう求める投書なども確認できる（「読者来信」『人民日報』1952 年 6 月 18 日）。
32) 中共中央華北局宣伝部「華北宣伝網工作進一歩発展和提高」『人民日報』1952 年 8 月 29 日。
33) 同上。
34) Ithiel de Sola Pool, "Communication in Totalitarian Societies," in Ithiel de Sola Pool et al. (ed.) *Handbook of Communication*. Chicago: Rand McNally, 1973, pp. 491-492.
35) Franz Schurmann, *Ideology and Organization in Communist China, Second Edition, Enlarged.* Berkeley: University of California Press, 1971, pp. 59-60.
36) Schurmann, pp. 63-68.
37)「読者来信専頁」『人民日報』1952 年 7 月 2 日。
38) 同上。
39) 同上。
40)「慶祝中華人民共和国成立三周年」『人民日報』1952 年 10 月 1 日。
41) 拙稿「毛沢東時代の『愛国』イデオロギーと大衆動員」『中国―社会と文化』第 26 号、2011 年 7 月、50-72 頁。
42) 同上、122 頁。

43) Harry Harding, *Organizing China: The Problem of Bureaucracy 1949-1976* (Stanford, California: Stanford University Press, 1981), pp. 32-64.

44)「中共上海市委広泛建立宣伝網」『文匯報』1951年12月12日。

45)「青年団的宣伝教育工作」『文匯報』1953年7月4日。

46)「我国青年積極抗美援朝」『文匯報』1951年5月5日。

47) バラク・クシュナー（井形彬訳）『思想戦：大日本帝国のプロパガンダ』明石書店、2016年、231頁。

48) 高橋源一「口頭宣伝を重視せよ」『宣撫月報』通巻第49号、1940年12月25日。

49) 大衆路線という共産党の方法論は現在もその生命力を保っている。たとえば現在の中国の治安対策として「綜合治理」ということがよく言われるが、この綜合治理においては工場のような経済単位から学校のような教育単位、さらには家庭も動員したキャンペーン方式が採用されている。またネット社会においても人的資源を動員してプロパガンダをおこなっている。たとえば、オンライン上の世論形成をかじ取りするために「インターネット・コメンテーター（網絡評論員）」という制度が2004年に導入され、ボランティアもしくはアルバイトとして雇われたスタッフがネット上の議論に介入し、中央宣伝部の方針に沿った形に議論を持っていくということまでおこなわれている。

50) 拙著『中国社会と大衆動員：毛沢東時代の政治権力と民衆』御茶の水書房、2008年。

第9章
民間信仰と「革命の伝説」
―祈雨、変天、神水・神薬を巡る
建国初期中国の民衆と権力―

丸田 孝志

はじめに

　中華人民共和国建国初期の農村では、土地改革の進展とともに社会経済の改造が急速に行われたが、農業生産を安定させるための技術・環境の整備が遅れ、医療や社会保障の基盤が極めて脆弱な状態において、現世の個別利害を多神教的な信仰に託す農民の思考・行動様式は継続しており、中国共産党（以下、中共）と政府の迷信禁圧政策は、民衆の激しい反発を招いた。この時期の民衆の集団的な信仰行動は、「反動会門」（民間宗教結社）に対する反革命鎮圧運動の文脈で語られることが多かったが、近年は社会史的な手法も使用した新たな視角による研究が進展している。

　李若建などの研究は、建国初期の祈雨（雨乞い）、寺廟や聖跡・山川に神水・神薬を求める集団行動、各種の流言と集団パニックの発生の背景について、各地の社会経済状況や集合的記憶の地域性に着目して検討し、事件発生の原因を階級敵の策動に求める権力の言説や政治手法の問題性を指摘しており、注目される[1]。しかし、特に神水・神薬騒動に関しては、地方志を中心とした史料上の制約と新聞史料の検討不足から、朝鮮戦争勃発による中国の戦時体制の再編が、この時期の民衆の集団行動に深い影響を与えていたことを見落としている。楊念群は、『内部参考』（各地の治安状況、思想状況等を報告した高級幹部向け内部資料）もしくは同資料の情報源である新華通迅社の報告資

料を使用して、反「細菌戦」運動、愛国衛生運動と神水・神薬騒動との関連について指摘している。ただし、楊の主要な関心は衛生運動や衛生観念の浸透を通じた国家権力による社会編成の問題にあり、民間信仰そのものから権力と社会の関係を読み解くものではない[2]。スティーブ・A・スミスは、神水・神薬事件の民衆行動が、必ずしも全て反権力的なものでなく、民衆が権力の言語によって信仰を正当化する状況を指摘した上で、このような信仰のあり方の延長線上に文化大革命期の民衆による毛沢東神格化の流れを見出している[3]。ただし、スミスにおいても、これらの状況が、権力と民間信仰の歴史的な関係性や民間信仰の構造に即して十分に議論されているわけではない。また、これら集団行動に反映された民衆の信仰と願望は、建国前後に成立し発展する革命の物語（指導者や紅軍やこれらに関わる事象が奇跡を起こす物語を、以下「革命の伝説」と称する）の中にも吸収されており、この時期の権力と民間信仰の関係を検討する上で興味深い素材であるが、これまで十分な検討はなされてこなかった。

　一方、中華人民共和国の権力と民間信仰の関係については人類学的な考察を含め、既に一定の蓄積がある。呉毅は四川省の農村調査に基づき、民間信仰の文化的な権力が、理性の言説と社会主義イデオロギーを代表とする新たな文化に基本的に代替されたと指摘する一方で、社会主義イデオロギーが伝統文化の文脈で解釈され、新たな文化様式が伝統的な習俗と巧妙に折り合いをつけながら、農民に受け入れられていた状況を確認している[4]。祁建民は、華北における国家と村落の権力関係の変遷を考察した著書の中で、華北村落の民間信仰は組織的結合が弱く、国家権力に対抗することができなかったが、共通の信念によって支えられた信仰は村民の行為を拘束し続けたと指摘し、組織の緩やかな特徴こそが信仰を長く温存させた理由であると主張する[5]。これらの研究が指摘する民間信仰の柔軟な構造は、建国初期の民間信仰の集団行動においても確認され、権力による厳しい統制・鎮圧と民衆の激しい集団行動が対峙したこの時期の権力と信仰の関係を考察する上でも有用であると考える。

また、佐藤公彦は現代中国の統治を、漢代以来の「皇帝教皇主義」体制を継承する政教一致の国家体制として把握し、宗教が独自の領域を持たず政治に一元化され、マルクス・レーニン主義・毛沢東思想が儒教に代わって政権の正統思想として君臨する状況を指摘するとともに、儒仏道三教合一の宇宙観・人間観にみられるシンクレティズム（総合的折衷）の特性が民間信仰にも生き続けていることを主張する[6]。佐藤の議論からは、中国の権力によるイデオロギー統制の歴史的淵源と構造を確認するばかりでなく、融通無碍な民間信仰のあり方が権力によるイデオロギー独占と表裏一体となって命脈を保つという、権力と社会の相互作用の構造をも読み取るべきであろう。

　本章では、これらの研究にも示唆を受けながら、建国初期の権力と民間信仰の関係について、改めて考えたい。具体的には、民衆の祈雨活動、天災と「変天」（統治者の交替）を巡る流言、神水・神薬騒動および革命の伝説を対象とし、権力と民間信仰の関係性の継続と変化に着目しつつ、民間信仰が新たな権力をどのように解釈し、互いがどのような関係を結ぼうとしたのかについて検討する。

第1節　天と民衆

1) 旱魃と祈雨

　旱魃に際しての祈雨は、水利・灌漑が十分でない時代、降雨に依拠して生活・農耕を営む人々にとって欠かせない習慣であったが、建国前後の中共政権においては、土地改革などで政策が急進化する時期にしばしば強圧的な迷信禁止の運動が行われることがあり、幹部の水準の問題も関係して雨乞いを含む迷信行為が極端に禁圧されることもあった。建国初期の例をみれば、河南省濮陽県八区では民衆の祈雨を区幹部が会門の暴動として取締まって民衆と対立する事件が起こり[7]、河北省賛皇県一区では、ある女性が「雨乞い」と言っただけで一家4人が投獄される例もあった（『内部参考』1953年1月30日。以下、NC53.1.30 のように略記）。

しかし一方で、中共権力は既に内戦期から、天災や病気など民衆の生死に関わる迷信には慎重に対応するよう指示を発し続けていた。太行区の基層幹部向け雑誌では、これらの迷信が長く禁圧されると、緊急時には集団行動が起こり、幹部がこれをすぐに禁圧しようとすると孤立したり、侮辱、嘲笑を受けると指摘し、そのため、時機を見計らって粘り強く対応すべきことや、旱害に備える実際の工作を推進して、現実から大衆を説得するよう指示している[8]。そのような方策も実際に行われていたが[9]、根拠地の困難な状況の下、旱魃の度に権力と祈雨を求める民衆との矛盾は先鋭化した。

　近代的な視点からみれば、祈雨は民衆の無知に起因する無意味で有害な迷信行為という消極的な性格のみが強調されるが、河南省泌陽・桐柏両県境界地区の老劉店の祈雨を調査した劉俊起によると、名声のある同村の祈雨には、以下のような社会的な効能がある。①雨不足に悩む村民にとって心理的な慰めになる、②敬虔な祈祷と完備されたシンボルの「合理的」な運用を通じて神が雨を賜うことが村民に信じられており、強い降雨の能力を持つ祖先神と自身との特殊な関係を儀式を通じて確かめることで、集団的な安心感を獲得できる、③村民が村の共同の利益のために団結することで、暫時的にコミュニティ秩序の統合が実現される、④大規模な隊列の組織や、他村の人々の恭しい態度や追従は、村の実力を証明するものであり、村民の誇りとなる、⑤余暇と娯楽の機会となる。また、霊験の確かさは、①厳格な儀式の規定とシンボル操作が祈雨の効果を保証するという信仰の論理体系が構築されているため、これらに対する違反が祈雨が失敗した際の口実として語られること、②祈雨による降雨の時間設定が緩やかであること、③効果のあった祈雨の例が集合記憶となって語り継がれること、によって担保されている[10]。祈雨がこのような社会的効能と信仰によって支えられているとすれば、その排除には、コミュニティの構造への関与を含めた対応が必要となることが理解できよう。しかし、権力を掌握したばかりの建国初期の中共政権には、その準備が十分に整っていなかった。

　『内部参考』によると、1952年の深刻な旱魃の報告は、西南地区、華北五省、

東北地区、西康省、湖北省、福建省の延べ23件、1953年では、西南地区、湖北省、青海省、広東省、甘粛省、寧夏省、江西省、華東地区、福建省、河南省、山東省の延べ25件であり、被害は全国に及んでいる。表1からも建国当初の5年間では、1951年から1953年にかけて旱魃の被害が比較的大きかったことが確認できる。1951年は被害の大きさにもかかわらず、『内部参

表1 建国初期の旱魃被害面積（万畝）

年	被災面積	成災面積*
1950	3,597	884
1951	11,744	3,449
1952	6,354	3,818
1953	12,924	2,012
1954	4,482	840
1955	20,119	6,036
1956	4,691	3,077
1957	25,807	11,100
1958	33,541	7,546

高文学主編『中国自然災害史』（総論）地震出版社、1997年、389頁より作成。
注)＊農作物の実質収穫量が平年より3割以上減少した面積。

考』には祈雨に関する報告が掲載されていないが、これは政務院「関於大力開展群衆性的防旱抗旱運動決定的通知」が通達され、全国的な旱魃対策の運動が展開するのが1952年2月以降であり、それまで旱魃対策が政権の重要課題とされていなかったことが関係していると考えられる。この通知により、「天に頼って雨を待つ」消極的な心理の除去と、「人は必ず天に勝つ」という道理による人々の啓発が改めて明確な課題として確認された[11]。

　1952年春、四川省北部での旱魃に際し当地の農民は、「天に頼って飯を食う」考えが非常に濃厚であり、ある農民は「毛主席の政策は何でもよいが、天と闘うのだけはいただけない」と語った。武勝県某郷の農民は、夜中に秘かに祈雨のための龍神菩薩[12]を村に招き入れた。普通の農民は、「旱害と闘う」、「天と闘う」というスローガンに非常に不満であり、闘えば闘うほど雨が降らないと考えていた（NC52.4.19）。南部県双河郷では会門が菩薩を担いで祈雨を行い、水利施設の建設に反対した（NC52.6.5）。貴州省の農村でも「天に頼って飯を食う」と「雨を待つ考え方」が広く存在していると報告されている（NC52.4.8）。

　西南地区の一部で雹の被害が広がると、四川省東部の幹部は日々旱害と闘ったことで「天に不興を買った」と語り、「天に頼らず、神に頼らなければ、

雪弾子（雹）に打ち殺される」、「天と闘うからだ。天に殺されるぞ」という流言が起こった。涪陵専区の一部の農民は線香、蝋燭を立て紙銭を燃やして、神に保護を求め、幹部は旱害に抵抗すべきではないと恨み言を言った（NC52.4.8）。「天と闘う」ことへの不満は、翌年の旱魃においても表明され、四川省江津専区では、「人民政府は天に頼らないが、我々は天に頼らなければならない。彼らが旱魃への対抗を指導して毎日闘争をするので、天の不興を買い、それで天は乾き雨を降らさないのだ」と語る者もいた[13]。

　1953年には、祈雨に関する民衆の暴力的な行動が報告されるようになる。江津専区の旱魃では祈雨に乗じて、6月から7月の1カ月間に各地で民衆が郷政府に押し入り幹部を縛り上げ、殴打する事件が11件起きている（NC53.7.29）。浙江省金華専区でも、祈雨を阻止しようとした区委書記を縛り上げて殴打する、郷政府を包囲して民兵を殴打するなどの事件が起こった（NC53.8.11）。

　義和団戦争の頃まで、設壇祈雨の祭礼は地方官や皇帝が取り行うべき儀礼の一つであり[14]、民衆からみれば、権力は本来民の側に立って天を祭り、災害を防ぐべきものであった。そのため、福建省福安専区では、「××県長は神を信じていないので、雨が降らないが、××県長は神を信じているので、もう雨が降った」という流言が起こった（NC53.8.3）。また、上述の江津専区の事件は「悪質分子」の破壊活動と報告されているが、そのスローガンの中には「祈雨は国のため民のためであり、抗米援朝のためである」として、祈雨が国家の政策に寄与すると主張するものもみられた。

　ただし、民衆は王朝時代と全く変わらぬ権力観を維持していたわけではなく、「人民の権力」を自称する中共権力の下で、社会の主人公としての意識を徐々に高めつつあったようである。既に国共内戦期の太行根拠地においては、民衆の祈雨を黒板報（黒板による宣伝掲示板）で批判した教員に対し、民衆が「これは民衆路線を進むものではない！」、神様が「黒板報をみて、怒って行ってしまった！　だから、今年の我々の生活は劉教員が責任をとらなければならない！」と罵倒する事態が起こっている[15]。1952年、四川省武勝県某

郷では、幹部が「天に頼って飯を食うのに反対する」考えを宣伝した際、ある農民は「あんた達は、当然天に頼っていない。我々に頼って飯を食っているんだから」と語ったとされる（NC52.4.19）。この発言からもわかるように、一部の農民は「誰が誰を養っているのか」という中共の徹底した階級教育を受けて、幹部すらも直接生産者である農民自身が養っている事実を自覚するようになっていた。

　そして、一部の民衆は、自身が天に頼って生命を維持しているという自然観・天の思想を保持しながらも、政府や幹部が自ら祈雨を組織するよう行動を起こした。1953年、甘粛省慶陽専区では13万人の被災民を出す激しい旱魃に見舞われたが、定西では3000人余りの民衆が専員公署（省と県の間に置かれた行政機関）を訪れ、専員が人々を率いて祈雨を行うよう求めている（NC53.6.22）。上述の浙江省金華専区では、民衆が郷政府に押しかけて郷長を神前で3時間叩頭させる、区武装部長を縛り上げようとし、政府が仏を迎え、民兵の銃で「天を震せる」ことを要求するなど、幹部と民衆の厳しい対立が生じた。一部の幹部は強制命令の誤りを恐れ、民衆の行動に手出しができなかった（NC53.8.11）。同省の麗水では300人余りの農民が県長に菩薩を拝みに行くよう要求し、ある区では区長、郷幹部を捕まえて神に祈りに行かせる事件が起きた（NC53.8.3）。青海省湟源地区では、祈雨の儀礼を小学生に妨害されて激怒した民衆が県政府に押しかけて幹部を殴打し、県長の民主選挙を要求した[16]。民衆にとって、権力が民衆の意志に従い、その生死に関わる信仰を保証することが民主の意味であった。

　なお、このような民衆の自己主張は祈雨のみに留まるものではなかった。既に国共内戦期の根拠地において、村幹部を打倒して貧雇農に権力を委譲する急進的な政策が取られた際に、「現在は民主を実行しているので、民衆が神を敬うのを県長・区長も止められない」（『新華日報（太岳版）』1948年6月23日）というような形で農民が迷信を正当化し、幹部も巻き込んで迷信が流行する状況が出現しており[17]、革命が古い秩序を破壊し大衆の力を「解放」した後、新たな秩序が形成されない状況において、政権の思惑とは異なる民衆

の自己主張が一部の地域において極端な形で現れていた。1953年の報告では、湖南省の一部の県の農民は「極端な民主思想がひどく」、多くの農民は「自分は国家の主人であり、幹部と政府が人民のために仕事をするもので、農民の話を聞くだけだ。農民に口出ししてはならない」と主張し、多くの地区で農民が指導に従わず、幹部を罵り、闘争にかけるなどの状況がみられた。民兵らが樹木を伐採し、「我々は貧雇農だから、間違いを犯しても大丈夫だ」などと言って、犯罪を正当化することもあった（NC53.8.21）。

　もちろん、この時期の農村では、上述のように各地で農村幹部による強圧的な迷信禁圧や強制命令の事例も多く確認されており、民衆の激しい自己主張のみがまかり通っていたわけではない。上述の金華専区では、党の郷支部組織がほとんど存在せず、区委員会のある区も半数に達しなかったとされるから（NC53.8.11）、民衆の激しい直接行動の背景には党組織の基層への浸透の問題も関わっていたと考えられる。

　1955年以降には、1953年までを数倍上回る大規模な旱魃被害が続いているが（表1）、『内部参考』における祈雨に関する報道は1952、53年の2年間に特に集中しており、その後は顕著な報道がみられない[18]。その原因として、水利・灌漑の整備や教育の普及、迷信打破が重点工作から離れたこと、1953年7月に朝鮮戦争の停戦協定が成立し、食糧増産の圧力が一時的に緩和したことなども考えられるが、李若建は、農業集団化が進展し、食糧生産・流通の統制が強化されたことで農民の生産への関心が薄れ、これにより祈雨の行動が減少したと指摘している[19]。これに従えば、基層社会の改造が一旦は信仰のあり方に大きな変更をもたらしたということができよう。

2）天と権力・道徳秩序

　天は現世の道徳秩序とも結び付けられていたから、民衆にとって天を敬うことは人として当然の行為でもあったが、伝統的な秩序を肯定するという意味では、このような天の意識は革命的な規範との矛盾を孕み続けていた。福建省では「地主」や「悪人」が、水害を人々の「道徳の廃頽」と結びつけて民

衆を動揺させ、土地改革を否定しようとした。これらの人々は、「天には目があり、人が報いなくとも、天が報いる」、「貧雇農は幸せだ。土地を得て水害に遇う」、「2度目の水害がもうすぐ来て、今回よりも2丈高い」などとデマを飛ばした。徳化県城内の民衆は道士を呼んで願掛けをし、黄山口村の民衆は高い山に移り住むなど混乱が広がった（NC52.9.5）。

　また、天災は長く為政者の失政に対する警告（天譴）と捉えられていたため、被災による人心不安に乗じて、政権に不満を現す言動も依然として継続していた。1950年10月から開始された反革命鎮圧運動は、3年余りで71万2000余人を処刑、129万余人を拘束したが、高いノルマを達成するために多くの冤罪を生み[20]、その批判もまた、天災と結び付けられて行われることがあった。1951年春、湖南省の長雨は、長沙などで作付の30％から50％の被害を出したが、「特務」の撒いたビラには「共産党は素晴らしい、ただ天だけがよくない」、「政府は殺人が多過ぎ、天の神様は死体を洗うため雨を降らせて、晴れないのだ」などと書かれていた。一部の農民は政府を怨み、工作幹部に対して「できれば政府に殺害を禁じてもらい、これ以上人を殺させないのがよい。殺さねばならない者は、6月まで留めてから殺す。その時、雨が多く降り死体を洗えば、民衆にとってもよいことだ」と語った（NC51.5.12）。

　激しい災害を、天譴による中共政権崩壊の予兆とする流言も多く現れた。この半世紀、災害・戦乱の連続の中で、「天」は確かに目まぐるしく変わっており、民衆にとって「変天」は経験に裏付けられた、蓋然性の高い現実であった。

　1953年4月以降、山西省運城専区では、虫害・異常低温・暴風・雹害・旱魃が続き、「反革命分子と封建反動会門が、民衆の情緒の動揺に乗じて破壊活動を行っている」と報告されている。10県以上の地区で、「共産党はもうだめだ。天が容れない」、「年を連ねて天が災害を下す」といった流言が行われ、互助合作運動の暴走や婚姻法実施の不徹底などの工作の失敗が揶揄された。櫻山では「朝鮮（戦争の和平）談判は決裂し、志願軍（抗米援朝義勇軍）は既に東北に撤退したが、政府はまだ民衆を騙している」などの流言も行われた

(NC53.5.16。( )内は筆者注。以下同様)。1955年の浙江省の水害では湯溪などで「天は共産党を信じず、人は毛主席に従わない」という歌が歌われた(NC55.7.6)。

　一方、内戦期から建国初期の社会の混乱に乗じて、会門の諸勢力は「末劫」、「終末」、「変天」の世界観によって、保護を求める人々を組織して勢力を拡大していた。1950年、北京海淀区の一貫道徒は14万3000人、天津「解放」前夜の一貫道徒は20万人に上り、山西省天鎮では人口の4分の1が一貫道徒であったという[21]。河南省鄭州専区に相当する16県では、建国前に人口の約7割に当たる19万人が何らかの会門に属していた(NC53.7.24)。また、1949年9月頃、東北全地域では一貫道徒だけで50万余人、その他の会門組織の信者は60万人以上に達しており[22]、1950年11月の段階で、山西省一省だけで退会した一貫道徒は8万人に上った(『人民日報』1950年11月28日、以下RR50.11.28のように略)。中共もまた内戦の中で会門の盟誓(天の下で結社の盟約を誓う儀礼)の手法に倣って組織の拡大を図っており、「変天」の意識の拡大を助長していた[23]。1952年末になっても、浙江省紹興の哈喇会は、青陽世界(国民党)は既に過ぎ、紅陽世界(共産党)の3年も既に過ぎ、白陽世界(哈喇会)が正に天下を取ると称し、白蓮教系結社の三期三仏掌教説の終末論を国共両党と会門の権力交替に読み替えて暴動を組織しており(NC53.1.23)、「変天」の世界観が根強く継承されていた。

3) 天と毛沢東の権威

　上述したような天の意識との関係において、人民の権力を自称して「封建・迷信」を打倒し、農村に浸透しようとする毛沢東の権威は、どのように位置づけられたのであろうか。

　日中戦争末期、陝甘寧辺区の一部の農民は、「毛主席は言ったことは何でも実現させる」、「今年は凶作というから今年は凶作だ」と語るまでになった(『辺区群衆報』1945年5月28日)とされ、安定した根拠地の一部での毛沢東の神格化は、ある程度成功していたようにみえる。建国後も統治の安定した

第9章　民間信仰と「革命の伝説」

地域では、毛沢東の素朴な神格化が、日常的に進行していたようである。山東省莱西県後于荘では、村支部書記が旱魃対策の村民動員大会において「毛主席は「今年は雨が降らない。旱魃になるしかない」と言った。井戸を掘らない者は毛主席に従わないものだ」と語ったのに対して、ある民衆は「毛主席は神仙になったのか！　雨が降る、降らないということも知っている」と言った（NC52.4.8）。しかし、このような素朴な権威が、そのまま中共が望むような絶対的権威に発展すると考えるには、様々な留保が必要であろう。

　中共は、日中戦争末期より大衆に対して、新時代の「真命天子」としての毛沢東のイメージを浸透させようとしてきたが、民衆の生活の場において毛沢東像は竈神・土地神などの代替として導入されていた[24]。中国の民間信仰は、本来儒仏道三教を一体的に捉え、近代以降もキリスト教やイスラームの要素を摂取するなど、様々な思想・宗教を融通無碍に吸収する柔軟な構造を備えており、中共が絶対神として定着させようとした毛沢東の権威も、まずは個別家庭を司祭する現世利益の神として受け入れられていた。ポール・コーエンによれば、キリスト教の排斥を激しく訴えた義和団員らの、天が派遣した「神兵」という自己認識すら、キリスト教宣教師の「神の兵士」という自己認識の焼き直しであったとされ[25]、厳格な教義を持たない民間信仰が、社会の雰囲気を自在に捉えて自己増殖する力を備えていることが理解できる。

　1950年1、2月分の河南省安陽専署公安処の報告は、権力交替期の混乱を受けて「末劫」、「変天」の世界観で人々を組織しようとする宗教結社の活動を伝えているが、既成宗教の要素を融通無碍に取り組む民間信仰の柔軟な構造の中に、キリスト教や共産主義までもが取り込まれている状況が確認できる。同専区のキリスト教を称する結社は、春には国民党がアメリカの援助の下に毒薬を飛行機で散布し、部隊を輸送し、共産党員と幹部を皆殺しにするなどとデマを振り撒く一方で、「天地開闢から今日まで六千年、四千年前には洪水が一度この世を責め、禹王によって治められた。今もうすぐ火責めの世界がやって来る。その時大半の人が死に、全てのものがなくなる。キリストのみが災難を避けることができる」と宣伝していた。また、「スターリンはキ

リスト教の総頭目である」、「共産党の政策はキリスト教と同じであり、共産党もキリストに学んだものである」、「キリストは労働者の出身であり、毛主席も労働者のために仕事をする。だから共産党とキリスト教は同じである。違うのは共産党には批判と検査があるが、キリスト教にはないという点だけである」とも語っていた。そのため、ある農民は自宅に毛沢東像とキリスト像を並べて掲げていたという[26]。

　中共政権崩壊の「末劫」を語りながら、共産党の権威も借りて教義を正当化しようとし、禹王治水とノアの方舟の伝承、共産主義の通俗的な教理をないまぜにして大衆の歓心を買おうとする宣伝の内容からは、およそ利用できるものは全て利用しようとするご都合主義的な姿勢が窺える。一見政権に敵対的にみえるこのような結社がいかに蠢動しても、治安の安定に伴い結果として中共の権威にすり寄り、大衆とともにその威信を高めていく方向性はおよそ決まっているようにもみえる。ただし、権力による正統的イデオロギーの独占とその社会への貫徹を志向する中共政権は、結社の「いかがわしい」語りで自身の権威を高めることすら許そうとはしなかった。

　上述した浙江省金華専区の祈雨についての報告によると、東陽県郭宅郷では龍神像を日に晒す祈雨の儀礼に倣い、毛沢東像が日に晒らされたという（NC53.8.11）。ここでの毛沢東は、確かに天候を司る神としての期待を担っているが、その位置づけは生活の個々の領域を守る現世利益の神、呪術の対象としての神と変わらないようにもみえる。農民にとっては、官の提唱する、それなりの権威を持つ神々が権力の交替に伴い入れ替わったという程度のことであったのかもしれない。

　1952年春、河南省臨穎県東王郷では、疫病が流行した際に毛主席の目が大きいために災いが起こるという「地主」の言に促されて、民衆が肖像の目鼻に穴を開けたり、刀で破壊したり、牛舎に放置するという現象も起きている（NC52.5.6）。これらを反動勢力の悪意に満ちたデマとみることは容易であるが、幸福をもたらさない神の像が、まれに破棄されることがあるという民俗に鑑みるならば、個別領域の範囲で日常的に毛沢東に何らかの神威が認めら

れていたとみることも可能であろう。また、四川省巴県一品郷七田村では、「破壊分子」が祈雨を利用して「菩薩をつくり」、小学校の移転を迫り、「毛主席像が引っ越して、菩薩を安置すれば、大劫に遭うのを免れる」と主張した（NC53.7.29）。この事例は、本来小学校が菩薩を祀る寺廟であり、菩薩の祭祀を回復することで天の正常な運行の回復を企図したものとも考えられる。いずれにしても、祖先信仰が地域的結合の信仰に融合した日本の神社の鎮守のような安定した「依り代」を持たない毛沢東の権威は、建国初期の不安定な政情を反映して未だにその地位を確立できなかったようである[27]。

　また、新たな権力者の権威が「真命天子」の概念で理解される限り、毛沢東の権威がいかに高まったとしても、伝統的な権力観の中に生きる多くの民衆にとって現世の権力者は必ず天の下にあり、毛沢東もこの原理を超えることはできない。そのような人々にとって、「人は必ず天に勝つことができる」という不遜な言動を行い、天に逆らう「偉大な指導者」は全くの形容矛盾であり、想定し得ないものであった。1953年の四川省綦江の祈雨騒動では、「毛主席は25年の天下しかなく、神を信じなければ、80回の大天（旱魃）、40回の紅雨（雹）がある」という流言が、1955年の浙江省の水害では、「毛主席は迷信をさせないから、今回の大龍洪水があった。彼をいらないのだ」という流言が行われ、神を信じない中共政権の終焉が予言されていた（NC53.7.29,55.7.6）。一方で、1952年の西安では著名な道教寺院の修復事業に際して、「朝鮮と台湾の2つの境界に1人の老人が座っており、毛主席に神を信じるならば、天下は永遠に保たれるだろうと勧めた」ので、毛主席は巨額を投じて寺院修復を行ったのだと称する者がいた（NC52.11.17）。毛沢東もまた、神の加護の下に天下を維持することができるという認識が示されている。

　上述の山西省運城専区では災害の混乱の中、「一心天道龍華会」という会門が、「毛沢東の同意を得て」、地下活動から公開活動に転換すると宣伝していた（NC53.5.16）。民衆が行う信仰活動が国家・指導者の支持を得ているとする言動は、後述するように広く行われており、信仰活動全てが反権力志向を

持つものではなかった。しかし、党・国家の統制から外れた活動が迷信の色彩を纏い、困窮する人々を巻き込んで拡大することは、権力にとって最も警戒すべきことであった。自然災害が「変天」の予兆として予見されるという観念が社会に深く浸透していることは、その危機感を現実のものとしかねないものであった。毛沢東の権威もこのような不安定な位置におかれていた。

第2節　神水・神薬騒動と権力

1)「細菌戦」と神水・神薬騒動

1952年3月、朝鮮戦争の前線で対峙するアメリカ軍が、中国東北地区に細菌兵器を投下したとの情報が周恩来外交部長の声明によって明らかにされると（RR52.3.8）、各地で疫病流行の恐怖が広がり、民衆が山川・古跡などに押しかけて、神水や神薬を求める集団行動が引き起こされるようになった。

李若建によれば、山川・古跡などに神水・神薬を求める行為は、古くから受け継がれてきた民間療法で、神仙・義人・孝子などに対する民間信仰を基に個別に行われているもので、疫病発生時や春先の食糧不足時に大規模な大衆行動となることがあり、そのような現象は近年に至るまで繰り返されているという。病気が自然と治癒する者、心理的な効果で治癒する者、線香や草木の灰に含まれるカリウムイオンの効能により腹痛が治癒する者などがいるため、本来の医療に頼ることのできない民衆にとって「有用」な治病の手段でもあった。神水・神薬騒動は、民間信仰や会門の関係者にとっては収入や勢力拡大の機会でもあり、当地の民衆もこれに乗じて収入を得ようとして参入するため、騒動が拡大する[28]。

内戦期の中共根拠地でも政策の急進化で秩序が混乱し、疫病が流行した際、人々は村の中で禁圧された神々を洞窟・山川・古跡などに探し出し、神水・神薬を求める大衆行動が引き起こされている[29]。また、1950年10月以降の反革命鎮圧運動において当局は、一貫道が「神薬聖水」や「救仙丹」などによっ

て民衆を騙しているという批判を行っているが[30]、これらには集団行動ばかりではなく、個別の処方も含まれている。1952年の神水・神薬騒動は、民衆の集団行動が朝鮮戦争の「細菌戦」に関わって引き起こされている点、対外戦争・国内外の階級闘争と結びついて政府の警戒を引き起こしている点、近代的な医療を普及させ、迷信を廃棄しようとする意志と能力を持つ権力が、大衆の自発的行動を抑圧しようと積極的に干渉するようになっているという点で、新たな性格が付与されている。

『内部参考』は、米軍機による細菌兵器の散布が、5月までに東北・華北各地と江西・浙江・湖北・湖南・広東・広西の各省の広域に及んだとし（NC52.4.24,5.10）、東北では毎月の疫病感染者が数百人だったものが、6月には2万8100人に激増したなどと被害を報告している（NC52.8.7）。『人民日報』や『東北日報』は、連日被害の状況と各界の批判の声、各地の反対運動の状況などを伝え、実際に投下されたという細菌弾や細菌、昆虫の写真も掲載された（RR52.3.15、『東北日報』1952年3月18日、25日）。ただし、『内部参考』では、石鹸や玩具、ビラなどの散布も細菌兵器として報告しており（NC52.5.10）、被害情報は拡大解釈されている可能性が高い。『人民日報』は、青島での細菌兵器散布を報道した（RR52.3.15、5.25）他は、朝鮮と東北地区以外の「細菌戦」には言及せず、当局も各地の「被害」を高級幹部レベルで共有しながら、その内実には確信が持てなかったことを示している。

東北地区では「二月二日龍抬頭だから、虫が出て来た。何を毒だと騒いでいるのか？」などと言って全く警戒しない者が多くいる一方で、蚊に刺されただけで派出所に駆け込むなど激しく動揺する者、「変天」や第三次世界大戦の勃発を予期して恐慌を起こす者もいるなど、両極端の反応が現れた。『内部参考』は、これらにはともに旧国民党軍の軍官や「反革命分子」、「封建会門分子」の流言も大きく関わっていたと指摘している。それによると、敵対勢力は各地で「細菌戦」の恐怖を煽る一方で、一部では、「細菌戦」の情報は中共が世界の人民にアメリカを憎ませるため、もしくは医療人員を前線に送り出すためのデマであるとの情報を流していたとされる（NC52.3.24）。このよう

な相矛盾する分析からも、中共の「細菌戦」への対応の混乱が理解できる。

　折悪しく各地で季節性の疫病の大流行が起こっていた。その規模は大きく、3月中旬から4月上旬にかけて山東省では麻疹患者が3万1014人に達し、死者は1399人に上った（NC52.5.3）。4月頃、貴州省と四川省東部、南部では旱魃の中で3万人余りが疫病にかかり、4000人余りが死亡した（NC52.4.24）。連日メディアが「細菌戦」の被害を報道し、反「細菌戦」の宣伝と運動が各地で組織されたこともあり、疫病を「細菌戦」と関連づける流言が各地で起こり、混乱に拍車をかけた。

　一方で、前年4月に衛生部が開催した全国防疫会議は、今後の防疫工作の方針として、技術と大衆運動を結合させ、民衆に対する宣伝教育を強化して民衆が自覚を持って自発的に防疫運動に参加することを掲げており[31]、この時期の「細菌戦」に関する一連の当局の宣伝と行動は、「細菌戦」に対する警戒感を梃としながら、戦時動員を効率的に行い、同時に防疫運動も展開させようとする意図を反映したものとも推測される。李若建は、建国初期の神水・神薬騒動の最初のピークを1953年とし、反革命鎮圧運動が収束に向かい、社会統制が緩んだことを騒動拡大の契機と捉えているが[32]、『内部参考』の報道も加えて情報を精査すると、既に1952年からこれらの集団行動は華北・西北地区を中心に少なくとも8省30数県に広がって全国的拡大の様相を呈しており[33]、その直接の契機は「細菌戦」の情報流布に発する恐怖と当局の反「細菌戦」運動の展開であったことが理解できる。

　河南省許昌専区では、「土匪・特務の残存勢力」が一般的な疫病の流行をアメリカによる細菌散布の結果であると騙って民衆を惑わしたとされ、民衆が神水を汲む現象が9県に広がり、多いところでは数千人が集まった。舞陽の県級機関では全幹部が衛生科の統一配置の下、雄黄酒を飲み、万金油を1箱ずつ買い揃えた。ある地区では集団でのやけ食いや樹木の乱伐も行われた。同専区では、「地主・特務」などによって、財産の奪還や暗殺、放火、強盗、毒物混入などが引き起こされたという（NC52.5.6）。陝西省でも細菌兵器と虫害を結び付ける流言が起こり、10数県で神水騒動が発生した。また、死を

避けるためとして会門が民衆に入会を勧めていた（NC52.6.16）。

　流言は疫病の発生していない地区でも起こり、山東省徳州専区昌南では「地主」が鶏の羽毛と毒を混ぜた粟をばら撒き、米軍機が散布したものだと称して、民衆を恐怖に陥れた。同専区では「地主」による流言、財産奪回などの事件が183件起きたとされる（NC52.5.21）。混乱は少数民族地区にも広がり、青海省では寺院の名義で配布されたチベット文のビラが、8月17日に多数の死者が出ると予測し、これを避けるための読経を勧め、民衆は終日読経を行った（NC52.6.16）。

　ただし、これら流言の全てが権力に対する敵意を表明しているわけではなく、一部の流言は、政府の権威を利用して迷信を正当化していた。吉林省徳恵県馬架子村では、「地主」が古井戸の湧水を神水と称したことで、遼東省や黒竜江省を含む各地から毎日数百人から千余人が集まるようになった。その中には勲章をつけた復員軍人もおり、省政府が車を派遣して水を運び、志願軍の傷病兵に飲ませるのだという噂も立っていた（NC52.5.6）。朝鮮戦争の傷病兵問題がこの事件に影を落としており、神水の採取は省政府が取組む救済事業でもあるとして正当化されている。

2）1953年の神水・神薬騒動とその後の民間信仰

　各地の神水・神薬騒動は、1952年夏頃には一旦沈静化したものと思われるが、1953年春の季節性の疫病の流行に合わせて再燃した。『内部参考』による限り「細菌戦」に関する流言はほぼ沈静化したものの、愛国衛生運動は依然としてアメリカの「細菌戦」への対抗を提起して継続しており（RR53.3.28）、朝鮮戦争の先行きに対する不安や戦時動員の負担に対する不満の他、農業集団化などの社会改革への不満が、引き続きこれらの騒動に影響していたと考えられる。また、反革命鎮圧運動が次第に終息に向かい、仏教の諸教派が体制の中に位置づけられて活動の環境が整いつつあったこと、寺廟の修復などの文化事業が進展したことも影響しているようである。1952年4月段階で土地改革によって仏教系寺廟の土地を失い、生活の術がなくなった者は全国で

9万人いたとされ、これらの人々の一部が寺廟と信仰活動の復興を望んで、騒動に関係していた可能性も考えられる[34]。

　1952年10月、毛沢東はチベットの表敬訪問団との会談において、中共が宗教を保護し信仰の自由を守る政策を将来にわたって維持することを表明し、翌11月、この談話の要点が『人民日報』に掲載された（RR52.11.22）。このような状況下、同月には中国仏教協会籌備処が、翌年5月には中国仏教協会が成立した[35]。8月の新華通信社河北分社の報告によれば、中国仏教協会籌備委員会が成立し、五台山の能海法大師が世界和平大会に出席した後、河北省では仏教会の活動が活発になった。同年末、北京の広済寺の巨賛法師に面会した2人の僧侶が帰任後に「毛主席は五大宗教（即ち仏教、カトリック、プロテスタント、イスラーム、道教）を検査し、国家の事業を妨害することがないので、五大宗教の活動を制限しない」と各地で宣伝したことで、民衆の中には読経、布施活動が大きく広がったとされる。僧侶らの活動は人々の「思想の混乱」を引き起こし、一部の地区では流言が起こり、南皮では、朝鮮戦争でアメリカ軍に包囲された志願軍が神の導きによって危機を脱したという噂がたっていた（NC53.8.19）。

　この時期に行われた寺廟の修復事業を、毛沢東や政府が神を信じている根拠とする噂は、上述の西安の寺院修復に関するもの以外にも、各地で確認されている。国家が許容するようになった文化事業と、官による伝統的な信仰の提唱が素朴に混同された状況が推察できるが、これらの中にはやはり神仏の霊験がともに語られる傾向がある。安徽省では一貫道が、「毛主席は両目が見えなくなり、菩薩にお願いして治した。願いがかなったので、今は廟を建造しているのだ」という流言を振りまいた（NC53.1.12）。

　河南省では3月頃、神水騒動や神に病気の治療を求める事件が相次ぎ、神水騒動は一日数十人から千人以上の規模の大きなものが全省で14件起こっていた。これらの多くは、指導者や幹部などの神に対する態度や神の幹部に対する「報い」を利用して、「特務」が民衆を扇動したものとされる。例えば「毛主席は神を信じており、廟を建設するよう命令を出した。林彪は信じて

いないので、饃（蒸しパン）を蒸したところ、牛の糞になり、神を信じてようやく饃になった」、「原陽県の戴同志が仏爺廟に行ったところ、神に脅されて頭が痛くなり、祈祷して治った」といった流言が行われた。安陽市では旧政権の警察出身者が、どんな病気でも治すという李家村の「生きた神仙」についての流言を振りまき、「村幹部、区長、県長も生きた神仙だと言っている。臨津県の県長の妻の病気も彼女にお願いして治ったので、県長が彼女に10万元を支払った」と語った。民間信仰の中に生きる農村幹部がこのような「神仙」の力を認めることは、むしろ一般的であったと考えられる（NC53.4.9）。江蘇省の溧陽では、安徽省当塗の「女菩薩」が、毛沢東に会って民衆のために病気を治す許可を得たとして、民衆のあらゆる病気を治しているという噂が確認されている（NC53.5.26）。

　太原市では、地元の義人に対する党・政府の顕彰を引き金として神薬を求める民衆の行動が引き起こされ、これに朝鮮戦争に関わる流言も加わって騒動が拡大した（以下の叙述は、NC53.4.9による）。

　太原市郊区西村の傅山公祠では、1953年3月の3週間ほどで神薬を求める民衆が3万人集まり、廟会のような様相を呈した。民衆は省内各県や省外の石家荘、張家口からも集まった。傅山は明末清初の文人で、李自成の乱に理解を示したこともあり、明の遺臣として清廷には出仕せず、汾河の治水に功績があったとされる。また、医学の知識を持ち、貧しい人からは病気の治療費を取らなかったとされ、その神話や流言は長年民間に伝えられていた。学術的には、清代諸子学の先駆けとして知られる[36]。騒動の直接の発端は、太原市指導層の傅山に対する顕彰事業にあった。前任の太原市委書記・同市長韓純徳は彼を愛国主義者と讃え、傅山公祠の修築を提唱し、伝承・遺跡・遺物の整理・収集を続け、様々な機会に傅山を称賛した。後任の王大任も幹部らと傅山公祠を訪れ、道案内をした子孫に2万元を渡したところ、西村と近隣の村で様々な議論と流言が起こった。その内容は、以下のようなものである。

志願軍の某軍長が負傷して怪我が治らなかったが、一人の白髪の老人が自ら傅山であると名乗り、一包の薬を授けたところすぐに治った。それで某軍長は電報を打って傅山の故郷に十分な配慮をするようにさせた。

　傅山は朝鮮において抗米援朝に霊験があった。志願軍がアメリカ兵に数日包囲され水が飲めなかったが、一人の白髪の老人が盆一杯の水を送ったところ、多くの志願軍が飲んでも飲み切らなかった。（中略）その後、夢で毛主席に山西省西村の傅山であるとのお告げがあり、それで毛主席は太原市王市長らに自ら傅山の故郷を訪問するように電報したのである。

　『内部参考』の報告は「破壊分子、迷信分子」が民衆を惑わしたとしているが、志願軍に加護を与えた神仙を権力が顕彰するという内容は、反政府的なものではなく、政府が神仙に対して敬虔であることを肯定的に捉え、政府の権威に依拠して迷信を正当化するものであった。傅山が清朝統治下において幾許かの反権力的色彩をもっていたように、民間において信仰される地域の神々は、権力に対する地元の異議申し立てを反映することがあり、儒教の主張する正統な祭祀とは緊張関係を持ち続けていた。しかし一方において、王朝は民政に功績のあった地方官や義人などの徳を讃えてこれを祭祀することがあり、民間において強い影響力をもつ神々については、これらを自らの権威の形成に引き込み、これらの神が天災・戦乱に際して民衆や王朝を救う霊験を示したとして顕彰することもあった[37]。このような社会と国家の相互作用が、地域で信仰される神の権威を支えていた。傅山は、現政権下では官の提唱する正統な義人、神仙であり、太原市長の行為はこのような文脈で捉えられていたといえよう[38]。

　もちろん民衆は単に傅山の徳を慕って集まったのではなく、「政府も認める」霊験を伝え聞いて、切実な現世利益に突き動かされて行動していた。太

原市の調査によれば集まった人々は迷信を職業とする者、会門関係者、「政治的に問題のある者」や好奇心で訪れる者の他は、8割が迷信思想と実際の問題を抱え、治療のための薬を求めて来た者であった。これらには、労働者とその家族が6割、「市民」（公的機関などに属さない自営業者や農民のことか？）と商人が3割を占め、一部には機関工作人員と学生もいた。同じ時期、江蘇省武進で起こった仙水騒動は、遠くは上海、杭州、無錫などから人々が訪れ、ピーク時には1日で1万2000人が集まったが、その中には農民、労働者の他、学生、小学校教師、個別の党員・団員と幹部、新聞記者までが含まれていたという（NC53.5.26）。当局としては、その規模の大きさの他に、一定の知識を持つ都市民や党政府関係者らが遠方からも集まっていたことに、より警戒を強めたであろう。

　また、傅山公祠に薬を求めて集まった者の多くが女性で、全体の3分の2を占め、武進に集まった労働者の半数も女性であったという。一般に中国では信仰活動において女性は積極的な役割を果たすが、伝統的には廟会や節句など特定の日のみ外出が許されるという規範が存在し、近代においても僻地の農村部ではそのような慣行が保たれていた[39]。共産党政権下では、女性解放を提唱する中で、女性の信仰活動も活性化する傾向が認められる。既に国共内戦期の冀魯豫区根拠地において、中共は参軍運動の中で女性解放運動も推進して、これを徴兵の動員力としていたが、女性らの行動の活性化は、中共への熱烈な支持にのみ留まることなく、その後、家族の無事の帰還を願い、廟や古塚へ祈願を行う迷信の流行を引き起こしていた[40]。太原市の事例も、政権の進める女性解放が女性の信仰活動の活性化に寄与していることを示すものであろう。

　太原市郊区政府は、神水を汲む行動を批判する宣伝を現地で行ったが、効果がなく、公安による実力阻止は人々の反発を招いた。また、区政府は騒動の発生時に西村で3日間の演劇上演を許可してしまったため、暗黙の内に傅山の霊験を奨励、承認したことになった。一方、同省の霊石、離石の60余村でも、春節後の麻疹や季節性の伝染病の流行に際して、古樹、古廟、古墳に

毎日6、700人が集まり、狐仙や瘟神が授ける薬を求める行動が起こっていた（NC53.4.9）。上述のように同省運城専区では4月以降自然災害が多発し、「変天」の流言が政府の諸政策への不満とともに広まる中で、神薬を求める民衆の集団行動が起こっているが、多くの県で「白鬚の老人が神として現れる」という噂が語られ、傅山公祠の騒動の影響を感じさせる（NC53.5.16）。上述の河北省南皮の流言もこれら山西省の事件の影響を受けていることが推測される。

　浙江省金華県長山郷では、石人山付近に住むある貧農が春節元旦の夜に見た夢のお告げをきっかけに、山中の石碑に仙薬を求める騒動が広がった（以下の叙述は、NC53.5.8による）。その内容は、石人山の路上で、50斤の稲で山路をつくるのを手伝って欲しいと呼ぶ声がして、「石人殿の仏様は解放軍と民兵に打倒されて、今仏様は石人山頂の方石の中に移り住んでおり、拝みに行けばよいことがある」と話した、というものであった。翌日から付近の農民は50斤の稲を集めて数日のうちに路をつくり、3月には仏を拝みに行く者が毎日3、400人に上った。同時に、「全天下の菩薩が石人山で会を開き、石人山周囲5里は皆仙草、仙薬であり、百病を治すことができる」、「毛主席は勲章が5つしかないが、神様（菩薩）は勲章が9つもあり、身なりがとてもきれいだ」、「湯溪県の政治委員（県委書記）も拝みに行った。公安局長、区長は仏を拝む人を阻止しようとして、五指が腐って落ちてしまった」、「解放軍数百人が機関銃を備え付けたが、仏様を拝みに行く人を阻止できなかった」などの流言が広がった。お告げの内容から、内戦期の根拠地同様、村の中で神を祭る行為を禁止された民衆が、神の加護を求めて村の外に神を探し出した状況が理解できる。機関銃も参拝者を阻止できなかったという噂には、迷信を禁圧する権力に対する民衆の批判が反映されている。

　4月上旬には、神仏が4月11日に別の場所に移動するまで、周囲五里の草木泥土は皆仙薬であるという噂が改めて広がり、石人山に集まる人々は毎日1500人から2000人に達し、多い時には3000人となった。周辺各県や杭州、上海からも人々が集まり、短工を雇って拝みに来る者、借金をして旅費や線

香・蝋燭の費用に充てる者もいた。

　類似の事件は同専区のいくつかの村でも起こっていた。郷幹部の宣伝に対して、多くの民衆は「あんた達人民政府幹部は毎日5、6斤の米があるが、我々民衆は食べるものがなく、なす術がない。ただ菩薩の加護に頼るだけだ。医者に治療をお願いするにも金を出すことができないんだから、どうしろと言うんだ」と答え、幹部はどうしようもなくなった。「反革命分子」がこれに乗じて民衆と政府の対立が引き起こされたという。迷信は人を騙し、健康を損ない、財貨を浪費するものなどとする政府の宣伝は、十分な食事や医療の恩恵に預かることのできない民衆にとっては、まさに空文でしかなかった。龍山郷では「霊験のある」池に郷幹部が人糞を撒いたため、民衆が大挙して郷政府に詰めかけ、幹部を叱責する事態も起こった。

　「霊験のある」湖水や泉に糞尿を撒くなど、「聖跡」を破壊する禁圧の手法は、国共内戦期から1980年代に至るまでよくみられるもので[41]、地元幹部としては集団行動の拡大を恐れての対応でもあり、政権としては天の真理を語るいかなる独自の権力の形成をも許さない姿勢の表明でもあるが、現世的個別利害に関わる各々の領域を司祭する民間信仰の神々が、その願望を共有しない人々にとっていかに無意味であるかも示している。いずれにしても、迷信の禁圧が背景にある石人山の事件も、政府による義人顕彰事業が契機となった傅山公祠の事件と同様、政府が神仙に敬虔であることに価値を見出しており、民衆が病気の治療や生活の安定を神に求める行為を政府は当然支持すべきであるという意志が表明されていたのである。

　祈雨の場合と同様、人々の命や健康に関わる切実な行動を「民主」と主張して、これを抑圧する権力に対抗する状況も生じていた。湖北省随県では神水を汲む者数人を政府が拘束したため、400人余りの民衆が県城に押しかけて政府に抗議し、中には「お前は民主を圧迫するのか？」と言って幹部を脅す者がいた（NC53.5.16）。1957年2月の毛沢東「関於正確処理人民内部的問題」の発表後、『人民日報』紙上では、病気の治療の術がない民衆が神水を求めることは「人民内部の矛盾」であると解釈されるようになっているが

（RR.57.5.8）、騒動の中で政府の政策に対する批判が現れたり、「特務」や「反革命分子」が利用しているという認定がなされた場合、これらの騒動が敵対的矛盾として処理される状況に変わりはなかったものと考えられる。

　政府は、神は支配者や地主が民衆を騙すために作り出したものと説明して、迷信を放棄するよう誘導していたが、個別利害を反映する多神教的信仰形態において、一部の民衆にとっては新たな時代においても、民衆のみに福をもたらす神が存在していた。1953年3月、綏遠省帰綏県西平村では、護林委員の妻が突然神がかりになって自ら「大仙」と名乗り、「村の衆の病を治すためにここに来た」、「地主の大樹には住まない。農会の庭の木に住もう」と話した。「一部の悪人と思想的に遅れた民衆は」、「これは進歩的な神だ」と言い、大樹に「黄紙牌位」が貼られて、薬を求める活動が周囲7、80里にまで広まった（NC53.5.8）。

　この間、会門の弾圧は社会改造とともに進展していたが、これらの結社は基層では相互扶助や安全保障の組織として社会的役割を果たしており、会門から退会した下層首領や一般会員が地元で改めて行政の末端機能を担うこともあった。河南省鄭州専区16県では、下層首領の約15％、会員約17万人中の約43％（1県の統計を欠く）が、幹部・党員・共産主義青年団員・農会員・積極分子・民兵となっている（NC53.7.24）。この数字は社会改造の順調な進展を示すようでもあるが、その一方で、これらの人々によって民間信仰の発想と行動が基層政権に持ち込まれていった可能性も排除できない。1959年、河北省の旧根拠地では皇帝を称する会門領袖が38人発見されたが、これらの一部は村の党幹部の保護を受けていた（NC59.4.28）。また、1963年には同地区の臨漳で、1938年に入党し、県党支部の部長職、省政府科長職の要職を歴任した古参党員が皇帝を自称する会門領袖であったことが発覚している（NC64.11.17）。このように華北の会門組織は、一部の地区で党組織に癒着しながら命脈を保っていたのである。

　1953年末の統購統銷（食糧の統一買い付けと統一販売）の実施以後、神水・神薬騒動はいったん沈静化するが、1955年から56年前半までの第二次反革

命鎮圧運動を経て、騒動は1957年に改めてピークを迎える[42]。1957年5月から6月にかけて発生した広東省電白の晏宮廟の神薬騒動は、廃棄された廟址への参拝が流感の発生を契機に復活したことから起こり、農業集団化への不満を背景に、神降ろしの儀式の中で共産党の打倒、合作社の解散を訴える事件へと発展した。報道によれば事件の首謀者は旧国民党政権の協力者であったが、事件当初、神職者らは「県委書記が神に祈ることを許可した」、「（合作）社主任や共産党員も神に祈っている」などとして、党の権威を利用して大衆の信仰に訴えていた。事件の発生は、大衆が生活の不安や政策への不満を信仰活動に反映させる一定の環境が整っていたことを示唆するが、依然として党や政府への信頼と神への信仰への支持が両立する世界が民間に存在していたことも示している。

首謀者らの企図は、大衆の党への支持表明と首謀者への反対によって粉砕され、神棚も神像も破棄されたという（RR57.8.9）。この事件は、『人民日報』紙上で報道されたものであるが、個別の神水・神薬の重大事件の経緯が、同紙上で報道されるのは初めてのことである。対立構造が鮮明で、速やかに鎮圧に成功したことが宣伝・教育上重視されたためと思われるが、事件がちょうど毛沢東が党外の知識人らに共産党批判を呼びかけた百花斉放の時期に起こり、反右派闘争の開始時期に終息していることから、当局の「右派」・「反革命」弾圧の強い意志を反映していると考えられる。ただし、事件を一般的なメディアに乗せて報道できるほど、当局は事態の掌握に自信を持つようになっていたともいえよう。

第3節　革命の伝説にみる民間信仰と権力

1）革命の物語の成立と革命の伝説

1950年代以降、ソヴィエト革命期から戦後内戦期を時代背景とし、中共指導者や民衆の英雄的な闘争を描く革命の物語が多く公刊されるようになった。これらの物語には、作者・記録者・口述者などの名前が記載されることもあ

れば、何も記載されていないこともあり、その形式や内容から、何らかの史実もしくは口頭の伝承を基礎に成立したものと、作家による創作が混在していることがわかる。物語の基礎となる逸話や伝承が同時代に生まれたものかは、多くの場合不明である（紅軍兵士や保衛員のような当事者の証言の形式を取るものについても、その真偽の検討は困難である）。初出が民国期に遡ることができないものが多数存在し、その点で伝承自体も、一部あるいは多くが、建国後に形成された可能性を否定できない。また、作者名のあった作品が、後に別の記録者名で掲載されることもあり、伝承と創作の境界もわかりにくい。物語の中には、指導者・紅軍やそれに関わる事物が起こす奇跡を描いた「革命の伝説」が散見され、その中には、上述のような1950年代の迷信活動を彷彿とさせるものもある。民衆が民間信仰の枠組みの中で党や政府の権威を認め、権力が民間信仰を自らの権威に取り込もうとする中で、このような伝説が成立していったものと考えられる。ただし、無神論の立場に立つ中共の革命の伝説は、刊行された資料からは十分に確認できないため、ここでは上のような特徴を持つ革命の伝説を、1980年代までを対象に検討する。また、文字を解さない民衆が、紅軍や指導者などの伝承をどのように生み出し、伝え、あるいは理解したのかなどについては、本来伝承の発生地などでの聞き取り調査なども含めた検討が必要であるが、筆者はその条件を整えられなかったため、ここでは刊行された物語と資料を基に、権力がどのような意図を持って伝承を創造、再編したのかを中心に検討する。

2) 旱魃・祈雨と毛沢東の伝説

　祈雨や天候に関わる革命の伝説は管見の限り例が少なく、上述のように農業集団化と食糧統制の進展に伴い、祈雨の活動が減少していったことと関係しているかもしれない。譚吐「毛主席的故事―陝北民間伝説」と題された、1949年刊行の6つの物語の一つ「毛主席今年説了什麼話」は、「今年は生産の年である」という毛沢東の旧暦年始の指示を巡るある農民父子の議論を叙述した物語である。息子が連年の旱魃を心配して、「毛主席は龍王老爺ではな

いし、彼が順調な天候を保証できるのか？」と疑問を呈するのに対し、父親が1944年の大生産運動、1945年の旱魃・凶作への対応を例に毛沢東の指導力を賞賛し、「彼の言う通りにやれば間違はない」と息子を説得する[43]。ここで賞賛される毛沢東の英邁な指導力は、農民の生産を組織し生活を豊かにする現実的なものであり、神的な権威が主張されているものではない。

　同じ「毛主席的故事―陝北民間伝説」の一つ、「毛主席和関帝聖君」は関帝廟の補修の是非を巡る農民の議論の物語である。ある者は「毛主席は貧しい者を指導して革命を起こし、貧しい者を立ち上がらせてくれた」彼こそが、「本当の聖人であり、廟を修復したら毛主席を祭ろう」と提案し、「関帝聖君は最も信義を守る」という主張に対しては、「毛主席こそが人民に対して最も信義のある人だ」と反論がなされた。ある者は、関帝廟で祈っても旱魃が避けられなかったが、毛主席の話を聞いて凶作を乗り切ることができたと主張した。議論の末、毛沢東に手紙を出して問うこととし、その後、戻ってきた者が答えを皆に語る。その答えとは、湖南農民運動の際に、関帝廟に集会所を設けた農民協会に対し、地主らが「神を欺き、道義を滅ぼすものだ」と攻撃したのに対し、毛沢東は農民を率いて関帝に会い、農民を助けない関帝を問い詰めると、関帝は答えに窮して逃げてしまった。その後、農民は関帝を信じず、農民協会の話を信じるようになった、というものである[44]。

　この物語は、農民の道徳規範となり、生活の望みを叶えてくれる真の聖人が毛沢東であるという形で、関帝信仰を毛沢東信仰へ置き換えるものであるが、日中戦争末期から国共内戦期において根拠地で実際に行われた神像の毛沢東像への貼り替えを、農民自身の語りによる物語として構成したものともいえる。また、実際に毛沢東像に代替された神像は、多くは個別家庭の幸福を司祭する竈神や財神などであり、竈神は庶民に最も近いが故に、現実の胥吏のように素行の悪い神と捉えられることもある。そのため物語では、毛沢東の権威の担保と神格化のために、民間にも人気があり、正統イデオロギーにおいても高い地位を占める関帝が選ばれたものと思われる[45]。

　祈雨そのものの物語として唯一確認できたものは、康濯「毛主席万歳　関

於井的伝説」という井戸の起源についての物語で、建国後初の総合的な毛沢東の物語集である『毛沢東的故事和伝説』(中国民間文芸研究会整理、工人出版社、1954年) に収録されている。物語は、老人の語りとそれを聞く「私」の叙述によって進められる。昔、悪い皇帝が龍王の眼を隠したために旱魃が起こり、民衆は龍王廟に参り、龍王像を担いで祈雨を行うが効果がなく、民衆を率いて龍王の眼を探す大男が、水脈を掘り当て井戸が生まれるというものである。老人は最後にその大男とは毛主席だと明かす。民間信仰の枠組みに、民衆の困難に解決策を与える毛沢東の指導力、民衆の毛沢東への信頼を位置づけるもので、祈雨を正面から批判することはないが、問題の解決は祈雨でなく毛の指導力によってもたらされている。また、老人の語りに託すことで作者が直接手を下さずに、民衆の素朴な信仰に寄り添う形で、神格化された毛の姿を表現することに成功している。

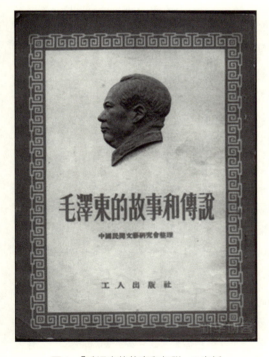

図1 『毛沢東的故事和伝説』の表紙
建国後の『毛沢東選集』に使用された毛沢東のレリーフを表紙にデザインしており、中共によって権威づけられていることがわかる。

この他、旱魃と雨に関わる物語として、魏晋「手杖龍」[46]がある。洪湖(湘鄂西)根拠地で賀龍が老婆に授けた杖が老婆の足腰の病気を治すが、その噂を聞いた清郷隊が杖を奪おうとすると杖が龍となり、清郷隊を湖に落として殺す。その後、旱魃の際に紅龍が現れて天に昇り、雨を降らすと

第 9 章　民間信仰と「革命の伝説」

いうものである。賀龍は、天子の象徴でもある龍に化身する杖によって、天命を得た聖人というイメージを獲得している。

3）神薬と革命

　治病や神薬に関する物語は比較的豊富であり、義人に関わる事物に薬効を求める神水・神薬の信仰が、革命指導者や紅軍に関わる事物が起こす奇跡に置き換えられている。このような内容は、革命の伝説の典型的なプロットの一つとなっている。

　革命の物語は、最初から民衆の治病に対する願望を取り入れる形で成立していた。創作としては最も早い毛沢東の物語である、若望「毛沢東」（『戦友報』1944 年 6 月 30 日、建国後の題名は「愛護孩子」）は、村を訪れた毛沢東が出迎えた民衆の中から病気の子供をみつけ、自身の自動車で病院に送り、その命を救うというストーリーで、先進的な技術や医療を民衆のために惜しみなく使う毛沢東の偉大さが主題となっているが、母親は「福に恵まれた人（有福気的人）こそ毛主席に会える」と言って子供を連れ出しており、毛と「福」の関係も暗示する内容となっている。

　「紅軍老祖的故事」は、1934 年に陝西省洵陽で戦死した紅二十五軍遊撃隊の兵士の史実から成立した。1949 年 8 月 25 日の『陝南日報』に「紅軍老祖」的神話」という題目で掲載され、10 月 6 日の『人民日報』に転載された報道記事「民間伝説『紅軍老祖』」は、洵陽県・郧西県境界地域にある紅軍兵士座像「紅軍老祖」と廟、兵士の墓およびそれに関わる信仰を紹介したものである。記事は、紅軍の霊と思われる人物が授けた薬で病気が治ったという風聞から「紅軍には霊験がある」との評判が広がり、医者にかかれない民衆が墓の線香の灰や墓に生えた草を「仙丹」としている状況を紹介している。更に「今日、この一帯の人民は既に解放され、人民が待ち望んだ救いの星が本当に人民の前に出現している」として、民衆の本当の「救いの星」が現実の共産党であることを確認して、民衆を迷信から救う必要も提起している。『人民日報』には『陝南日報』の記事がほぼそのまま転載されているが、標題の「神話」が「故

事」に替えられた他、「これもまた紅軍の神話の一つである」という原文の最後の一文が削除されており、原文中の「遅れた思想」は「迷信思想」と訂正されている。総じて、迷信により批判的な立場で修正が施されていることがわかる。

　この記事は、1951年8月の『新華月報』第4巻第4期にも転載されているが、紅軍兵士座像のある古廟が「紅軍老祖廟」と称されたことが削除されている。これは、当時の反革命鎮圧運動の中で民間信仰の取締りが強化されたことが背景にあるかもしれない。しかし、1951年末から政治運動の重点が次第に三反五反運動に移っていく中、1952年8月19日の『人民日報』に掲載された老沅「『紅軍老祖』的故事」は、紅軍を慕う大衆の政治闘争を物語の核に据えた革命の伝説として再編されている。この物語の登場までに事実関係の調査が行われていたようで、当該の紅軍兵士の墓の正確な所在地などが確定され、関係者の氏名もここで初めて言及されている。

　老沅編の物語は墓の所在地である潘家河の闘争を中心に描かれる。民衆のために無償で治療をする紅軍の高医師が戦死し、紅軍撤退後、民衆はその墓を守り、「紅軍老祖」の神話を作り革命を宣伝し、治療を求める者を啓蒙して「紅軍老祖香火会」を組織する。反動的な郷長らは信仰を禁圧したが、付近の村も紅軍兵士座像を「紅軍老祖」とし、寺を「紅軍老祖廟」として廟会を開くようになり、日中戦争期には付近の農村も巻き込んだ大衆闘争が展開する。廟が破壊されても闘争は継続し、やがて1947年から48年にかけて中共の遊撃隊が到達する中、闘争は勝利を迎える。

　1949年の記事でも「紅軍老祖」を慕う農民の心情が指摘されているが、農民が「紅軍老祖」に治病を求めて集まるという内容がむしろ記事の核心である。これに対して、1952年の物語は、民衆の高医師に対する革命的な崇敬の念のみが主題となり、農民は迷信を利用して闘争を拡大させる目覚めた民衆として描かれている。権力による迷信禁圧と農民の根強い信仰の継続という緊張関係は、内戦期の根拠地や建国後の農村においてもみられたものであるが、ここでは反動派の革命弾圧と農民の紅軍への根強い支持という階級闘争

の物語として両者の対立が描かれている。

「紅軍老祖」信仰形成の経緯は、近年地元での検証によって明らかにされている。陳世斌・王登霞によると、その経緯は以下のようなものである。烈士の埋葬を手伝った農民曹有伸が自発的に烈士の墓を土盛し、息子を「紅孩児」と改名し、烈士を「紅爺爺」として祖先のように祭祀させたことから、「紅軍老祖」の噂が起こった。数年後、林振栄という人物が「紅軍老祖」に願掛して、足の腫物が治ったことから、林は1946年に「紅軍老祖会」の名で募金を集め、墓を造営して墓碑を刻み、ここから「紅軍は願いに応える」との評判が広がったとされる。林振栄（物語では「林正栄」）がどのような人物であったかは明らかにされていないが、廟会の発起人となるような人物が、中共が本来依拠しようとする一介の貧雇農であったとは考えにくい。また、1952年の物語では林による廟会組織は、日中戦争前後、大衆闘争の一環とされているが、実際には戦後に林個人のお礼参りとして組織されている[47]。

いずれにせよ、「紅軍老祖」信仰の形成は、紅軍の医師に強い尊崇の念を抱く一人の農民の行為に由来するものの、信仰の拡大は上述してきたような義人の示す霊験にすがり神薬を求める人々の伝統的な行動原理によることが明らかである。時に神水・神薬騒動を引き起こす民間信仰との緊張関係の中で、権力は「紅軍老祖」信仰を階級闘争の物語へと変換し無害化する必要を認識していたであろう。

革命が提供する神薬の物語は、上述の「手杖龍」でも確認され、その後、紅軍が民衆に万病を治す神薬を授ける「一只羚羊角」、「金鶏嶺」などが生まれている。賀龍には彼の馬の蹄の跡に溜まった水が、美味で疲れを癒す「馬蹄井」という物語もある[48]。これらは、神薬信仰において義人の示す正義を革命の正義とし、神薬を求める民衆を革命を支持する民衆として描くことで、民間信仰の枠組みに依拠して共産党の権威を高めることを可能としている。

神薬騒動を直接の題材とする革命の伝説として、1981年初出の章広忠（収集）「羅家祠堂」がある。江西省南城県磁圭村の羅氏祠堂の門に、紅軍時代にここに駐留した彭徳懐が書いた「打倒土豪劣紳　紅軍万歳」のスローガンが

残されていたが、これに触れた老人の病気が治ったことから噂が広がり、民衆が柱を削って飲むとあらゆる病が治るようになった。土豪が手下を使い何度消しても文字が浮かび上がるので、ついには斧で文字を削り取らせたが、民衆が夜中密かに祠堂に集まると、文字が光り輝いて浮かび上がり、民衆は依然として柱を削って薬とした[49]。迷信を強制的に禁圧する権力と様々に迷信を復活させる民衆との緊張関係は、内戦期から現代までの神水・神薬騒動の構造そのものである。ここにおいても権力と民衆の緊張関係は、反動的な権力に対抗し、革命を支持して指導者を慕う民衆という構図に改編されている。

　磁圭村の家屋には1930年代の紅軍の巨大な標語が多く残されており[50]、物語のモチーフとなったことが理解できるが、物語の基となる伝承や史実があったとすれば、その成立は当時に遡るのか、あるいは建国後の数年間、1958年の彭徳懐失脚後、1978年の名誉回復後のいずれなのかは不明である。建国後に紅軍の「聖跡」に神薬を求める民衆の行動が実際に起こっていた可能性も否定できない。そうであれば、農業集団化に不安や不満を抱く民衆が、集団化を批判して失脚した彭徳懐の「聖跡」に頼る集団行動を引き起こしたという推察もできないわけではないが、いずれにしても、建国後何度も繰り返された神水・神薬騒動が物語の成立や改編に影響していることを十分に窺わせる内容となっている。

　この物語のもう一つのプロットである、革命のスローガンを消そうとする権力（と革命への支持の広がり）という内容も革命の物語・伝説に典型的なものである。国共内戦期、『冀魯豫日報』1948年2月20日に掲載された「毛主席万歳」という報道記事が、このタイプの物語の恐らく最も早い例で、代表的な毛沢東の物語の一つとして建国初期の教科書などにも採用されている。延安周囲で活動する遊撃隊が国民党地区の拠点に侵入してビラを撒き、「毛主席万歳」の標語を壁に書く。国民党側がこれを「蒋主席万歳」に書き替えるが、神出鬼没の遊撃隊は2日続けて「毛主席万歳」に書き直した。流言の広がりとこれを消そうとする権力という構図は、不安定な政治状況と民心の動

揺を反映している。革命の物語においては必然的に勝利する革命勢力・予定調和的な民衆の支持と必然的に敗れ去る反動勢力という構図が確定しているが、反動派が直面した不安定な政治状況と民心の動揺という物語の構図は、共産党自身も国民党や日本軍、会門勢力などとの対抗において長期的に経験してきたものであった。

おわりに

　急速な社会経済の改造を伴う激しい政治運動の下で進行した中共政権による迷信の禁圧は、民衆の強い反発を引き起こしたが、一方で民間には、個々の利害に基づく迷信行為を政府の権威によって正当化する行動も多くみられた。祈雨や神水・神薬によって命をつなごうとする民衆の自発的行動は、全てが反政府的なものではなく、中共の階級教育を受けて一定の「権利意識」に目覚めた人々は、政府が不信心を改めて、天や神を敬い、その恩徳を天下に及ぼすという「本来の務め」を要求していた。その意味で、動揺・転変極まりない様相を呈するこの時期の民間信仰も、権力の対応次第では体制内に取り込むことができるものであった。

　革命の指導者、紅軍やそれに関わる事物が奇跡をもたらす「革命の伝説」は、このような民間信仰の権力への要求を意識しつつ、形成されていったと考えられる。天や神仏を畏敬する民衆とこれを禁圧する権力という現実の構図は、奇跡をもたらす革命の正義を支持し、反動的な権力に対抗する民衆という物語の構図に組み替えられていったのである。民衆の集合行動は、危機（災害、疫病の流行、戦争など）に際して一時的に強い凝集力を発揮し、平時には霧散するという意味において、民間信仰の内実と同様、柔軟な構造を備えているが、戦時体制を構築しようとする権力は、これを常時の動員力に転換しようとしていた。この過程は、民間信仰と表裏一体を成す権力によるイデオロギー独占構造の、新たな時代における再構築でもあった。ただし、この状況を中国の権力構造の宿啊として捉えるのではなく、権力との一体性・

同形性を保持する社会が、それ故にこそ大衆総体の幸福を求めて時に権力に鋭い批判を向けて、より徹底した「万民」の幸福を実現させようとする動態をも確認すべきであろう。下層の民衆が広域にわたって、むき出しの「主権者意識」によって信仰の自由を主張するという状況は、中共権力下においてこそ可能となったものであった。

　最後に、中国の民間信仰の容態は大づかみにみても、宗族組織の枠組みの強い南方と、より流動性、個別性が強く、会門の形式が主流を占める北方とで性格や特徴が異なり、権力との関係での変容にも様々なバリエーションがあったと考えられるが、この問題については検討できなかった。また、農業集団化などの権力による社会再編と、これらの信仰の変容についても十分に分析できていない。民衆の心性や伝承の実態と刊行された物語との関係の検討も含め、今後の課題としたい。

《注》

1) 李若建「社会変遷的折射：20世紀50年代的"毛人水怪"謡言初探」『社会学研究』2005年第5期、李若建「謡言的建構："毛人水怪"謡言再分析」『開放時代』2010年第3期、李若建『虚実之間：20世紀50年代中国大陸謡言研究』社会科学出版社、2011年、李若建「習俗成謡："仙水神薬"事件的建構研究」『中山大学学報（社会科学版）』第54号、2014年。

2) 楊念群『再造『病人』―中西医学衝突下的空間政治（1832―1985）』中国人民大学出版社、2006年。

3) Steve A Smith,"Local Cadres Confront the Supernatural:The Politics works of Holy Water(Sheshui) in the PRC,1949-1966", *The China Quartry*,188,2006.

4) 呉毅『村治変遷中的権威与秩序― 20世紀川東双村的表達』中国社会科出版社、2002年、145-156頁。

5) 祁建民『中国における社会結合と国家権力―近現代華北農村の政治社会構造』御茶の水書房、2006年。

6）佐藤公彦『中国近現代史はどう書かれるべきか』汲古書院、2016 年、第 2 章、第 6 章、第 7 章。
7）「濮陽県局領導上対於八区公安助理員李策仁等三同志強行制止八河村群衆求雨事件的検査」『公安通訊』1951 年第 7 期。
8）「群衆迷信求雨怎麼辦？」『新大衆』第 44 期、1947 年 11 月 1 日。
9）魏本権「革命与民俗：1949 年夏魯中南地区的抗旱魃与祈雨」『第十届現代中国与東亜新格局国際学術研討会論文集』、2016 年、753-763 頁。
10）劉俊起「老劉店：一個求雨 " 神話 " 的建構」『民間文化論壇』2005 年第 4 期。
11）中央人民政府政務院「関於大力開展群衆性的防旱、抗旱運動決定的通知」（1952 年 2 月 8 日）『中国農報』1952 年第 4 期、8-9 頁。
12）中国南方の民間信仰では一般に神を「菩薩」と称する。張鳴『郷土心路八十年：中国近代化過程中農民意識的変遷』陝西人民出版社版社、2013 年、22 頁。
13）西南軍区司令部気象処「談談「天乾」的科学道理」、四川省農林庁『農事通迅』第 10 号、1953 年 9 月、56 頁。
14）吉澤誠一郎『天津の近代―清末都市における政治文化と社会統合―』名古屋大学出版会、2002 年、133-135 頁、柯文（杜継東訳）『歴史三調：作為事件、経歴和神話的義和団』江蘇人民出版社、2000 年、62-63 頁。
15）注 8）。
16）李若建「民間宗教的挽歌：1950 年代初的「水風波」」『二十一世紀』第 121 号、2010 年、115 頁。
17）丸田孝志『革命の儀礼―中国共産党根拠地の政治動員と民俗―』汲古書院、2013 年、229-230 頁。
18）『人民日報』では、祈雨の報道に関して一貫して顕著な特徴が確認できないが、「天に頼って」灌漑などの技術革新に協力しない農民の態度を批判したり、このような態度が克服されたとする記事は、1954 年以降、顕著に増加する。
19）李若建「民間宗教的挽歌：1950 年代初的「水風波」」、116 頁。
20）楊奎松「新中国 " 鎮圧反革命 " 運動研究」『史学月刊』2006 年第 1 期。
21）李若建前掲書、104-105 頁。

22)「東北人民政府公安部処理一貫道等封建等封建会門的報告」(1949年9月20日)『公安通訊』1949年第8期、1頁。

23) 丸田前掲書、第8章。

24) 丸田前掲書、第5章。

25) 柯文前掲書、74頁。

26)「安陽専署公安処一、二月份総合報告」『公安通訊』1950年第3期、5頁。

27) 日本の村落の信仰の構造については、平野義太郎「北支村落の基礎要素としての宗族及び村廟」、平野義太郎・戒能通孝・川野重任共編『支那農村慣行調査報告書』第一輯、東亜研究所、1943年を参照。また、丸田孝志「竃神と毛沢東像——戦争・大衆動員・民間信仰」、水羽信男編『アジアから考える——日本人がアジアの世紀を生きるために』有志舎、2017年、202頁も参照。

28) 李若建「習俗成謡："仙水神薬" 事件的建構研究」。

29) 丸田前掲書、183-184頁。

30) RR50.11.28,12.20、春陽『一貫道是什麼東西』工人出版社、1951年、14-15頁。

31) 肖愛樹「1949～1959年愛国衛生運動述論」『当代中国史研究』第10巻第1期、2003年、97頁。

32) 李若建前掲書、151-152頁。

33) 李若建前掲書、122頁、NC52.5.6,6.16。

34)「伝達中央宗教会議関於宗教問題的指示」(1952年4月)、華東師範大学当代中国史研究中心編『陳修良工作筆記1952－1955年』東方出版中心、2015年、78頁。なお1951年秋の浙江省の僧侶・道士の失業者数を1万5813人とする報告もあり、この全国の見積もりは実際よりも低い可能性も考えられる。「関於温州営業額、失業情況、統戦問題和橋梁修築筆記四則」(1952年6月)、華東師範大学当代中国史研究中心編『沙文漢工作筆記1949－1954年』東方出版中心、2015年、333頁。

35) 李剛「中国仏教協会成立経過考略」『当代中国史研究』第12巻第2期、2005年、112頁。

36) 傅山については、湯恩佳「傅山思想与儒家文化：在山西太原紀念傅山誕辰400周年国際学術研討会上的講話」『文物世界』2007年第6期、溝口雄三・丸山松幸・池田知

久編『中国思想文化事典』東京大学出版会、2001 年、354 頁も参照。

37) 民間信仰の神々と権力との緊張関係や相互浸透の状況は、濱嶋敦俊『総監信仰　近世江南農村社会と民間信仰』研文出版、2001 年、渡邊欣雄『漢民族の宗教―社会人類学的研究―』第一書房、1991 年、澤田瑞穂『中国の民間信仰』工作舎、1982 年を参照。

38) 傅山の記念活動や学術研究は、その後も太原市政府の支持を得ながら継続し、文化大革命期の中断を経て、1980 年代から復活している。趙宝琴・李月琴「傅山記念館概況」『文物世界』2007 年第 6 期を参照。

39) 丸田前掲書、56 頁。

40) 丸田孝志「国共内戦期、中国共産党冀魯豫根拠地の参軍運動」『広島東洋史学報』15・16 号合併号、2011 年。

41) 「冀魯豫区党委関於会門問題向中央局的報告」（1948 年 6 月 27 日）、中共冀魯豫辺区党史工作組弁公室『中共冀魯豫辺区党史資料選編』第三輯、文献部分（下）、山東大学出版社、1989 年、68-69 頁、李若建前掲書、129-135 頁、李若建「習俗成謡："仙水神薬"事件的建構研究」、158 頁、RR57.5.8。

42) 李若建前掲書、151-153 頁。

43) 「毛主席的故事　陝北民間伝説」『文芸報』第 1 巻第 8 期、1949 年、20-21 頁。

44) 　同上、21 頁。

45) 　土地改革を題材としたこの時期の小説、馮紀漢「翻身」も同様に、関帝廟に住む破産戸の農民が関羽の塑像の上に毛沢東像を貼って信仰しているという設定になっている。華応申編『翻身』新華書店、1948 年、28 頁。

46) 上海文芸出版社編『革命伝説故事』第一輯、上海文芸出版社、1958 年所収。

47) 陳世斌・王登霞「紅軍精神 永放光芒」洵陽県文広局、2015 年、http://wenguang.xunyang.com.cn/Item/148692.aspx 、2016 年 7 月 27 日閲覧。

48) 樺木・董森・楊恵臨編『神槍鎮悪魔　革命伝説故事集』新華出版社、1981 年所収。

49) 同上書所収。

50) 黄初晨「南城磁圭村：深山里的廃都」撫州新聞、2008 年、http://www.zgfznews.com/epaper/newcity/6b/2008/3/14/55487.shtml、2016 年 8 月 7 日閲覧。

第 10 章
キリスト教の革新運動と教会の政治化
―1950 年代初頭の福建省の事例から―

山本 真

はじめに

　外来宗教であるキリスト教の受容をめぐる摩擦は、清末の仇教運動時期に止まらず、1920 年代の反キリスト教運動、国民革命前後のミッションスクールの教育権回収運動においても繰り返し噴出した中国近代史上の重要問題であった[1]。反キリスト教運動以降、これに対処するため教会の土着化への努力が行われたが[2]、日中戦争による動乱もあり、キリスト教の普及には困難がつきまとった。それでも人民共和国成立直前の 1949 年段階において全中国でのプロテスタントの信徒は 100 万人を超えており、カトリックの信徒は 327 万人に上っていたとされる[3]。しかし、唯物論を奉じる共産党政権下では、教会は存続を認められたものの、プロテスタントでは中国基督教三自愛国運動委員会、カトリックでは中国天主教愛国会が創設され、党・政府による管理が強められた（以下、中国語での表記に基づきプロテスタントについては基督教、カトリックは天主教、両者を併せて呼称する場合にはキリスト教と記述する）。

　本章では、三自愛国運動委員会の成立に先立ち、1950 年代初頭に推進された基督教の「三自革新運動」に焦点を当てて、共産党と教会との関係、信徒の朝鮮戦争への動員の実態を分析する[4]。この作業を通じて党・国家権力がいかにして教会の自律性を弱め、社会をコントロールしていったのかを明らか

にする。また、本論集全体の趣旨を踏まえ、革新運動に関係した人々の動向、心情を具体的に紹介・叙述することにも留意したい。

ところで「三自」とは、①自治＝中国人自身で教会を運営する、②自養＝中国人自身の力で教会を支える、③自伝＝中国人自身の力で伝道する、などを指す。「三自」の概念自体は民国時期に教会の中国への土着化の過程で既に登場していた。しかし1950年代初頭の「三自」は、朝鮮戦争勃発という緊張した政治・軍事情勢の下で、反帝国主義的愛国運動、「内なる敵の排除」などに重点が置かれた革新（改造）運動であったといえる。なお中国内地会（China Inland Mission）の宣教師であったレスリ・T・ライアルは、1950年代の「三自」を、自治とは帝国主義者の手による支配を受けないこと、自養とは帝国主義者の経済援助を受けないこと、自伝とは帝国主義の毒を伝えないことであった、と解釈していた[5]。的確な理解といえるだろう。

1950年代以降のキリスト教については、日本では山本澄子による先駆的研究のなかで概括されており、佐藤公彦も近代中国におけるキリスト教受容に関わる諸矛盾を描き出した通史においてこの時期を論じている。さらにいくつかの示唆に富む個別的研究も近年発表されつつある[6]。また、香港中文大学の邢福増による一連の研究は、共産党の史観に依拠する愛国主義・反帝国主義の文脈から距離を置いた実証研究として極めて詳細である。「三自革新運動」での"帝国主義分子"に対する告発運動については劉建平による研究が参考となる[7]。

ただし、中国国内の特定地域における基督教の歴史的展開と朝鮮戦争の勃発という歴史的文脈をともに踏まえて1950年代の革新運動を考察した研究はこれまで行われてこなかったように思われる。本章では台湾の国民党政権と対峙する最前線という地政学的条件をもつとともに、基督教が比較的普及した地区であったという歴史的背景をもつ福建省を対象にして[8]、「三自革新運動」を考察していきたい[9]。

第 10 章　キリスト教の革新運動と教会の政治化

第 1 節　基督教「三自革新運動」の展開

1) 共産党のキリスト教への姿勢

　唯物論を信奉する共産党の領袖である毛沢東は 1940 年の「新民主主義論」において、「中国には帝国主義的文化があり（中略）こうした文化は、帝国主義が中国で直接経営している文化機関のほかに、一部の恥知らずな中国人によっても提唱されている」と批判した。その一方で、「共産党員は、政治行動のうえでは一部の観念論者、ひいては宗教徒とも、反帝・反封建の統一戦線をうちたててもよいが、かれらの観念論や宗教的教義にはけっして賛成してはならない」と、政治的な妥協の含みを残していた[10]。

　続いて、1945 年の中共第 7 回全国大会で行った政治報告「連合政府について」において毛は、「人民の言論、出版、集会、結社、思想、信教、身体などの自由は、もっとも重要な自由である」と言明した[11]。統一戦線樹立の政治的必要から宗教信仰を許容する姿勢が示されたのである。そして人民共和国成立直前に開催された政治協商会議第一届全体会議は、人民共和国の臨時憲法に相当する「中国人民政治協商会議共同綱領」を可決した（1949 年 9 月 29 日）。その第 5 条では、人民には宗教信仰の自由権が認められると明記されている[12]。なお、政治協商会議には宗教界からは 7 人が招かれ、仏教徒の 2 人を除いて、残りは呉耀宗などの基督教の指導者であったことは、当時の基督教界と共産党との関係を理解する上で重要な手がかりであろう[13]。

2) キリスト教界の共産党政権への対応

　天主教はローマ教皇の命令もあり共産主義を拒絶する姿勢を鮮明にした。政治の宗教への介入に徹底的に抵抗したため、教皇大使アントニオ・リベリは 1951 年に中国から追放されることになる[14]。これに対して基督教では、社会事業に熱心であった YMCA の関係者などの宗教的リベラル（自由主義神学）派のなかから、共産党への協力者が現われてきた。その代表的人物が呉

図1　呉耀宗 (1893 – 1979)

耀宗であった[15]。

　呉耀宗が共産党に協力的であった理由について、松谷曄介は次の3点から説明している。①満洲事変以降、絶対平和主義から武力革命肯定へと変化し、抗日運動にも積極的に参与していた、②実践を重視する社会的福音[16]への傾倒が社会主義に共鳴する素地となった、③神を宇宙の力と理解する神観念をもち、マルクス主義者はこの『力』を神とは言わずに弁証法と言っていると考え、唯物論とキリスト教は中国において相互補完的であり、共存できることを強調していた[17]。これに対して、信仰を人間の内面に関わるものとし「愛教」を「愛国」の上位に置き、政教分離の立場にあった王明道などの基要派（属霊派、fundamentalist）はこの動きに同調しなかったため、その後1955年に反革命罪で逮捕されることになる[18]。

　宗教界への政治的働きかけを率先して行ったのは政務院総理の周恩来であった。朝鮮戦争勃発以前の1950年5月2日の談話において周は、「我々はただ宗教団体が帝国主義のコントロールから離れ、帝国主義の影響を粛清することを望むだけである」と述べていた。さらに5月6日には、中国の基督教会が中国自身の教会になろうとすれば、必ずその内部の帝国主義の影響と力量を粛清し、三自の精神に依拠して民族の自覚を高め、宗教団体の本来の面目を回復させ、自らを健全化させなければならない、と訴えかけたのである[19]。ただし、この段階では教会が帝国主義との関係を清算するという緩やかで一般的な要求のみが示されていたことには注目すべきであろう。朝鮮戦争勃発までの状況について、中国内地会の宣教師であったレスリ・T・ライアルは次のように回顧している。

中央から遠く離れた地方や小部落などでは、教会の土地や建物を軍が接収したためにいざこざの起った所もあったが、全般的に見れば、以前とほとんど変わりない教会生活を送ることができた。宣教師たちも、そのまま駐留できることを知って驚き、また喜んだ。ある宣教師たちは、この新中国で宣教活動を続けてゆくことができるだろうと楽観したほどである[20]。

しかし、6月25日に朝鮮戦争が勃発すると事態は急変した。アメリカが第七艦隊を台湾海峡に派遣し共産党軍の台湾攻撃を封じ込めた。これに対して共産党は、中国の領土である台湾を侵略する行為と見なして、強く反発した[21]。アメリカとの関係が決定的に悪化するなかで、呉耀宗が起草した[22]「中国基督教在新中国建設中努力的途径」[23]が1950年9月23日に『人民日報』に掲載された（9月15日に仁川上陸が実施され、朝鮮戦争において米韓軍の反撃が開始された時期と重なる）。その内容は以下のとおりであった。

　中国の基督教の教会及び団体は、徹底的に「共同綱領」を擁護する。政府の指導の下において、<u>帝国主義、封建主義及び官僚資本主義に反対する</u>。独立し、民主的で、平和であり、統一された、富強な新中国を建設するために奮闘する。
　中国の基督教の教会及び団体は、最大の努力と有効な方法によって、教会の大衆に帝国主義が中国で行った罪悪や過去において<u>帝国主義が基督教を利用していた事実を明確に認識させる</u>。そして、<u>基督教内部の帝国主義の影響を粛清する</u>。さらに帝国主義とりわけアメリカ帝国主義が宗教を利用して反動勢力を育成しようとした陰謀を警戒し、同時に信徒大衆に戦争に反対し、平和を擁護する運動に参加するように呼びかけ、並びに彼らが政府の土地改革政策を理解し擁護するように教育する（下線は筆者による）。

上記の宣言は、共産党の統一戦線工作に対する基督教内リベラル派による対応である。ここでいう「封建主義及び官僚資本主義に反対する」とは、農村の地主、都市の資本家、そして彼らを基盤とする国民党に反対するとの意味であろう。また帝国主義の代表としてアメリカを名指ししたが、これは朝鮮戦争が深刻化するなか、外からの侵略に抵抗する共産党政府を、教会も全面的に擁護していく決意を表明したものと理解できるだろう。
　さらに中国軍が朝鮮戦争に介入（10月25日に米韓軍を攻撃）した後に、アメリカは報復措置として中国の在米資産を凍結した。これに対して共産党はアメリカから援助を受けていた宗教団体を中国人信徒による自弁（自養）団体に、教育・医療機関を国営化する措置をとっていった[23]。こうした情勢の下で、呉耀宗は引き続き[24]「基督教革新運動的新段階」を1951年1月13日に発表したのである。

　　基督教革新の任務は（中略）革新宣言が述べた共同綱領を徹底的に擁護し、<u>政府の指導の下で、帝国主義、封建主義、および官僚資本主義に反対し、独立して、民主的で、平和で統一され富強な新中国のために奮闘する</u>ことである。この総合的な任務のなかで最も主要で最も切羽詰まっているのは抗米援朝・祖国防衛である（下線筆者）[25]。

　この呉耀宗に「抗米援朝運動」と祖国防衛への全面的協力の訴えに呼応するかのように、共産党中央宣伝部長の陸定一も1951年1月19日に次の声明を発表した。

　　目下我々が要求している中心的目的は教会が政治の上で、また組織の上で、帝国主義との関係から離脱することである。その組織においては、<u>教会は善良な信徒の手に掌握されるべきであり、特務に掌握されるべきではない</u>。宗教は唯心論であり我々は唯物論である。この2

<u>者は衝突するところがある。しかし、我々は現在ただ宗教と帝国主義の関係を断つことだけを要求する</u>。宗教問題と政治問題の境界線を明らかにし、純粋に宗教性の問題には干渉すべきではない（中略）<u>教会に対する工作で重要なのはその下の群衆を争い取り、悪分子を摘発することであり、それによって初めて改造を成し遂げることができるのである</u>（下線筆者）[26]。

こうして、基督教界主流派から全面的協力が表明されるなか、共産党も教会が帝国主義と関係を断ち切り、教会内部のいわゆる悪分子を摘発すれば純粋な宗教問題には干渉しない姿勢を示したのである。ただし、「悪分子を摘発」するとの文言は1950年5月段階での周恩来による要求よりも一層踏み込んだものであり、劉燕子が指摘したように「中間分子を勝ち取り、多数を団結させるという『分断・分治』の戦略がとられた」との見方も成り立つだろう[27]。

さらに、政務院文教委員会宗教事務処は、1951年4月16日から21日にかけて、北京において「アメリカの補助金を受けている基督教団体会議」を招集し、基督教徒の代表151人に教会の改革を具体的に議論させ、「中国基督教各団体代表の連合宣言」を採択させた。その内容は次のようである。全国の基督教徒が最終的にアメリカやその他の国の伝道会と一切の関係を断ち切り、自治、自養、自伝を実現する。熱烈に「抗米援朝運動」に参加し、中華人民抗米援朝総会の一切の決議を擁護する。普遍的に愛国公約に署名し、それを切実に実行する。全ての教堂と基督教団体、基督教刊行物は「抗美援朝」の宣伝を遂行する。共同綱領を擁護し、土地改革及び「反革命鎮圧」運動を支持し、基督教のなかに潜伏している反革命分子を検挙する。各地の教会や関係団体において、帝国主義分子と反革命の人間の「かす（敗類）」の告発運動を展開するなどであった[28]。

会議は、基督教の全国的指導機関として「中国基督教抗米援朝三自革新運動籌備（準備）委員会」を創設し、呉耀宗を主席とすることを決定した。基督

教団体の全国的指導者としての呉耀宗の地位がこれにより確定したのである。さらに委員会が「教会内部に潜伏している帝国主義分子及びならず者（敗類）の告発運動を普遍的に展開する決議」を採択したことも看過できない[29]。当時一般社会では「反革命鎮圧」の嵐が吹き荒れていたが、イエスの教えを奉じ、平和と愛を追い求める教会内部においてすら潜在敵の摘発と排除が断行されることになったのである。

ただし他人を告発する行為はキリスト教の信条と抵触するため[30]、告発者を心理的に苦しめたようである。劉建平の研究によれば、最初にその口火を切った崔憲祥[31]は告発の前の晩は眠ることができなかったという[32]。なお、研究者のJones, Francis Priceは、元来親密であった人物が告発者に選ばれたのは、一度友人を裏切ってしまえば、それを正当化するためにさらに相手の非為を探し出すという人間心理を利用したからだと分析している[33]。これは鋭い分析といえるだろう。さて、崔から告発を受けたのはFrncis Wilson Priceであり、「宗教の衣を着て中国にやって来て、文化的侵略を推進したアメリカ帝国主義者であり、思想は反ソ反共」と非難された[34]。Priceはアメリカの南長老会の宣教師の息子として浙江省で生まれ、アメリカで教育を受けた後に金陵神学院で教鞭をとり、教会による農村建設事業に尽力した人物である。また蔣介石と個人的に親しく、日中戦争時にはアメリカで中国の代弁者を務めたことがあった。しかし告発を受けた後は上海で自宅軟禁状態となり、1952年になってようやく中国を離れることが認められた[35]。

中国人の教会指導者に対する告発としては、陳文淵の事例を紹介したい。陳は福州のメソジスト系中学を卒業後にニューヨークのシラキュース大学で修士の学位をとり、帰国後には福州天安堂の牧師を務めた。そして1929年にデューク大学で哲学博士を取得、福建協和大学教授となるとともに、1941年からは衛理公会（メソジスト）華西年会会督に任命され、戦後は中華全国基督教協進会総幹事を務めていた[36]。陳に対しては、蔣介石と結託していたとの告発が行われたが、具体的には、1938年に三民主義青年団の訓導長となったこと、新生活運動に関与したこと、アメリカやイギリスに赴き蔣介石のた

めに宣伝を行い、さらに人民共和国建国後も重慶の自宅にアメリカの軍用通信機械を隠しもっていたことなどを理由に非難されたのである[37]。

その他、著名な個人伝道家であった顧仁恩は、1951年3月に説教のために青島の聚会処(別名小群＝土着会派)に赴いたところ、「反動言論」の散布を理由として官憲により逮捕された[38]。某信徒の娘に乱暴したとする告発すらあったが、別の信徒は『天風』雑誌(この時は「三自革新運動」の機関誌となっていた)に手紙を送り、告発の不合理な点を指摘して、顧の自白は強制されたものであろうと批判した。ここから告発内容を全ての信徒が信じたわけではなかったことが窺い知れる[39]。なおその後、信徒の内面的な霊的体験を重視する「属霊派」・「基要派(根本主義)」の指導者(例えば北京基督徒会堂の王明道や聚会処の倪柝聲)も宗教を政治が指導する革新運動から距離を置いたため攻撃の対象とされていった[40]。

ところで、キリスト教に関わる情勢について、中国と国交をもち北京に大使館を維持していた英国の外務省は以下のように分析していた。

> プロテスタントにしても、カトリックにしても、宣教師はその仕事が中国人の聖職者によってとって代わられると考えていた。彼らはそれが5年程度の時間をかけて行われることを期待していた。しかし、朝鮮戦争そして台湾がアメリカによって(共産党からの―引用者)攻撃から守られるという表明によって、突然で急激な変化がもたらされたのだった(中略)。共産党は宗教グループをその政治的目的に利用しようとした。300〜400万人のキリスト教徒の善意は、台湾と朝鮮の状況と結びつけられながら、注意深く抗米、反帝運動の方向に導かれたのである[41]。

このように朝鮮戦争とアメリカの台湾海峡への介入が中国でのキリスト教徒の立場に大きな影響を与えたことをイギリス外交当局は注視していたのである。

図2　教堂内で愛国公約を語る牧師
(『協進』2巻1期、1952年1月、表紙)

教会が朝鮮戦争への信徒の動員に全面的に協力し、教堂内で愛国公約が語られたことは、図2で示した基督教協進会の機関誌『協進』の表紙挿絵から読み取れる。さらに戦争に献金することも教会の組織を通じて促された。例えば、1951年10月13日に三自革新運動籌備会の機関紙『天風』285号は、「我々は勝利のうちに献納の任務を完成させなければならない」との社説を掲載した。さらに1951年10月23日までの各地教会からの報告は、「基督教三自革新号」戦闘機の献納のために必要な13億1873万2505元のうち、既にその40%が集まった」と述べている。しかし、この報告の後半において「その他の各界では75%から80%が集まっており我々は大きく後れているので、11月末までに100%になるように努力しなければならない」[42]、と語られたことを踏まえれば、献金の成績は必ずしも十分なものではなかったようである。

　また呉耀宗によれば、1954年に至るまでに基督教革新運動に賛成の署名をした信徒は41万人以上となったという[43]。しかし100万信徒の半数以下が署名したに過ぎないと見ることもできるだろう。ゆえに「抗米援朝運動」の宣伝紙『抗美援朝専刊』が「各地のキリスト教徒は次々と帝国主義が宗教を利用して中国を侵略してきた罪行を告発している…告発を経て多くの教会内部に隠れていた帝国主義分子及びその走狗の原形が暴露されてきた」と、強調したとしても、これを文字通りに受け止めることは危険であろう[44]。

第2節　近代以降、福建省におけるキリスト教の展開と反キリスト教運動

本節では民国時期における福建での基督教の布教を概観する。

1）アヘン戦争以降の開港場での布教と民国時期の教会の発展

　福建での基督教宣教師の活動はアヘン戦争後に開始され、1860年の北京条約以降は、内陸での布教が進展した。そして民国時期の1920年段階で福建の受餐（洗礼を受けた信徒）と非受餐信徒（洗礼は受けないが教会の活動に参加している人々）の合計は8万6000人、そのうち受餐信徒は3万8584人となった。受餐信徒の人数は全国3位であったが、受餐信徒と非受餐信徒（洗礼志願者或は洗礼を受けていないが教会の活動に参加する人々）の合計及び省総人口における信徒の比率では全国1位であった[45]。

　福建での教会の発展は近代教育と医療の提供にも下支えされていたと思われる。民国時期の教会による教育施設を一瞥すると、福州では高等教育として福建協和大学（各宣教会合同経営）、華南女子文理学院（米国メソジスト）、中等教育として鶴齢英華書院（米国メソジスト）、榕城格致書院（アメリカンボード）、三一学校（英国聖公会）などが挙げられる。厦門では高等教育機関こそ開設されなかったが、ロンドン伝道会が1898年に英華書院を創立、同校は1924年には初中と高中の両部をもつ英華中学となった。英国の長老教会と米国改革派教会は、1881年に租界があったコロンス島に澄碧中学を開設、また米国改革派教会が1900年にコロンス島に尋源書院を開学し、その後1933年に澄碧中学と尋源書院は合併した。さらに米国改革派教会は女子教育にも注力し、女子小学校に加え1925年には毓徳女子中学を開設した[46]。全省に目を向ければ、1920年の統計では、福建の教会系小・中学校の合計は968校[47]となっていた。

　医療については、1849年に福州でイギリス人により創設されていた医院を

1866年に英国聖公会が受け継ぎ塔亭医院と名付けた。1949年までには福州の協和医院、厦門の救世医院など教会が設立した病院が42カ所存在した[48]。また厦門では米国改革派が1898年に漳州に設立した医院が1898年にコロンス島に移転し、厦門救世医院と改名され運営された[49]。

　このような福建での教会及び教会系勢力の興隆について、日本海軍の嘱託であった宗方小太郎は辛亥革命直後に次のように報告していた。

　　各省と同じく福建に於ける基督教伝道も亦甚だ旺んにして、山嶺水涯、到処教会堂を設けざるなく、基督の福音を伝へし以来四十余年（天主教を除く）、宣教の任に当たるもの親しく其地に住み、親しく其地の人民に接し、風俗人情を始め経済的事情を知り、人民を誘招するの方法に苦心せる結果、如何に少しく見るも多少の勢力扶植となり居れるは疑ふべからず（仮名遣い原文のまま）[50]。

　ここからは日本が勢力範囲としてみなした福建において、キリスト教を背景に欧米勢力が浸透していることへの警戒心が読み取れる。それだけ教会の影響が大きかったのだろう。また旧福州府古田県を舞台とした林耀華の人類学的作品『金翼』を参照すると、教育事業が社会的上昇を図る人々を教会に引き寄せていたことが読み取れる。作品の主人公黄東林の三男は福州の英華書院で学び、洗礼を受けた。彼は、華南女子文理学院を卒業し、かつ牧師を父親にもつ女性と結婚するとともに福州の協和大学に入学し、最後にはメソジスト教会からの派遣でアメリカに留学した。林耀華は「彼の成功はその家族と全黄姓宗族に栄誉をもたらした」と結論付けている[51]。

　また一部の教会では社会事業が積極的に推進された。例えば、メソジスト教会の興化地区（莆田、仙游）への布教は1863年に開始されたが、1890年に着任した米国人宣教師William N. Brewsterは新聞『奮興報』、哲理小・中学校、孤児院、興仁医院、美興印書局などの教育、社会事業の展開に加えて、織布工場、製麺工場、汽船、東南アジアへの移民の送り出しなどの実業の方面で

も地域振興に情熱を注いだのである[52]。

2）福建での反キリスト教運動

以上に概観してきたように、民国前期には順調に信者を増やしていた基督教であったが、五四運動以降は民族主義やマルクス主義の勢力伸長により逆風にさらされた。例えば、福建南西部で布教していたメノナイト派の宣教師は、「1921年に郊外の伝道所で99人の志願者に洗礼を授けたときが最も順調な時でした。それ以降人々に福音を伝えることは益々難しくなってきています」と報告している[53]。

さらに国民革命に前後して福建の山区でも反帝国主義運動と反キリスト教情緒が高まった。上杭県で布教していたメノナイト派の女性宣教師は「外国の悪魔をやっつけろ。資本家と帝国主義者を打倒しろ」と罵られ、石やレンガのかけらを投げつけられたという[54]。国民革命における排外・反キリスト教情緒、宣教師に対する迫害は福建の山間部にまで波及していたようである。そして南京に国民政府が成立すると教会学校の改革が求められた。その要求は、①校長は必ず中国人でなければならない、②董事会においては中国人が多数でなければならない、③宗教信仰を強制してはならない、④教育目的ではいかなる宗教的内容も排除しなければならない、⑤政府の教育部が最終的な認可権をもつ、であった[55]。こうしてミッションスクールの教育に対する中国政府の管理が進展することになった[56]。

また1920年代末から30年代初めにかけて福建西部が共産党の革命根拠地となると、教会は激しい攻撃の対象とされた。例えば、龍岩県城で活動していた米国改革派の医療宣教師ホレマンは、身代金目的で紅軍によって拉致された[57]。メノナイト派の宣教師たちは、紅軍の進攻のために1929年5月に汕頭への退避を余儀なくされ、残された教会の施設や学校は略奪と破壊に任された[58]。汀州では、ロンドン伝道会が活動していたが、やはり破戒と略奪に遭遇しなければならなかった[59]。

反キリスト教運動に対しては教会の本色化（土着化）の動きが推進される

なかで1920年代後半以降、福建でも外国人宣教師は減少していった。例えばメソジスト派の場合は1935年の75人が47年には28人に、聖公会は1924年の72人が36年には68人に、46年には15人にまで減少した[60]。信徒数では、基督教聚会処や真耶蘇教会のような中国で誕生した土着宗派の発展がみられたものの、全体としては1937年には約5万2000人にまで減少した。その後、日中戦争時期は英米の宣教師が中国から撤退したが、戦後彼らが戻り再度布教に注力するなか信徒数は急増する勢いを見せ、1949年には基督教信徒は10万を超えていた[61]。

このように民国時期の基督教普及は紆余曲折を経たものの、一部地区においては着実に地域社会に根付いていったようである。例えば、1938年に古田県社会を描写したある文章は「数十年来、欧米の宣教師は古田の面倒をよくみた。これにより現在にいたるまで古田の教会勢力は地域に深く根をおろしている」と教会と宣教師の活動を評価していた[62]。結局、古田では民国末までに聖公会の教会46カ所、伝道所6カ所が創建され、信徒総数は2521人となっていた。メソジスト派は教会69カ所、伝道所6カ所をもち、信徒1145人を擁した（その他、安息日会〔セブンスデー・アドベンチスト教会〕の信徒が200人、聚会処〔小群〕信徒が300人であった）。さらに福音伝道以外に衛生運動、アヘンの撲滅、纏足廃止運動などの風俗改良が試みられた。教育では聖公会が私立史犖伯初級中学、私立精英女子中学を、メソジストが私立超古中学や毓馨女子中学を創建し、さらにメソジストは懐礼医院を通じ医療にも貢献した[63]。懐礼医院は古田唯一の近代的病院であった。信徒のみならず県商会主席など地域の紳士もその重要性を認識しており、メソジストの公文書には古田の信徒や紳士が連名で医院への援助の継続を請願した文書が残されている[64]。

また古田県の大橋鎮HY村の主要な宗族であるC姓の族譜は基督教について、「清末民国初期に学校に進学する者は雨後の筍のようであった。当時古田の二カ所の中学は米英両国が創建したものであり、基督教の教義もHY村の大部分の人の受け入れるところとなり、西方の先進思想もHY村に入って

きた」と、その積極面を強調している[65]。

第3節　1950年代、国共対立の最前線としての福建

　共産党軍は1949年8月に福州を、10月に厦門を占領し、金門島や東山島などの島嶼部を除き、ほぼ福建全域を勢力圏に収めたが、金門島攻略戦には失敗した。一方台湾に逃れた国民党政府は、福建内部に残存する国民党系地方保安部隊や海賊勢力を組織し、ゲリラ工作を展開した[66]。毛沢東は、朝鮮戦争へ介入した後、蒋介石による台湾からの大陸反攻を強く警戒しており、1950年11月17日に剿匪と土地改革を迅速に遂行することを次のように厳命した。

　　福建の剿匪の成績は他省と比較して劣っている。原因を検討しなければならない。私は、現在から広範に展開される土地改革工作と配合し、6か月の期限の内に一切の匪賊を剿滅することを提議する。葉飛と〔張〕鼎丞に責任もって全力で成績を修めさせる。福建の匪賊が消滅し、土地改革が完成すれば、蒋介石が上陸侵犯してきても容易に対応できるのである[67]。

そして1951年5月までに反革命分子8万5000人を逮捕し、約2万6000人を処刑した[68]。1950年代、国民党政府による「赤狩り（白白テロ）」が台湾において熾烈を極めたことはよく知られているが、海峡を挟んだ福建省においても、疑わしき者を徹底的に排除する「反革命鎮圧」が並行して進行していたことは重要である。福建省は台湾に依拠する国民党政権とその背後に控えるアメリカと対峙する最前線と位置付けられたのである[69]。
　さらにアメリカに対抗し、朝鮮戦争に民衆を動員するための「抗米援朝運動」が福建でも展開された。1951年4月以来、各県市に抗米援朝会が設立され、1951年6月までに福建省では603万9191人が和平公約（反戦と反核兵器

の国際運動)の締結を擁護する署名及びアメリカが日本を再武装させることに反対する投票に参加したとされる[70]。福州市街では、居民委員会が時事座談会を開催し、街道弁事処所属の民兵が宣伝工作を末端で担った[71]。また増産と節約により、国家への奉仕を農民や労働者に要求する「増産節約運動」が、1951年10月から本格化し、大衆は一切の浪費を断ち切ることが求められた[72]。「三自革新運動」もこうした「反革命鎮圧」、「抗米援朝運動」による愛国公約、献金運動と一体化して実施されたことを重視すべきであろう。

第4節　福建における基督教「三自革新運動」の展開

既に述べたように1949年段階での福建での基督教徒は約10万人であり、浙江、河南、雲南に次ぐ全国4位、教会数は1187カ所(なお天主教は信徒が8万人、教会が332カ所)とされている[73]。当時の福建の人口は約1100万人であったことに鑑みれば、基督教と天主教を併せたキリスト教徒は人口の1.6%[74]を占めたに過ぎない。ただし既に述べたように教会は教育や医療などの公共領域に影響力を有しただけでなく、欧米諸国すなわち西側世界と深く繋がっており、共産党にとっては警戒すべき対象であった。

1)福建での「三自革新運動」の指導層

1950年7月に呉耀宗などが発表した先述の「中国基督教在新中国建設中努力的途径」に対して、福建省では陳芝美(福建基督教教育協会会長)、王世静(福州華南女子文理学院院長)、檀仁梅(中華基督教会閩中教会総幹事)、丁先誠(衛理公会福州年議会宗教教育委員会主席)などが賛同した[75]。また中華聖公会の張光旭もその後指導的役割を果たすことになった。以下では彼・彼女ら福建での「三自革新運動」の指導層の経歴を概観する。

陳芝美(1896～1972)は、福建省古田県でメソジスト派の牧師陳文疇の息子として生まれた。福州の鶴齢英華書院で学んだ後、1917年にアメリカのコーネル大学にて教育学学士号を取得した。帰国後、福州基督教青年会学生

第 10 章　キリスト教の革新運動と教会の政治化

部主任幹事や厦門大学教育系の教員となった。1928 年から 1948 年まで福州の鶴齢英華中学の校長を務める傍ら、福建基督教教育協会会長や福建協和大学副董事長を兼任した。1948 年に英華中学の校長を辞職後は衛理公会（美以美会が改称）華南区教育委員会総幹事及び福州衛理公会総幹事等に任じた。1951 年 10 月には福州市基督教抗美援朝三自革新運動委員会籌備処副主任となった⁷⁶⁾。

図 3　陳芝美（1896 － 1972）

王世静（女性、1879 〜 1983）は、華南女子大学初めての中国人校長であった。王は福州で生まれ、小学校から教会学校で学び、キリスト教信仰に触れた。1918 年にアメリカに赴きミシガン大学で化学修士号を取得、1923 年に帰国後は厦門大学、次いで華南女子大学で教鞭をとり、1929 年からは華南女子大学の校長に就任していた⁷⁷⁾。

檀仁梅（1908—？）は、1926 年に福州の格致中学校（アメリカンボード系）を、1934 年に福建協和大学の教育系を卒業した人物である。1940 年にペンシルバニア大学で哲学博士の学位を取得した後、福建協和大学で教鞭をとり、文学院長となった。また 1947 年には中華基督教教育協会高等教育総幹事となり、1950 年国民党革命委員会に加入した⁷⁸⁾。

張光旭（1898 〜 1973）は、中華聖公会福建教区で最初の中国人主教となった。福建省羅源県で生まれ、父親も聖公会の伝道士であった。1910 年から福州の漢英書院（後の三一中学）で学び、1918 年からオハイオ州のケニオン（kenyon）カレッジで英文学と神学を修めた。1921 年に帰国した後は、福州基督教青年会幹事、福州漢英書院英文教師兼牧師となり、1932 年から 45 年まで福建協和大学の董事（理事）を務めた。1938 年から 1939 年まで聖公会福建

図4　張光旭（1898 − 1973）

教区からオックスフォード大学に派遣され、1940年に帰国後は聖公会福建教区教育工作部主任、1942年には中華聖公会福建教区主教に選任された[79]。

丁先誠（1891 〜 1979）は、屏南県で生まれた。古田県のメソジスト系の超古学校及び福州の英華書院で学んだ後、ハーバード大学で宗教教育学の修士号を取得した。帰国後は牧師となり、1927年に福建協和大学副教授、美以美会福州年議会宗教教育総幹事、美以美会全国宗教総幹事を歴任した。1950年と51年福州市人民代表大会代表となった[80]。

以上の経歴から明らかなように、福建での三自革新運動の指導者はいずれも福州の教会学校の出身者であり、かつ欧米で学位取得後に帰国したエリート層であった。これらの人々が運動の急先鋒となった背景には、先に呉耀宗について述べたように、宗教的には現実社会と積極的に関与するリベラルな思想、そして外国経験を踏まえたナショナリズムとが関係するように思われる。以下では陳芝美や張光旭の事例に即して彼らの抱いたナショナリズムを分析する。

福州の英華中学では代々外国人が校長を務めてきたが、1920年代の国民革命において反帝国主義運動が高揚すると陳芝美が校長として招聘された。その際に陳芝美は「教育の権益は国家に属すべきであり、個人には属さない。更には外国に属すべきではない。教育事業は政府により管理されるべきである。私立中学も例外ではない」、「董事会は学校の最高権力機構であり、教育権は中国政府に属するべきである。董事会は中国人により責任をもたれるべきであり、外国人は指導する地位に居るべきではない」と表明した。また英華中学の教育課程でも宗教を必修から選修に改め、学生がキリスト教を信じ

ないことを許容した。さらに学生が独立的な思考を養い、科学の精神を探究することを認めたのである[81]。陳芝美は教育権を外国の宣教会から中国国家へ回収することに賛成するとともに、教育における宗教色の希薄化をも容認するリベラル派であったと評価できるだろう。

さらに次の逸話が興味深い。1918年に福州基督教青年会で幹事を務めていた時、陳は人力車で出勤していた。ある日アメリカ人の若者が青年会を訪れたが、故国では人力車を見たことがなかったため、車夫から学んで青年会の庭を引きまわしていた。陳芝美は青年に対して、自分を乗せて市内の某地点まで走れたならば5元を与えようと言った。青年は車夫の服を着て陳芝美を乗せ人力車を引いて市内を走り、写真館で記念の写真撮影も行った。アメリカ人が中国人の乗る人力車を引いたことは1918年当時の福州では大きなニュースであった。アメリカ領事はこのことをアメリカ人の恥とし、この若者を叱責したうえで、急ぎ帰国させたが、事件は当時市中で笑い話として語られたという[82]。

また中華聖公会福建教区主教であった張光旭も英国の宣教会が福建教区の会務に執拗に介入するとともに、中国人指導者が無能力であると見なしていたと回顧している[83]。以上の事例から欧米留学組の中国人教会指導層が、宣教会や西洋人に対して複雑な感情を抱いていたことが窺えるだろう。

2）外国人宣教師への監視と宣教師の帰国

共産党政権成立後の外国人宣教師の境遇については、厦門周辺を中心に事業を展開していた米国改革派教会に関する文献から確認したい。共産党が政権を握った後も宣教師達は中国に留まることに希望をもっていた。なぜなら1911年の辛亥革命以降、様々な出来事が発生したにも拘わらず、キリスト教は徐々に強化されてきたと彼らが認識していたからである。そして新政権の下でも彼らの状況は暫時は従来どおりであったが、その後旅行や言動に制限が加えられるようになっていった。そして朝鮮戦争においてアメリカ軍が台湾海峡を封鎖すると、宣教師の所持品がチェックされ、行動の自由の規制も

一層厳しくなった。1950年12月に在米の中国資産が凍結されると、中国も報復措置をとり、宣教師の資産までが凍結された。これにより宣教師たちは生活に困り、家具などを売却しながら出国許可を待つことになった。改革派教会の最後の宣教師が香港に脱出したのは1951年の8月のことである[84]。

　ここから朝鮮戦争の勃発、特に台湾海峡にアメリカ艦隊が派遣されたことが宣教師の出国を早めることに繋がったことが窺い知れる。このことは福州から脱出した福建協和大学教員 Roderick Scott（アメリカンボード所属）の手紙からも読み取れる。それによれば、1950年5月の段階では宣教師はパスポートが切れるまでの滞在が認められていたが、台湾海峡にアメリカ艦隊が現れた緊張により、福州においては全ての宗派の宣教師が新年を迎える前に脱出するよう忠告されたという[85]。

　また先に述べた宣教師の所持品への検査は、実は通信機などによるスパイ行為を調査するための措置であった。福建南西部の上杭県で活動を継続していたメノナイト派のローランド・ヴィーンツ牧師は次のように回顧している。

図5　Brewster 夫妻が基督教布教に尽力した莆田市基督教莆田堂
2011年7月筆者撮影

1950年12月24日、警官が家を訪れて、泥棒などに押し入られた時のためにあなたの財産リストを作成しておきたいと申し出た。彼らは変圧器を発見した時には興奮し、さらにキッチンの上の貯蔵庫にも上がりこみ、調べていったという。実は武器や通信機を探していたのである[86]。こうした官憲の姿勢に比して宣教師の周囲の中国人達の態度は比較的友好的であった。例えば福州から日本に撤退したAlbert Faurotによる1950年12月17日付の手紙には、多くの中国の友人が彼を見送りに来て手を振ってくれたと、記載されている[87]。

しかし「反革命鎮圧」が激化した51年春以降には状況は大きく異なった。例えば、メソジスト派の宣教師Elizabeth F. Brewsterは夫のWilliam N. Brewsterとともに興化の教会のために働き、夫の死後も長らく孤児院経営に尽力した人物であった。そのため彼女が帰国することが決まった際には多くの友人が密かに彼女を訪れ、出発の日には必ず見送りに来ると約束していた。しかし、出発の日にやって来たのはわずか1人だけであったという。ちょうどその時には彼女と交流をもっていた地域の有力者達が反革命鎮圧の審判を受けていたため、みなが巻き添えを恐れたものと推測される[88]。

3)福建における「三自革新運動」の展開

1951年3月に福州基督教抗米援朝分会が成立し、陳芝美が会長に就任した。この後、「抗米援朝運動」に協力して飛行機や大砲などの武器を献納することが決定された。そして1951年4月、全省での三自革新運動擁護の署名数は1万2122人となり、7月には福州市の基督教界が大・小規模の告発会を100回以上開催し、中華聖公会も英国聖公会との関係断絶を宣言した[89]。1951年の3月にはアメリカによる日本の再武装に反対して厦門では5000人の基督教徒がデモ行進した。福州でも800人の基督教徒が大会を開き、10年前に「日本の帝国主義者」が福州を侵略した際の数々の暴行を告発した[90]。ここで注目すべきは日本による侵略の記憶が巧妙に反米運動に結び付けられたことである。その背景には1950年7月マッカーサーが日本政府に対して警察予備隊の

創設を指令し、再軍備が開始されたことが指摘できるだろう[91]。

さらに莆田県では基督教抗米援朝三自革新伝達隊が組織された。1951年11月26日からは涵江鎮の教会で伝達大会を6日連続で開催し、500人が参加したという。伝達（宣伝）内容は、①アメリカ帝国主義の朝鮮での暴行、②祖国を愛すること、政府の宗教政策の「解放」の前と後での対比、目下の教会に存在する問題、三自革新の意義と任務などであり、これに加えて愛国公約の再確認が行われた[92]。同時期の1951年10月には福州市でも抗米援朝三自革新籌備処が設立され、主任には張光旭、副主任は陳芝美が選出された。そして1952年末までに11の県や市で、「基督教抗米援朝三自革新運動籌備会」が発足した[93]。こうして教会は政治運動に深く関与していった。さらに注目すべきは、教会が学校や病院の運営から完全に切り離されたことである。これについては英国の外交官は次のように分析している。

　政府はプロテスタントが中国に有していた機関の複合体を解体しようとした。教会はその独自性を維持されることになるが、教会学校とは完全に分離され、病院や社会福祉組織からは部分的に分離されることになる[94]。

　共産党は最初に教会の中等学校に関心をもった。若者の心をマルキシズムや唯物論の方に勝ち取る必要があったからだ[95]。

ミッションスクールの接収については、まず中等教育機関である福州の榕城格致書院（アメリカンボード系）の事例を検討したい。「抗米援朝運動」と反革命鎮圧運動が展開されると学校の教職員はしばしば各種の政治運動に動員された。1950年10月には校内に抗米援朝保家衛国運動委員会が設置され「親米・崇米・恐米」を一掃するとともに、教師と学生に対して愛国思想が育成された。そして1950年末には、学校長がアメリカの教会との関係を断絶することを宣言した。さらに1951年3月には愛国公約運動が展開されたが、そ

の主な内容は、思想・行動の上において米帝国主義と一切の関係を断ち切る、その文化侵略の余毒を粛清する、土地改革を断固擁護し、一切の封建思想の残余を清除する、期日どおりに献金し飛行機や大砲を購入し、随時祖国の(愛国運動への)呼びかけに応える、などであった。さらにマルクス主義と毛沢東思想に関する学習を強化し、愛国主義と国際主義の精神を育成し、自己を改造し、他人を助けることが提唱された。ただし一部の信徒学生が聖書に抵触するとして愛国公約を拒否する事件が発生した。学校側の説得にも拘らず、43人の学生が宣誓を拒絶したという。最終的に1952年6月、私立格知中学は福州第五中学に再編された[96]。なお「聖書と抵触する」理由について原資料は明示していないが、キリスト教の平和主義や敵を愛せよとの教えが戦争への協力や他の信徒に対する告発と矛盾したからだと推測できる。

また福建協和大学では、1950年3月から「弁証法唯物論」、「青年修養と毛沢東人生観」、「時事学習」、「社会発展史」、「中国革命問題」などの課目が設置されたものの、それ以外は学生基督教連合会の活動を含めて、しばらくは以前と同様であった。しかし1950年秋になると全ての外国籍教師が学校を離れ、さらに51年1月にはアメリカからの補助金を受けている大学の代表が北京に招集されるなかで、米国籍の理事を除籍し、アメリカ人は行政職を担えないことが決定された[97]。結局、1951年4月には協和大学と華南女子大学の両校が合併され福州大学(現在の福建師範大学)に改編されたのである[98]。

4) 告発運動

聖公会福建教区主教であった張光旭は、1951年8月の『天風』に「帝国主義が百年来本教区を利用して中国を侵略した罪行を告発する」との文章を寄稿した。以下は告発会での張自身の発言であるため、長文となるが引用したい。

　　今晩私は万分の憤怒と慚愧の気持ちをもってここに立ち、帝国主義が百年来中華聖公会福建教区を利用して中国を侵略してきた罪行に対して総体的な告発を行うと同時に自己批判するものです(中略)中国

人民は百年余りの英雄的な反帝国主義の闘争を経て、終に革命に勝利を収めました。既に帝国主義者が中国で立足する余地はありません。しかし、帝国主義者が中国において長期にわたり伝教を通じて侵略を行ってきた結果、基督教内における彼らの影響はいまだ全ては粛清されてはいません。半年前、我々が教区の百周年記念礼拝を挙行した時のことを記憶しています。<u>当時福州の西洋人宣教師は既に全員帰国していましたが、我々の心のなかにはいまだ西洋の宣教師に対し、その功を歌い徳を頌えて、教区の百年来の成果を全て西洋の宣教師のおかげとする誤った観点が普遍的に存在していました。そればかりか我々は西洋の宣教師は全てすばらしく、仁慈に富み、彼らの恩恵に感謝しなくてはならないと考えていました。</u>この種の無原則な外国崇拝、外国に親しむ心理は、その日の私の講演の言葉や教区の同僚の手紙のなかにも容易に見てとることができました。<u>当時、私は人民政府に対して信頼が足りませんでした。宗教信仰の自由という政策に対しても十分信用していませんでした。半年前というと福州が解放されて既に一年余りが過ぎていましたが私はまだあのように愚かでした。私は自分が毒を受けることがあまりにも深かったと自己批判しました。人民政府が私に各種の愛国主義教育会議に参加する多くの機会を与えてくださったことを感謝しています</u>(下線筆者)[99]。

この張の発言を読み、下線部の前半部分に宣教師に対する教会関係者の感情が如実に現われる一方で、後半部は空虚な言葉が綴られていると感じるのは筆者だけであろうか。ただし張光旭は上記発言に引き続き、自身が主教となった後も福建教区の行政に英国本国の宣教会が介入してきたことを事細かに暴露しており、外国人宣教師や英国の宣教会に不満を抱いていたことも彼の本音であると判断できる。

1951年10月3日と4日、興化の衛理公会、聖公会、安息日会も告発集会を開催し、これには300人あまりが参加した。すでに故人となっていた

第 10 章　キリスト教の革新運動と教会の政治化

William N. Brewster、その夫人の Elizabeth F. Brewster、そして他の宣教師たちがスパイ行為を働き、教会の経済権力を掌握し、奴隷化教育を推進していたと告発された[100]。そのなかで、衛理公会の興化年会の三自運動幹事であった陳玉澤は、宣教師が宣伝放送であるボイス・オブ・アメリカの内容を信徒に伝えたり、港湾を測量するなどのスパイ行為に従事したりしたとの理由で、既に出国した宣教師を含めて告発を行った。さらに夏禮賢（Hollister）宣教師が奨学金で学生を買収するだけでなく、マルクスレーニン主義思想を抱く学生が奨学金を受けられなくする方法で反共工作を行ったと非難された。そして、より注目すべきは次の告発であろう。

　ある時、夏禮賢は田舎（郷下）でボロボロの服を着た児童の写真を撮ろうとして、悪辣にも児童の服の裂け目を故意に拡げて一層醜くした後に、その写真を宣伝品とした[101]。

もちろんこの告発の真偽は確認できない。ただし、宣教師が中国人児童を見下すだけでなく、慈善の偽善的宣伝道具として利用したとの非難には人々の民族感情を掻き立てる情緒的な作用があったことだろう。
　ただし、当時を知る人物（信徒）の、興化の教会やブルースター夫人に対する記憶は良好なものであった。つまり、（衛理公会）興化年会は教会が地方の紛争に介入することを禁じていたし、民国時期の慈善事業にはブルースター夫人が最も尽力していたと筆者に語ってくれた[102]。また、教会が運営した哲理中学では貧困学生は奨学金を申請できたし、教会はアヘンの禁煙、学校の振興、病院の設立などの良いことをし、そしてブルースター夫人はとても好い人であった（原文＝為人很好）との記憶も聞きとっている[103]。

5）その後の状況
　外国からの経済援助が途絶える一方で、教会の経済的自立（自養）の達成は容易なことではなかった。それゆえ中華基督教会や聖公会は牧師などの有

給人員の削減を迫られた。結果、1949年に福建に1648人いた教師・牧師は1951年には1200人にまで減少した。さらに1957年から1958年にかけての反右派闘争では94人が右派とされた。その後大躍進や人民公社化などの政治運動を経て、文化大革命（以後、文革）前の1963年には牧師や職員は363人にまで鋭減していた。そして文革では彼らは様々な迫害に直面する運命にあった[104]。

　福建での一般信徒については、1949年の段階で10万2000人と見積もられていたが、共産党が宗教信仰の自由を保障するか否かを懐疑する人が多く、結局、一部の信徒達は教会を去っていった。特に都市部においてこの現象が顕著であり、信徒数が半減した教会もあった。また農村部でも土地改革期間中には教会での集会が禁止された。結果、1951年末までに全省での信徒は9万人にまで減少した。その後、1958年には宗派を統一した全省性の教会組織である「福建基督教三自愛国運動委員会準備委員会」が発足し、宗派を統合した連合礼拝が実行された。これにより福州の教堂は28カ所が5カ所に、泉州では5カ所が1カ所にまで削減された。結果、1960年の統計では全省の基督教信徒は3万5000人にまで減少し、日常的に教会に参集する信徒は1万人に過ぎなくなった。文革前において既に宗教生活を堅持するのは少数の年配の信徒のみとなっていたという[105]。なお、宗派を超えた合同礼拝により会堂数が減ったため信徒の宗教活動は不便になった。ある話者は合同後には3キロメートルも歩いて礼拝に赴かねばならなくなったと語った。ただし、この人物は熱心な信徒であり、文革時期も家庭で集会を維持したという[106]。少数ではあるが迫害のなか信仰を堅持した人々もいたのである。

おわりに

　福建は民国時期に基督教会の影響力が相対的に強い省であった。また純粋な福音伝道に加え、教育や医療を通じて教会は公共領域に影響力を保持していたといえる。

第 10 章　キリスト教の革新運動と教会の政治化

　1950 年以降、国民党政権が拠る台湾と海峡を挟んで対峙し、国共対立の最前線となった福建省では、反共武装勢力の討伐や内なる敵を排除する反革命鎮圧が強力に推進された。そしてアメリカが朝鮮半島において中国軍と戦い、さらに台湾の国民党政権を擁護するなかで、福建に残留した宣教師はスパイの嫌疑を受け、その活動が強く規制されていった。そして宣教師たちは、当初想定していたよりも早く中国からの退去を余儀なくされたのである。彼・彼女らは共産党政権からの監視を受けつつ、出国の許可を待ち、1951 年の春までには大半の人々が中国を去っていった。

　一方で中国人教会指導層の主流派は共産党に妥協していった。外国宣教会との関係を断ち切るとともに、共産党の指導を受け入れ、大衆動員に全面的に協力した結果として教会の政治化が進展した。これにより教会は自律性を自らの手で骨抜きにすることになってしまった。教会指導層がこうした対応をとったことは、単に時勢に迎合しただけでなく（その側面を否定することはできないだろうが）、彼・彼女らが信奉した自由主義（リベラル）神学や社会福音運動には共産主義による社会改革と親和的な側面が存在したことが関係しているだろう。加えて、外国を知るエリートであったために却って強いナショナリズムを抱いていた側面も無視できないように思われる。また、キリスト教を全面的に攻撃した 1920 年代から 30 年代の共産党の対応と比較して、1950 年代初頭にはより柔軟かつ巧妙な方針が取られたことも重要である。共産党からすれば、統一戦線の旗の下で信徒を「抗米援朝運動」に動員することこそ緊急の課題であり、当時の教会組織は十分な利用価値を保持していたといえる。こうして共産党への協力・教会の政治化と引き換えに、教堂内部の限定された空間では信仰生活の存続が認められた。しかし、教育や医療などの公共領域から切り離されたことにより、教会の社会的影響力は大きく削がれていったのである。

　本章での考察から得られた知見のなかで強調したいのは、共産党の教会政策において、外国人宣教師に対する中国人牧師や一般信徒の不信感や反発などの民族主義的心情が巧みに利用された側面である。さらに外国の宣教会か

ら切り離され、教育や医療などの公共領域からも隔離されたことで教会が信徒に提供できる経済的・文化的資源は大幅に減少した。そうしたなかで、一部の熱心な信徒を除いて、少なからざる一般信徒が教会から離れていったことも看過できない。教会が中国人牧師や信徒に経済や文化面での利益を与える力を失ったことが人々の教会離れを促進する大きな要因となったように思われるのである。

　これにも拘わらず、信仰を堅持する人々が完全に消滅した訳ではないことも確認しておくべきだろう。例えば、民国時期に基督教の影響が強かった古田県では、2010年現在全県43万人の人口のうち信徒が4万人であり、特にその3分の1は祖父母、父母の代からの継承であるという[107]。清末から民国時期に地域社会で播かれた麦は文革時の迫害を経ても生き残り、「改革開放」時期以降に基督教が息を吹き返す背景になったといえるだろう。これに鑑みれば、少数の牧師・信徒がいかに文革の困難に耐え、「改革開放」以降どのように教会活動を復興していったのかについては、今後さらなる具体的討究が必要となる。しかし本章の紙幅はまさに尽きようとしている。その本格的作業については別稿を期したい。

《注》

1) これについては佐藤公彦『中国の反外国主義とナショナリズム　アヘン戦争から朝鮮戦争まで』集広社、2015年を参照されたい。

2) 山本澄子『中国キリスト教史研究』（増補改訂版）、山川出版社、2006年。石川禎浩「1920年代中国における「信仰」のゆくえ―1922年の反キリスト教運動の意味するもの―」（狭間直樹編『一九二〇年代の中国』汲古書院、1995年）。朱海燕「1920年代中国における反キリスト教運動とキリスト教会の本色化運動」（『明治学院大学キリスト教研究所紀要』48号、2016年）。

3) 邢福増「中国基督教的区域発展」（『漢基督教学術論評』2007年第3期）。段徳智『新中国宗教工作史』北京、人民出版社、2013年。

4）カトリックの動向については中津俊樹「中華人民共和国初期におけるカトリック教会をめぐる動向について─「人民」の創出と「内心の自由」をめぐって」（『中国研究月報』66巻2号、2012年）、同「中華人民共和国期における「レジオマリエ」を巡る動向について（『アジア経済』57-3、2016年）を参照されたい。

5）レスリ・T・ライアル・海老沢良雄訳『風を吹け、嵐よきたれ　中共治下のキリスト教界の真相報告』いのちのことば社、1963年、27頁。

6）前掲『中国キリスト教史研究』及び『中国の反外国主義とナショナリズム』。さらに1950年代から現在に至るキリスト教の流れについては、薛恩峰「プロテスタント教会の現在」（『福音と世界』2008年7月号）。松谷曄介「中華人民共和国におけるキリスト教　1949年から現在まで」（石川照子・桐藤薫・倉田明子・松谷曄介・渡辺祐子編『はじめてのキリスト教』2016年）。上野正弥「中国共産党と宗教団体：一九八〇年代における基督教愛国団体の改革をめぐる議論を中心に」（『法学政治学論究：法律・政治・社会（100）』2014年）などが参考となる。資料集として富坂キリスト教センター編『原典現代中国キリスト教資料集：プロテスタント教会と中国政府の重要文献1950-2000』新教出版社、2008年が有用である。中国で出版された現代キリスト教の概説書としては羅偉虹主編『中国基督教（新教）史』上海人民出版社、2014など多数ある。

7）邢福増『反帝・愛国・属霊人──倪柝聲与基督徒聚会処研究』香港、基督教中国宗教文化研究社、2005年。同「革命時代的反革命：基督教「王明道反革命集團」案始末考」『中央研究院近代史研究所集刊』第67期、2010年。同『基督教在中国的失敗？：中国共産運動與基督教史論』2012年。劉建平「抗美援朝時期中国基督教的控訴運動」（『二十一世紀』121期、2010年）。

8）福建でのキリスト教についての概説としては、李少明「近代福建基督教的両大重要地位」『世界宗教研究』2003年4期。同「現代福建基督教的歴史総結」『世界宗教研究』2005年4期が参考となる。

9）なお、筆者はこれまで福建近代地域史を研究してきた。山本真「20世紀初頭の福建南西部客家社会と革命運動　宣教師文書から読み解く」（『歴史評論』765号、2014年）。同「20世紀前半、福建省福州、興化地区から東南アジアへの移民とその社会的背景

―キリスト教徒の活動に着目して―」(『21 世紀東アジア社会学』6 号、2014 年)。山本真『近現代中国における社会と国家―福建省での革命、行政の制度化、戦時動員―』創土社、2016 年。キリスト教史と地域史の融合の意義については蒲豊彦「中国の地域研究とキリスト教」(『歴史評論』765 号、2014 年)を参照されたい。

10) 毛沢東『新民主主義論』1940 年、北京、外文出版社、1968 年、56 頁、77 頁。ただし、実際には国共内戦時期にも教会への攻撃は行われていた。そのことは佐藤公彦前掲書、345-346 頁を参照されたい。

11) 毛沢東「連合政府について(1945 年)」(『毛沢東選集』第 3 巻、北京、外文書店、1968 年)347 頁。

12) 「中国人民政治協商会議共同綱領(1949 年 9 月 29 日)」(中共中央文献研究室編『建国以来重要文献選編』第 1 冊、北京、中央文献出版社、1992 年)2 頁。

13) 前掲『中国キリスト教史研究』172 頁。

14) 中津俊樹「中華人民共和国初期におけるカトリック教会をめぐる動向について―「人民」の創出と「内心の自由」をめぐって」(『中国研究月報』66 巻 2 号、2012 年)。

15) 呉は 1918 年に洗礼を受けた。1920 年北京基督教青年会で働き、1924 年からニューヨークのユニオン神学校、コロンビア大学に留学し、神学修士号を取得した。1927 年の帰国後は上海の中華基督教青年会全国協会で出版事業を統括した。1936 年には全国各界救国会理事、日中戦争時期には青年協会書局主任、1945 年には『天風週刊』を創刊した。徐友春主編『民国人物大辞典』河北人民出版社、1991 年、376 頁。1951 年以降『天風週刊』は三自革新運動籌備会の機関誌となった。なおここで言うリベラリズムとは宗教的な考えにおいて伝統から自由な立場との意味である。深井智朗『プロテスタンティズム 宗教改革から現代政治まで』中公新書、2017 年、186 頁。

16) アメリカで 19 世紀後半から提唱された資本主義の弊害や社会悪の改善を求めるプロテスタントの実践的運動。大貫隆ほか編『岩波 キリスト教辞典』岩波書店、2002 年、495 頁。

17) 前掲、松谷曄介「中華人民共和国におけるキリスト教 1949 年から現在まで」195-196 頁。

18) 邢福増「革命時代的反革命:基督教王明道「反革命集団案」始末考」(『中央研究院

近代史研究所集刊』67 期、2010 年、135-142 頁）。

19）周恩来「関於基督教問題的四次談話」（中共中央統一戦線工作部・中共中央文献研究室『周恩来統一戦線文選』北京、人民出版社、1984 年）181-182 頁。

20）前掲『風を吹け、嵐よきたれ』16 頁。

21）周恩来「関于美国武装侵略中国領土台湾的声明〔1950 年 6 月 28 日〕」（前掲『建国以来重要文献選編』第 1 冊）326-327 頁。

22）呉耀宗「中国基督教在新中国建設中努力的途径」（『人民日報』1950 年 9 月 23 日）。

23）郭沫若「関於処理接受美国津貼的文化教育救済機関及宗教団体的方針的報告〔1950 年 12 月 29 日〕」前掲『建国以来重要文献選編』第 1 冊）447 頁。

24）呉耀宗「基督教革新運動的新段階」（『天風』總 246 号、1951 年 1 月 13 日）。

25）陸定一「争取和団結広大教徒、粛清帝国主義在中国的文化侵略的影響」〔1951 年 1 月 19 日〕（中共中央統戦部研究室編『歴次全国統戦工作会議概況和文献』北京、檔案出版社、1988 年）48 頁。

26）劉燕子「文化大革命とキリスト教」楊海英編『フロンティアと国際社会の中国文化大革命』集広舎、2016 年、所収、129 頁。

27）愛国公約は抗米援朝運動に参加すること、党・政府・軍の擁護、政策・法令の遵守、反革命鎮圧のための防匪、防火工作、時事学習、宣伝、その他、各地域、各業種における具体的活動と結びついた行動綱領的なものであった。土岐茂「「愛国公約」の歴史と論理」『早稲田法学会誌』第 29 巻、1978 年、299 頁による。愛国公約については金野純「毛沢東時代の「愛国」イデオロギーと大衆動員-- 建国初期の愛国公約運動を中心に」『中国』26 号、2011 年も参考となる。

28）「政務院文教委員会宗教事務処招集会議　処理接受美国津貼的基督教団隊」（『人民日報』1951 年 4 月 17 日）。「処理接受美国津貼的基督教団隊会議閉幕　通過処理弁法及聯合宣言」（『人民日報』1951 年 4 月 22 日）。「中国基督教各教会各団体代表聯合宣言」（『人民日報』1951 年 4 月 25 日）。

29）『人民日報』（1951 年 4 月 22 日、25 日）。

30）例えば、ルカによる福音書「あなたは、兄弟の目にあるおが屑は見えるのに、なぜ自分の目にある丸太に気づかないのか」。マタイによる福音書「人を裁くな。あなた

がたも裁かれないようにするためである」日本聖書協会『新共同訳聖書』2008 年より。

31）その経歴は、アメリカ博士号取得後、山東省の斉魯神学院教授を務め、中華基督教会全国総会総幹事や中華基督教協進会副会長を務めた。松谷曄介「大東亜共栄圏建設と占領下の中国教会合同」（『神学（東京神学大学）』69 号、2007 年）162 頁による。

32）劉建平「抗美援朝時期中国基督教的控訴運動」（『二十一世紀』121 期、2010 年）124 頁。

33）Jones, Francis Price, *The Church in Communist China : A Protestant Appraisal,* New York: Friendship Press, 1962, p.65.

34）中華基督教会全国総幹事崔憲祥「控訴美帝国主義分子畢範宇」（『人民日報』1951 年 4 月 25 日）。

35）『華人基督教史人物辞典』、2016 年 12 月 22 日最終確認。
http://www.bdcconline.net/en/stories/p/price-frank-wilson.php
また土田哲夫「フランク・プライスと戦時中国の国際宣伝」（斉藤道彦編『中国への多角的アプローチ』中央大学出版部、2012 年）を参照されたい。同論文ではプライスの活躍が肯定的に評価されている。

36）Gerald H. Anderson, *Biographical Dictionary of Christian Missions,* Grand Rapids Michigan: Wm. B. Eerdmans Publishing, 1999, pp.129-130.

37）江長川「我控訴基督教敗類陳文淵」（『人民日報』1951 年 4 月 25 日）。

38）『華人基督教史人物辞典』、2016 年 11 月 8 日最終確認。http://www.bdcconline.net/zh-hant/stories/by-person/g/gu-renen.php

39）前掲「抗美援朝時期中国基督教的控訴運動」131 頁。

40）武内房司「社会主義とキリスト教土着教派」（野口鉄郎編『結社が描く中国近現代』山川出版社 2005 年）。

41）"Religion in China Attitude of Chinese Communist in the Post War Period" 5. April,1951. FO371/92368,DSCF1047 ,National Archives（Kew, UK）.

42）「中国基督教抗米援朝三自革新運動委員会籌委会関於進一歩推動愛国捐献運動的通知」（『協進』1 巻 6 号、1951 年 11 月）。

43）呉耀宗「中国基督教三自革新運動四年来的工作報告」1954 年（中国基督教三自愛国運動委員会編『中国基督教三自愛国運動文選』1993 年）43 頁。

44）「基督教天主教愛国運動継続発展」（『抗美援朝専刊』33 期、1951 年 9 月）。

45）中華続行委弁会調査特委会編『中国基督教調査資料』（原『中華帰主』修訂版）上巻、中国社会科学出版社、2007 年重印、728 頁。前掲、邢福増「中国基督教的区域発展」160-162 頁。

46）厦門市地方志編纂委員会編『厦門市志』北京、方志出版社、3604-3605 頁。

47）李少明「近代福建基督教的両大重要地位」（『世界宗教研究』2003 年 4 期）。陳支平主編『福建宗教史』福州、福建教育出版社、1996 年、451 頁。

48）福建省地方志編纂委員会編『福建省志　衛生志』中華書局、1995 年、171 頁。

49）前掲『厦門市志』3606 頁。

50）「福建都督府内の概況　明治 45 年 4 月 15 日」（神谷正男編『続　宗方小太郎文書―近代中国秘録―』原書房、1977 年）226 頁。

51）林耀華『金翼　中国家族制度的社会学研究』北京、三聯書店、1989 年（原著は英文、1944 年ニューヨークで出版）、1989 年、第 5 第、11 章）。

52）陳日新『福建興化美以美會蒲公魯士伝』美興印書局、1925 年。

53）"Johns and Tina Dick to Rev. H. W. Lorenz, 22. Nov 1925. A250-7 *MB Mission China Dick, Jones and Tina 1920-1926.* Fresno Pacific University Mennonite Library & Archives（CA, USA）.

54）Paulina Foote, *God's Hand over My Nineteen Years in China,* Hillsboro, Kan.: M.B. Publishing House,1962, p.39. Fresno Pacific University Mennonite Library & Archives.

55）汪征魯主編『福建師範大学校史』北京、中国大百科全書出版社、70 頁。

56）教育権回収運動については佐藤尚子『中国ミッションスクールの研究―米中教育交流史序説』汲古書院、2010 年（増補改訂版）第 3 章が参考となる。

57）Holleman, Clarence H., *Oral History Transcript, 226-6-7. China Records Project*, Yale University Divinity School Library.

58）Paulina, Foote, *God's Hand over My Nineteen Years in China*, pp.46-57.

59）"Report for 1929 E.R. Hughes. Ting Chow" 13.4.7 Fukien Report, Box 5 File137. London

Missionary Society Archives, School of Oriental and African Studies Library（London, UK）．

60）福建省地方志編纂委員会編『福建省志　宗教志』厦門大学出版社、2014 年、540 頁。

61）同上、555-556 頁。

62）蒼生「古田剪影」(『戦友』1938 年 3 月、全国図書館文献縮微複製中心『民国珍稀短刊断刊 福建巻』18 巻、2006 年所収)。

63）古田県基督教三自愛国運動委員会編『古田県基督教志』1989 年、第 1 章。

64）古田県の信徒、紳士からニューヨークの Board of Foreign Mission への請願書、July 30,1935.*Methodist Episcopal Church,* 1912 ～ 1949 China, Japan and Korea. Roll 18,pp. 0920-1083. 関西学院大学図書館所蔵マイクロフィルム。

65）『古田県大橋鎮横洋村陳氏家譜』2009 年、B 12-13 頁、B 18 頁。

66）松田康博「台湾の大陸政策（1950 ～ 58 年）」(『日本台湾学会報』4 号、2002 年)。

67）「関於加強華東軍区領導和做好剿匪工作的電報」〔1950 年 11 月 17 日〕（中共中央文献研究室『建国以来毛沢東文稿（1949 年 9 月 1950 年 12 月）』北京、中央文献出版社、1987 年)。

68）高綿「解放初期福建鎮圧反革命運動述評」(『党史研究与教学』1998 年 1 期)。

69）この問題について、全般的には福田円『中国外交と台湾　「一つの中国」原則の起源』慶應義塾大学出版会、2013 年を参照されたい。

70）「福建許多地区訂継続開展抗美援朝計画」(『抗美援朝専刊』20 期、1951 年 6 月)。

71）「福州市抗美援朝保家衛国運動的初歩成就及今後任務与要求」(中共福州市委宣伝部編印『発揚福建人民愛国主義精神開展抗美援朝保家衛国運動』1951 年) 34 頁。

72）許新年・王東「建国初期増産節約運動的由来」(『党史縦横』2006 年 3 期)。

73）前掲「中国基督教的区域発展」171 頁。

74）陳支平主編『福建宗教史』福州、福建教育出版社、1996 年、440 頁。

75）福建基督教三自愛国運動委員会・福建省基督教協会編『難忘的歴程―福建基督教三自道路五十年』2001 年、250 頁。

76）前掲『福建省志　宗教志』551 頁。

77）前掲『福建師範大学校史　上編』66 頁。

78）前掲『民国人物大辞典』1543 頁。

79）前掲『福建省志　宗教志』551-552 頁。

80）前掲『福建省志　宗教志』552 頁。

81）福州市英華校友会編『陳芝美校長在英華』2008 年、3 頁、41 頁。

82）同上 268 頁。

83）張光旭「英国差会対中華聖公会福建教区的控制」(福建省政協文史資料委員会編『文史資料選編　第五巻　基督教天主教編』福州、福建人民出版社、2003 年) 59-65 頁。

84）Gerald F. De Jong, *The Reformed Church in China 1842-1951*, Grand Rapids, Michigan: William B. Eerdmans Publishing,1992, pp.315-338.

85）"Letter from Dr. and Mrs. Roderick Scott" January 15,1951. Mimeographed circular letters from missionaries who remained in China 1950-1951.Giffin Raymond H. and Giffin Jean.339-4, China Record Project. Yale University Divinity School Library.

86）Roland and Anna Wiens, *China Then and Now,* 1993, unpublished. Fresno Pacific University Mennonite Library & Archives.

87）Albert Faurot, "Flight from the land of the bamboo curtain" December 17 1950. Mimeographed circular letters from missionaries who remained in China 1950-1951.Giffin Raymond H.and Giffin Jean,339-4, China Project, Yale University Divinity School Library.

88）Eva M. Brewster "Her name was Elisabeth" in *Brewster, Elisabeth Fisher,* China Record Project 28.6-18. Yale University Divinity School Library.

89）前掲『難忘的歴程―福建基督教三自道路五十年』250 頁。

90）『福建日報』(福州) 1951 年 3 月 11 日。

91）吉田裕編著『戦後改革と逆コース』吉川弘文館、2004 年、71 頁。

92）「莆田組織抗米援朝三自革新伝達隊下郷宣伝」(『天風』296 号、1952 年 1 月 5 日)。

93）前掲『難忘的歴程―福建基督教三自道路五十年』250 頁。

94）"Christian to hold accusation rally against US agents"17 May 1951. FO371・92368 DSCF1086,National Archives (Kew, UK)。

95）"Religion in China Attitude of Chinese Communist in the Post War-Period" 5 April,1951. Research Department Foreign Office, FO371・92368　DSCF1047 ,National Archives

（Kew, UK）．

96）鄭瑞栄『榕城格致書院―福州私立格致中学簡史』、1995 年、107-113 頁。

97）謝必震編著『福建協和大学』石家庄、河北教育出版社、2004 年、112-113 頁。

98）『福建日報』（福州）1951 年 4 月 14 日。

99）張光旭「控訴帝国主義百年来利用本教区侵略中国的罪行」（『天風』278 号、1951 年 8 月 25 日）。

100）「掲露帝国主義利用宗教進行侵略的罪行　莆田、仙游基督教挙行控訴会」（『協進』1 巻 7 号、1951 年 12 月）。

101）陳玉澤「控訴美帝国主義利用興化衛理公会侵略我国罪行」（『天風』290 号、1951 年 11 月）。

102）曽 XM 氏（男）1934 年生まれ、平信徒、元小学校教師、哲理中学卒（1945 〜 51 年在学）、2011 年 7 月 27 日、莆田笏石鎮 DH 村での聞き取りによる。

103）陳 CR 氏（男）、1932 年生まれ、元教師、祖父が牧師、父が哲理中学教師、1952 年哲理中学卒。2011 年 7 月 29 日、莆田市内陳氏宅での聞き取りによる。

104）前掲『福建省志　宗教志』548-549 頁

105）同上、471 頁、556-557 頁。

106）前掲曽 XM 氏からの聞き取りによる。

107）2010 年 8 月に筆者が福建省古田県で実施した聞き取りによる。

あとがき

　本書は、2013年に同じく創土社から出版した『変革期の基層社会——総力戦と中国・日本』（奥村哲編）に続く、中国基層社会史研究会の2冊目の論文集である。

　中国基層社会史研究会は、その発足の経緯や2013年までの活動内容については前回の論文集冒頭で触れているので割愛するが、その後も首都圏の一角で細々ながらも独自な共同研究を継続し、今日に至っている。気がつけば、発足後ほぼ10年もの歳月が過ぎた。本研究会には、もともと特別な参入規制もなければ、特定の大学・研究機関の後ろ盾もなく、もちろん会費徴収や会誌発行もない。背後に学界の権威が控えているとか、内向きの利益共同体的な要素とかもない。忌憚のない自由な発言や相互批判といったリベラルな雰囲気を大切にしつつ、参加メンバーの自発的な意志に支えられて緩やかに結びついている研究者間ネットワークに過ぎない。

　主な活動内容は、年数回の研究例会に加えて、参加メンバーが興味をもった、専門分野や国籍の異なる研究者を招聘して公開のワークショップやシンポジウムを企画・開催するといったところである。この間、本研究会の共有する問題意識や研究対象はそれなりに変遷・拡充し、中心メンバーも部分的に入れ替わっている。たとえば、両論文集の双方に論文を掲載しているのは、山本真、丸田孝志、笹川裕史の3人のみである。

　しかし、日中戦争期から人民共和国初期における中国基層社会の構造的変動に主な視点を据えて、日本をはじめとする東アジア諸地域との連関・比較から考察しようとする姿勢は、本研究会の発足当初から一貫している。キーワードとしては、戦争、社会変動、比較史といったところであろうか。幸い、多くの日本近現代史研究者がこのような共同研究に理解と関心を寄せてくださり、彼らから多大な協力を得られたことは、本研究会にとって得がたい刺激となり、また財産ともなっている。本書にも日本史の一ノ瀬俊也、高岡裕

之から異彩を放つ論文を寄せていただいた。

　振りかえれば、中国近現代史の研究者以外で、本研究会が過去に主催したワークショップやシンポジウムでご報告をいただいた方々を列挙すると、森武麿、吉田裕、野田公夫、原田敬一、雨宮昭一、谷本雅之、玉真之介、白木沢旭児、坂根嘉弘、井上寿一（以上、日本史）、松田康博（台湾史）、松本武祝（朝鮮史）、山田賢（明清史）といった、学統も個性も異なる錚々たる顔ぶれが並ぶ（以上、敬称省略）。この点は、本研究会の際だった特徴の一つであり、そこから私自身が受けた学恩もはかりしれない。身の丈以上に人に恵まれた研究会であると思う。今後も中国近現代史という狭い殻の中に閉じこもるのではなく、他分野にも開かれた研究交流の場として大切にしたいと念じている。

　なお、本研究会主催のワークショップ・シンポジウムの討論記録は、毎回、印刷・製本して小冊子（非売品）にまとめ、関連する研究者や研究機関に配布している。その数はすでに6冊になった。本研究会発足後10年間の足跡を記念して、ここに一覧を掲げておく。

(1)『ワークショップ・戦時下農村社会の比較研究』（2009年11月発行）
　報告者：三品英憲・荒武達朗・蒲豊彦・孫江・吉田裕・森武麿
(2)『シンポジウム・戦争と社会変容』（2010年11月発行）
　報告者：王友明・丸田孝志・山本真・呉毅・原田敬一・野田公夫
(3)『ワークショップ・中国基層社会史研究における比較史的視座』（2012年12月発行）
　報告者：角崎信也・雨宮昭一・谷本雅之・笹川裕史・奥村哲
(4)『国際シンポジウム・東アジア史の比較・連関からみた中華人民共和国初期の国家・基層社会の構造的変動』（2014年3月発行）
　報告者：金野純・陳耀煌・田錫全・角崎信也・玉真之介・松田康博
(5)『国際ワークショップ・激動期東アジア諸地域の中間団体と国家：中国・日本・台湾』（2016年5月発行）

報告者：金子肇・白木沢旭児・山本真・山田賢・黄仁姿・坂根嘉弘
(6)『シンポジウム・戦時戦後東アジア諸地域の激動と"社会像"』（2017 年 5 月発行）
報告者：井上寿一・水羽信男・松本武祝

さて、近年の活動に話題を移そう。2014 年度から 2016 年度までの本研究会の活動を支えてきた研究資金は、日本学術振興会科学研究費補助金・基盤研究 B（2014 〜 16 年度、研究課題「東アジア諸地域の比較からみた戦時戦後中国の社会秩序と政治文化」、研究代表者：笹川裕史）に拠っている。したがって、本書は、その成果報告の一部にほかならないので、同期間の活動実績を以下に記しておく。

○ 2014 年 6 月 14 日、第 1 回研究例会、上智大学
・笹川裕史「科研共同研究の趣旨と進め方」
・一ノ瀬俊也「大本営陸軍部『支那軍ノ戦力及戦法ノ史的観察竝ニ対策』等にみる日本軍の中国軍観」
○ 2014 年 10 月 4 日、第 2 回研究例会、上智大学
・隋芸「都市における地域社会の統合及び『群衆工作』：1948-1950 年、東北解放区を事例に」
・衛藤安奈「書評・丸田孝志著『革命の儀礼：中国共産党根拠地の政治動員と民俗』」
○ 2015 年 2 月 22 日、第 3 回研究例会、上智大学
・三品英憲「戦後内戦期の共産党支配地域における権力と秩序：1947 年を中心に」
・高岡裕之「日本近現代史研究における『総力戦』論の変遷について」
○ 2015 年 7 月 18 日、国際ワークショップ、上智大学
共通テーマ《激動期東アジア諸地域の中間団体と国家：中国・日本・台湾》
・金子肇「近現代中国の税政と同業者統制：上海における同業団体の動揺

と解体」
- 白木沢旭児「コメント：日本近現代史研究の視点から」
- 山本真「民国時期から人民共和国初期にかけての宗族と国家：福建省の事例から」
- 山田賢「コメント：明清史研究の視点から」
- 黄仁姿「政権交代と台湾農業組織の改組」
- 坂根嘉弘「コメント：比較史研究の視点から」

○ 2015年11月21日、第4回研究例会、上智大学
- 丸田孝志「書評・石島紀之著『中国民衆にとっての日中戦争：飢え、社会改革、ナショナリズム』」
- 金野純「『厳打』の分析：起源・経路依存・制度進化」
- 胡艶紅「民国期以降の中国漁民社会における信仰生活の歴史的変容と持続：太湖における大型船漁民の事例を中心に」

○ 2016年2月13日、第5回研究例会、上智大学
- 衛藤安奈「著者が語る『熱狂と動員：1920年代中国の労働運動』」
- 奥村哲「『変革期の基層社会』の書評3本に対する応答」

○ 2016年7月30〜31日（合宿）、第1回科研論文集構想報告会、筑波大学
報告者：松田康博、水羽信男、金野純、金子肇、笹川裕史、丸田孝志、山本真（各報告は内容を発展させて本書に収録されているので標題は省略）

○ 2016年10月15日、第2回科研論文集構想報告会、関西学院大学大阪梅田キャンパス
報告者：三品英憲、高岡裕之（同上の理由で標題は省略）

○ 2016年12月3日、シンポジウム、上智大学
共通テーマ《戦時戦後東アジア諸地域の激動と"社会像"》
- 井上寿一「戦時下日本の社会変容：国際認識との相互作用の視点から」
- 水羽信男「1930〜40年代における中国知識人の"社会像"」
- 松本武祝「植民地朝鮮における地方行政機構と村落：戦時期を中心に」

・張済順「新革命史与 1950 年代上海研究的新叙事」（但し、健康上の理由で報告は直前にキャンセル）

　なお、上記科研は本年 3 月で研究期間を終えたが、有り難いことに、2017 年度もほぼ継続するテーマで基盤研究 B に採択され（2017 〜 19 年度、研究課題「東アジアの連関と比較からみた中国戦時秩序の生成と言説の様態」、研究代表者：笹川裕史）、共同研究は新たなステージへ移行する。本共同研究の今日的な学術的意義を理解していただいたものと受け止め、この場を借りて関係各位にはお礼を申し上げる。私としては、今後 3 年間の研究期間を一つの過渡期として、研究会の運営を徐々により若い世代に受け渡していくつもりである。

　最後に、本書の出版を快く承諾いただいた創土社代表の酒井武史氏と担当の増井暁子氏に厚くお礼を申し上げたい。出版業界の厳しい環境の中で、このような販路の限られた学術論文集の出版に取り組む姿勢には心から敬意を表したい。お二人に由来を聞く機会はなかったが、「土を創る」という社名は、私のような年代の人間には無条件に心の琴線に触れるところがある。微力ながら、本書が将来のより豊かな学知を育む土壌の一つであってほしいと願っている。

2017 年 5 月

笹川　裕史

執筆者紹介

笹川 裕史（ササガワ・ユウジ）
1958年生まれ。上智大学文学部、教授。主要業績：『中華民国期農村土地行政史の研究―国家・社会間関係の構造と変容』汲古書院（2002年）、『銃後の中国社会―日中戦争下の総動員と農村』（奥村哲と共著）岩波書店（2007年）、『中華人民共和国誕生の社会史』講談社選書メチエ（2011年）。

一ノ瀬 俊也（イチノセ・トシヤ）
1971年生まれ。埼玉大学教養学部、教授。主要業績：『戦艦大和講義―私たちにとって太平洋戦争とは何か』人文書院（2015年）、『戦艦武蔵―忘れられた巨艦の航跡』中公新書（2016年）、『飛行機の戦争1914-1945―総力戦体制への道』講談社現代新書（2017年）。

水羽 信男（ミズハ・ノブオ）
1960年生まれ。広島大学大学院総合科学研究科、教授。主要業績：『中国近代のリベラリズム』東方書店（2007年）、『中国の愛国と民主：章乃器とその時代』汲古書院（2012年）、『アジアから考える：日本人が「アジアの世紀」を生きるために』（編著）有志舎（2017年）。

三品 英憲（ミシナ・ヒデノリ）
1971年生まれ。和歌山大学教育学部、准教授。主要業績：「近代華北村落における社会秩序と面子―『中国農村慣行調査』の分析を通して―」『歴史学研究』870号（2010年）、「近現代中国の国家・社会間関係と民意―毛沢東期を中心に―」『中国の国家体制をどうみるか―伝統と近代―』（渡辺信一郎・西村成雄編著）汲古書院（2017年）、「国家統合と地域社会」『第4次　現代歴史学

の成果と課題』第 2 巻（歴史学研究会編）績文堂出版（2017 年）。

高岡 裕之（タカオカ・ヒロユキ）
1962 年生まれ。関西学院大学文学部、教授。主要業績：『総力戦体制と「福祉国家」』岩波書店（2011 年）、『「生存」の東北史　歴史から問う 3・11』（大門正克、岡田知弘、川内淳史、河西英通と共編著）大月書店（2013 年）、「戦争と大衆文化」『岩波講座日本歴史第 18 巻　近現代 4』岩波書店（2015 年）。

松田 康博（マツダ・ヤスヒロ）
1965 年生まれ。東京大学大学東洋文化研究所、教授。主要業績：『台湾における一党独裁体制の成立』慶應義塾大学出版会（2006 年）、『日台関係史―1945-2008―』（川島真、清水麗、楊永明と共著）東京大学出版会（2009 年）、『【新版】5 分野から読み解く現代中国―歴史・政治・経済・社会・外交―』（家近亮子、唐亮と共編著）晃洋書房（2016 年）。

金子 肇（カネコ・ハジメ）
1959 年生まれ。広島大学大学院文学研究科、教授。主要業績：『近代中国の中央と地方―民国前期の国家統合と行財政』汲古書院（2008 年）、『中国議会　百年史―誰が誰を代表してきたのか』（共著）東京大学出版会（2015 年）、「抗米援朝運動と同業秩序の政治化―上海の愛国業務公約を素材に」『歴史学研究』923 号（2014 年）。

金野 純（コンノ・ジュン）
1975 年生まれ。学習院女子大学国際文化交流学部、准教授。主要業績：『中国社会と大衆動員：毛沢東時代の政治権力と民衆』御茶の水書房（2008 年）、『講座　東アジア共同体論：調和的秩序形成の課題』（編著）御茶の水書房（2016 年）、「文化大革命における地方軍区と紅衛兵：青海省の政治過程を中心に」『中国研究月報』12 月号（2016 年）。

丸田 孝志（マルタ・タカシ）

1964 年生まれ。広島大学総合科学部、教授。主要業績：『革命の儀礼―中国共産党根拠地の政治動員と民俗』汲古書院（2013 年）、「満州国『時憲書』と通書―伝統・民俗・象徴の再編と変容」『アジア社会文化研究』第 14 号（2013 年）、「中華民国期の通書に見る時間と象徴」『アジア社会文化研究』第 15 号（2014 年）。

山本 真（ヤマモト・シン）

1969 年生まれ。筑波大学人文社会系、准教授。主要業績：『近現代中国における社会と国家 ―福建省での革命、行政の制度化、戦時動員―』創土社（2016 年）、「日中戦争前期、サラワク華僑の救国献金運動と祖国の表象」『近代中国　その表象と現実　女姓・戦争・民俗』（関根謙編著）平凡社（2016 年）、「郷里空間の統治と暴力―危機下の農村における共同性の再編と地域自治政権」『中国の公共性と国家権力　その歴史と現在』（小嶋華津子・島田美和編著）慶應義塾大学出版会（2017 年）。

戦時秩序に巣喰う「声」
日中戦争・国共内戦・朝鮮戦争と中国社会

2017 年 8 月 15 日　第 1 刷

編者
笹川 裕史
著者
笹川 裕史・一ノ瀬 俊也・三品 英憲・水羽 信男・高岡 裕之 松田 康博・金子 肇・金野 純・丸田 孝志・山本 真
発行人
酒井 武史

装丁デザイン　リージョナル・バリュー

発行所　株式会社　創土社
〒165-0031 東京都中野区上鷺宮 5-18-3
電話 03-3970-2669　FAX 03-3825-8714
http://www.soudosha.jp
印刷　株式会社シナノ
ISBN978-4-7988-0230-5　C0030
定価はカバーに印刷してあります。

変革期の基層社会
―総力戦と中国・日本―

奥村　哲編

日中戦争・国共内戦・東西冷戦は中国をどう変えていったか。農民・農村を中心とする「普通の民衆」（基層社会）に焦点をあてる。近現代の戦争＝総力戦においては、庶民は総動員され、否応なく国民意識を注入されていった。その中国的特色とはなにか。東アジア、特に日本と比較して考察する。

【目次】
第1章 アジア太平洋戦争下日本の都市と農村―総力戦体制との関わりで／第2章 戦後中国における兵士と社会―四川省を素材に／第3章 建国前の土地改革と民衆運動―山東省莒南県の事例分析／第4章 伝統の転換と再転換―新解放区の土地改革における農民の心性の構築と歴史論理／第5章 1950年代初頭、福建省における農村変革と地域社会―国家権力の浸透過程と宗族の変容／第6章「土地改革の時代」と日本農地改革―総力戦の帰結のありかたと農業問題／第7章 中国共産党根拠地の権力と毛沢東像―冀魯豫区を中心に／第8章 抗米援朝運動の広がりと深化について

Ａ５上製 ・302ページ　本体価格3000円＋税
ISBN：978-4-7988-0213-1　（全国書店からご注文できます）